크러싱 잇!
SNS로
부자가 된
사람들

크러싱 잇!

SNS로
부자가 된
사람들

크러싱 잇!
SNS로 부자가 된 사람들

소셜미디어 세계 1인자가 전하는
열정을 돈으로 바꾸는 방법

게리 바이너척 지음 | 김진희 옮김 | 에릭남 감수

천그루숲

저의 다섯 번째 책이자 뉴욕타임즈 베스트셀러로 선정된 〈Crushing it!〉의 한국어판으로 여러분을 만나뵙게 되어 너무나도 기쁩니다. 저는 현재 비즈니스 Q&A 쇼인 애스크게리비AskGaryVee와 사업가로서의 일상을 담은 비디오 다큐멘터리인 데일리비DailyVee를 유튜브, 페이스북, 인스타그램 등 SNS 플랫폼에서 운영하고 있습니다. 빠르게 변화하는 소셜미디어 디지털 혁명의 선두주자인 한국 독자 분들과 함께할 수 있는 기회를 가지게 되어 감사한 마음이 큽니다.

저는 e스포츠에서 K팝에 이르기까지 한국과 한국 문화에 대해 큰 관심을 가지고 있습니다. 특히 많은 글로벌 트렌드가 한국에서 시작해 전 세계로 확산되는 모습을 보며 한국과 여러분에 대해 더 많이 알고 싶습니다. 또 한국을 방문해 이 책에 담긴 다양한 스토리와 실질적인 성공전략에 대해 이야기 나누고 싶습니다.

모쪼록 이 책을 통해 자신이 가장 열정을 가지고 있는 분야에서 진정으로 사랑하는 일을 할 수 있기를 바랍니다.

게리 바이너척(Gary Vaynerchuk)

　게리 바이너척은 성공한 사업가일 뿐만 아니라, 오늘날 급변하는 디지털 환경에서 성공을 꿈꾸는 수많은 사업가들에게 현실적이고 실행가능한 해결책을 공유하며 동기부여를 해주는 인물입니다. 그는 이미 영어권에서는 다양한 소셜미디어 플랫폼을 통해 광범위한 존재감을 가지고 있습니다. 그리고 그의 생각들이 이 책을 통해 지구 반대편에도 공유되면서 많은 사업가들과 예비창업자들이 영감을 얻는 모습을 직접 볼 수 있게 될 거라는 기대가 큽니다.

　이 책 〈크러싱 잇! SNS로 부자가 된 사람들〉과 여러 SNS 플랫폼을 통해 접할 수 있는 게리의 조언은 디지털 혁신이 우리의 삶과 문화에 어떻게 영향을 주는지에 대해 큰 인사이트를 줄 것으로 생각합니다. 게리가 세상을 바라보는 관점은 기존에 존재하는 지식과 대화들을 새롭게 바꿀 수 있는 힘을 가지고 있고, 여러분의 성공에 길잡이 역할을 할 것이라고 믿습니다.

　여러분도 저자가 공유하는 많은 전략과 아이디어를 활용해 더욱 행복하게 좋아하는 일을 하시고 감사함이 넘치는 삶을 추구하시기를 진심으로 기원합니다.

에릭남(Eric Nam)

차 례

내 여덟 살배기 딸 미샤의 장래희망은 유튜버이다. 미샤의 친구 중에도 유튜버를 꿈꾸는 아이가 있으니 이건 그리 놀랄 일이 아니다.

아이들은 자신의 부모가 하는 일을 보면서 자라며 꿈을 정한다. 미샤도 내가 온라인 플랫폼을 사용해 일하는 모습을 지켜보았고, 아빠가 얼마나 이 일을 좋아하고 사랑하는지 잘 알고 있다. 그러니 내 딸의 꿈은 아빠와도 깊은 관련이 있다.

더 놀라운 사실은 요즘 아이들은 아주 어리건 청소년기에 진입했건 나이를 떠나 유튜버를 장래희망으로 삼는 경우가 많다는 것이다. 그리고 이들은 평소 자주 접하는 소셜미디어 채널을 통해 자신의 영역을 만들고 꿈을 구축해 나간다. 유튜브에서 동영상을 만든다든지, 인스타그램에 사진을 올리거나 스토리 기능을 이용해 자기의 일상을 보여준다든지, 틱톡에 개성이 넘치는 짧은 동영상을 올리는데 익숙하다. 그리고 그런 활동이 앞으로 자신의 일이나 직업으로 연결되기를 바란다. 그것이 자신을 세상에 알리는 유효한 브랜딩이자, 어쩌면 부와 명성을 가져다 줄지도 모른다고 기대하는 것이다.

그들은 SNS 스타가 되기 위해 평소 꿈꾼 대로 멋지고 차별화된 온라인 사이트를 만들기 위해 노력하지만 그것이 쉽지 않다는 것도 알고 있다. 그런데 어른들은 그 세계를 자신이 잘 알든 혹은 잘 모르든 아이들의 꿈을 허황된 것으로 보고 백안시한다. 유튜버가 꿈이라는 아이의 장래희망에 대해 대부분의 부모는 비웃거나 그건 실제 직업이 아니라고 깎아내리는 말을 서슴지 않는다.

평소 자신이 잘 모르는 아이들 세계를 이해하려고 노력하는 편인 부모들도 어느 순간 여지없이 편견과 무지를 드러내고 만다. 작은 일에도 아이를 칭찬하며 "얘, 정말 대단하구나. 한번 해봐!"라고 격려하던 모습은 온 데 간 데 없어진다. 아이들이 털어놓는 꿈에 대한 열망을 '어린 시절 한때의 달콤하고 허황된 꿈'이라고 치부하며 혼자 몰래 고개를 가로젓기도 한다.

부모들의 이런 반응은 어떻게 봐도 참 실망스러운데 어쩌면 그것은 우리 어른들의 삶의 태도에 문제가 있다는 반증이기도 하다.

// //

지금 이 세상은 아이와 아이 아빠가 유튜브 채널을 만들고 둘이 반반씩 참여하는 온라인 동영상을 공유해 백만장자가 될 수도 있는 곳이다.

나는 꽤 오래 전부터 세상이 이렇게 돌아갈 것이라는 것을 감지하고 있었다. 딸아이 미샤가 신생아였을 때 출간한 내 첫 번째 책『크러쉬 잇!Crush it SNS로 열정을 돈으로 바꿔라』의 서문에서도 비슷한 이야기를 했다.

이 책에서 나는 인터넷을 활용한 퍼스널 브랜드의 개발로 400만 달러 15억원 규모의 가족 비즈니스였던 쇼퍼즈 디스카운트 리큐어즈Shopper's Discount Liquors를 6,000만 달러 675억원 규모의 사업으로 키운 방법을 이야기했다. 당시 내 전략은 단순하면서도 무모한 편이었다. 엉성한 비디오 블로그를 통해 잠재고객들과 먼저 직접 소통을 하다가 트위터와 페이스북에서 점점 관계를 발전시켜 나간 것이다. 나는 이런 식으로 이웃들과 1 대 1의 끈끈한 유대관계를 통한 직접소통 방식을 온라인에서 이어나갔다.

10년 전 『크러쉬 잇!』을 쓸 무렵, 나는 와인 판매사업에 관한 열정에서 시작해 모든 것을 아우르는 영역까지 사업을 확장한 상태였다. 그때 나는 대부분의 기업과 경영자들이 관심을 기울이지 않고 '무의미한 시간낭비'라고 치부하던 페이스북, 트위터, 유튜브 등과 같은 소셜미디어 플랫폼이 '비즈니스의 미래'라는 사실을 전하기 위해 바쁘게 전 세계를 누비고 있었다.

이제는 나의 말이 사실이었다는 것을 모두가 알지만 그 당시만 해도 귀를 기울이는 사람은 많지 않았다. 디지털 혁명이 불붙기 전, 그런 것에 관심도 없고 별로 아는 것도 없는 사람들에게 소셜미디어나 플랫폼에 대해 설명하는 일은 무척 힘들었다. 페이스북이 기사와 사진은 물론 사람들의 생각과 감정을 공유할 수 있는 온라인 사이트이며, 글자 수 제한(280자)이 있는 점만 빼면 트위터도 비슷한 성격의 사이트라는 사실을 설명했을 때 눈만 끔벅이는 사람들이 많았다.

이처럼 10년 전만 해도 몇몇 관심 있는 사람들 외에는 소셜미디어로 이상적인 비즈니스를 펼쳐 나갈 수 있다는 나의 설명이 근거 없는 낭설로 치부되기 일쑤였다. 그러니 퍼스널 브랜딩까지 가기엔 갈 길이 너무 멀었다.

지금 나는 뉴욕과 로스엔젤레스, 채터누가와 런던에 사무실을 둔 디지털미디어 회사를 운영하고 있다. 그리고 여전히 트위터, 페이스북, 인스타그램, 틱톡과 그 외 주목받는 플랫폼들을 더 많은 사람들이 유용하게 사용하도록 소개하는 전도사로서 전 세계를 돌며 강연하고 있다.

나의 비즈니스에 관한 Q&A 유튜브 쇼인 애스크게리비AskGaryVee, 나의 일상을 담은 비디오 다큐멘터리인 데일리비DailyVee, 그리고 애플의 앱 개발 리얼리티 쇼인 플래닛 오브 더 앱스Planet of the Apps를 통해 내가 하고 싶은 모든 일을 현실로 구현하고 있으며 수많은 사람들을 만난다. 저술활동도 빠질 수 없다. 글을 쓰지 않았다면 지금 이 책을 읽고 있는 소중한 독자들과 어떻게 만날 수 있었겠는가!

나는 지금 그 어느 때보다 활발하게 일하며 그 어느 때보다 행복하고 보람을 느끼고 있다.

""""

오늘날 인터넷을 활용해 퍼스널 브랜드를 창출하고, 원하는 일을 하며, 자기 뜻대로 삶을 펼쳐가는 사람들은 수백만 명에 이른다. 그 중에서도 지치지 않고 자신이 믿는 분야에 집중했던 이들은 사람들의 인정을 받고 경제적으로도 크게 성공을 거두었다. 자기 자신을 믿고 좋아하는 일, 잘하는 일에 집중한 사람만이 얻을 수 있는 성공의 열매였다.

『크러쉬 잇!』을 처음 출간했을 때는 지금과 분위기가 많이 달랐다. 예를 들어 '그 어떤 일'이 집에서 소소하게 인형이나 쿠키나 공예품 혹은 가구 만들기 등 개인의 취미나 특기와 연결되는 경우가 많았다. 부모들이 자녀를 위해 직접 장난감이나 놀이공간을 만들고 새로운 것을 개발하는 것도 포함되었는데 언제부턴가 엄청나게 그 종류가 다양해지고 규모도 커졌다.

하지만 오늘날에는 단순히 취미와 특기를 살린 창작품 만들기 정도에서 그치지 않는다. 화장이나 패션 코디네이터는 물론 요가나 명상에 이르기까지 다양한 콘텐츠를 선보이고 있다. 교육과 철학까지 전방위적으로 아우르고 있는 것이다.

이제 우리는 자신의 정체성을 드러내는 퍼스널 브랜드를 구체적으로 활용해 원하는 비즈니스를 펼칠 수 있게 된 것이다. 당시에는 연예인이나 유명인 등 많은 셀럽들이 자신의 명성과 인기를 이용해 이 분야에 가장 먼저 뛰어들었다. 하지만 이제는 그 누구라도 할 수 있다.

『크러쉬 잇!』이 책으로 나온 이후 세상은 많이 바뀌었고 디지털 미디어나 플랫폼에도 많은 변화가 있었다. 하지만 아직도 많은 사람들은 그 당시에 습득한 정보의 수준에 머물러 있는 것 같다.

평소 나의 강연과 저술활동에 관심을 가진 이라면 내가 하는 이야기에 10분 정도는 고개를 끄덕이며 공감을 표할 것이다. 하지만 10분 이후는 장담할 수 없다. 나는 전혀 새로운 이야기를 펼쳐 놓을 것이기 때문이다. 세상은 그만큼 정신없이 변화하고 있고, 이것이 바로 내가 이 책을 쓴 이유이기도 하다.

이 책은 플랫폼의 진화주기인 6~9개월마다 업데이트하는 강연의 핵심내용을 담고 있다. 독자들은 이 책을 통해 인터넷 플랫폼의 최대 활용법에 관한 최신 정보를 터득해 강력하고 지속적인 퍼스널 브랜드를 창출할 수 있기를 바란다.

*, *, *

이 책에서 나는 새로운 시도를 하려고 한다. 『크러쉬 잇!』의 원칙에 따라 자신들의 퍼스널 브랜드를 구축해 큰 성공을 거둔 사람들을 소개하는 것이다. 몇몇은 이미 전 세계적으로 유명해진 사람들이고, 몇몇은 성공의 사다리를 올라타고 있는 사람들이다. 그들은 모두 자신의 삶에 자부심과 큰 애착을 지니고 있다.

그들은 모두 독특하고 훌륭한 사람들이지만, 또한 우리와 별반 다르지 않은 사람이라는 사실을 깨닫게 될 것이다. 그들이 (그리고 저자인 내가) 성공을 쟁취한 비결은 금수저 출신이라거나 지능이 뛰어나다거나 그런 것과는 큰 상관이 없다는 사실을 깨닫고 독자들은 안도하게 될 것이다. 비결은 간단하다. 자신이 재량껏 사용할 수 있는 플랫폼을 잘 선택하는 것, 그리고 소셜미디어를 최대한 잘 활용하는 능력과 관련이 있다. 그 능력이 무엇인지 이 책을 읽는 독자들에게 알려주고 싶다.

하지만 내게 통했던 방식이 독자들에게 잘 통하지 않을 수도 있고 반대로 독자들에게 잘 통하는 방식이 내게는 통하지 않을 수도 있다. 이 때문에 자기 자신에 대한 인식이 가장 중요한 것이다.

우리는 자기 자신에게 늘 진실해야 한다. 내가 독자에게 전해줄 수 있는 건 일련의 보편적인 원칙이다. 나는 이 책에서 현재 잘 나가고 있는 플랫폼을 분석해 보려고 한다. 이를 통해 가정주부에서부터 옷가게 사장님에 이르기까지 콘텐츠를 담을 핵심 플랫폼은 무엇이고, 퍼스널 브랜드 확장을 위해 그 나머지 플랫폼을 활용하는 방법은 무엇인지 알게 될 것이다. 더 나아가 앞으로 비즈니스 세계를 지배할 유망한 플랫폼에 대해서도 심층 분석해 보려고 한다.

이제부터 나는 페이스북·유튜브·인스타그램과 같은 기존 플랫폼, 틱톡과 같은 급부상 플랫폼, 팟캐스트·아이튠즈와 같은 오디오 중심 플랫폼, 그리고 아마존의 알렉사 스킬과 같은 신생 플랫폼 등을 적절하게 활용해 독자들이 원하는 성공에 이를 수 있는 비결을 함께 고민해 보려고 한다.

이 플랫폼들을 잠시라도 사용해 본 적이 있는 사람이라면 그동안 잘 알려지지 않았던 플랫폼 간의 미묘한 차이와 혁신적인 활용 팁을 유용하게 사용할 수 있을 것이다.

〃 〃 〃

나는 매년 강연이나 나의 채널을 통해 수천만 명과 대화를 나누며, 같은 질문을 반복해서 듣고 있다. 많은 사람들이 자신의 분야에서 아직 빛을 보고 있지 못하다면 그건 포착하지 못한 기회가 있다는 뜻이다. 앞으로 나아가지 못하고 내가 붙들고 있는 것이 무엇인지, 어떻게 하면 앞으로 과감히 나아갈 수 있는지 이 책을 읽으며 하나씩 깨달을 수 있을 것이다.

이 책을 준비하며 내가 인터뷰한 사람 중 몇몇은 『크러쉬 잇!』을 여러

번 읽었다고 했다. 기업가이자 팟캐스터인 존 리 뒤마스도 매년 이 책을 다시 읽고 있으며, 퍼스널 브랜딩의 의미를 제대로 파악하기까지 오디오북을 세 번이나 들었다고 했다. 그리하여 그는 마침내 유레카와 같은 순간을 맞이하게 되었고, 덕분에 혁신적인 기업가들을 인터뷰하는 일간 팟캐스트로 미국인들에게 가장 영감을 주는 '엔트러프러너스 온 파이어 Entrepreneurs on Fire'를 세울 수 있게 되었다. 오늘날 그의 쇼는 아이튠즈에서 최고 순위에 오른 비즈니스 팟캐스트 중 하나로, 한 달에 약 20만 달러의 매출을 기록하고 있다. 그는 이 팟캐스트 사이트에서 자신의 월별 재무상태와 세부적인 비용을 공유하고 있는데, 독자들은 이를 통해 그의 현명함을 배우고 실수를 피할 수 있을 것이다. 이는 자신의 퍼스널 브랜드를 경쟁사와 차별화하고 엄청나게 많은 충성스러운 팬을 확보해나가면서 우리에게 놀라움과 기쁨을 안겨주는 기업가들의 성공사례 중 하나이다.

이 책에서 제공하는 정보와 교훈을 모두 집어삼킨다고 해도 모든 독자가 성공을 거머쥐고 백만장자가 될 수는 없다. 하지만 독자들은 계속 이 책을 읽어주기를 바란다. 이 책에 소개된 내가 인터뷰한 이들은 믿을 수 없을 정도로 자신이 하는 일에 능숙했고, 말도 못하게 성실하게 일했기 때문에 부자가 될 수 있었다. 그들의 꿈은 삶에서 좋아하는 것들을 즐기고, 안정감을 얻고, 가족을 부양하고, 자기 뜻대로 살고 싶다는 소박한 데서부터 출발했다. 이런 종류의 부는 사치와는 거리가 멀다.

---

* 자세한 내용은 311쪽을 참고하자.

그런데 또 누가 알겠는가! 평범한 우리들도 존 리 뒤마스와 몇몇 이들처럼 목표에 도달하는 과정에서 엄청난 부를 획득할 재능과 천재적인 마케팅 능력이 발견될지….

평범한 금속 덩어리를 정교한 예술작품으로 바꾸어 놓으려면 엄청난 강도의 압력과 화력이 필요하다. 이 책에는 그런 연단을 거치고 성공에 이른 사람들이 선사하는 영감과 조언으로 가득하다. 그들의 뒤를 따라가다 보면 우리에게도 새로운 길이 펼쳐질 것이다.

다음은 루이 블라카IG : @louieblaka가 보내온 이메일이다. 미술 교사였던 그가 어떤 과정을 거쳐 멋진 예술가로 변신했는지 알 수 있는 고백이다.

고등학교에서 미술을 가르치는 저는 3년 전 문득, 아침 7시에 출근해 오후 3시면 퇴근하는 교사생활 외에 예술가의 삶에 본격적인 도전을 하기로 결심했어요. 이미 예술가로 살고 있었고 저의 작품들도 어느 정도 인정을 받았지만 기대했던 것만큼은 아니었죠. 뭔가 맥이 빠지는 나날이었어요.

2년 전 어느 날『크러쉬 잇!』을 읽게 되었고, 이 책을 통해 새로운 세상이 열리는 것 같은 기분을 느꼈습니다. 그림을 그리고 파는 외에도 거기에 다른 것을 연계할 수 있지 않을까 하는 생각이 들었어요. 그때 와인과 그림 강좌가 사람들의 관심을 끌고 붐을 일으키고 있다는 사실에 착안했습니다. 예술가에 교사인 제가 이런 일을 하지 않으면 누가 하겠습니까!

그래서 저는 게리 바이너척의 '소셜미디어를 이용한 마케팅에 관한 조언'을 바로 적용했습니다. 몬트클레어에 있는 제 모교를 위해 무료로 와인과 그림 수업을 열었어요. 그런 다음 인스타그램에 이벤트 사진을 올리고, 수업을 예약하고 싶은 사람들의 질문을 받기 시작했죠. 그렇게 10명으로 구성된 강좌를 2~3개월에 한 번씩 열기 시작해 얼마 후에는 한 달에 세 번 정도 진행했습니다. 그리고 얼마 지나지 않아 예약자가 100명에 달하게 되었어요.

전 마케팅을 위해 돈 한 푼 들이지 않았어요. 모든 게 인스타그램과 사람들의 입소문을 통해 진행되었기 때문이죠. 와인과 그림 수업에 참여한 사람들의 높은 호응도가 없었다면 불가능한 일이었겠지요. 제 그림을 자연스럽게 홍보할 수 있었고, 또 수업에서 쓰고 남은 모든 재료와 폐품을 활용해 새로운 예술 작품을 만들 수 있었어요.

한 점당 200달러에 팔리던 제 그림이 지난 9월에 열린 뉴욕 커피 페스티벌 경매에서는 1,300달러에 낙찰되었습니다. 예술가로서의 제 커리어도 확장되었습니다. 저는 또 대학 캠퍼스에서 거의 무료에 가까운 이벤트를 열어 와인과 그림 비즈니스를 시작했어요. 내년에는 3만 달러의 매출을 바라보고 있답니다(별로 큰 금액이 아니란 건 알아요. 하지만 풀타임 교사인 가난한 예술가에게 이 돈은 엄청난 금액이죠).

◦◦◦

유튜브와 인스타그램의 폭발적인 성장, 팟캐스트의 등장 그리고 페이스북과 트위터와 같은 어디에나 존재하는 플랫폼은 우리를 새로운 세상으로 안내하고 있다. 이런 환경 속에서도 당신이 도달하고자 하는 목표에 이르지 못했다면 분명 문제가 있다. 이 책에서 그 이유를 알게 될 것이다.

독자들 중 실력은 삼류인데 눈만 일류인 사람이 있다면 그 사다리를 올라 실력도 일류가 되도록 도와줄 수 있다(나는 수년 동안 하류 중에서도 최하류에 있었으며, 밑에서 위를 쳐다볼 때의 그 시선과 마음이 어떤지 너무나 잘 알고 있다).

독자들 중 자신이 최고가 되지 못한 것에 대해 변명만 늘어놓는 사람이 있다면 더 이상의 허송세월을 중단하고 현실에 뛰어들어 자신의 꿈을 하나하나 이루어 나가는 기쁨을 맛보게 될 것이다. 너무나 요원했던 이상과 꿈이 내 눈앞에 현실로 다가오는 기적을 모두 경험하기 바란다.

이 책은 다음과 같은 사람들이 먼저 읽어야 한다.

우선 자신이 위대한 일을 하는 데 남다른 재주를 타고 났다는 사실을 뼛속까지 아는 사람이다. 멋진 아이디어와 함께 재능과 자신감을 현실 속에 꽃피우기 위해 어떤 노력을 기울여야 하는지, 무엇을 해야 하는지 알게 될 것이다.

그 다음은 열심히 일하고 싶어 하는 이 세상의 모든 사람들이다. 젊은 이들, 기술지향적인 사람들, 이미 자리를 잡은 전문가들, 사업은 잘되는 데 스스로 혁신이 필요한 사람들 등이다. 일터나 사업에서 연이어 고배를 마시고 있는 사람도 빠트릴 수 없다.

퍼스널 브랜드의 구축은 가장 기본적인 일이며 사람들에게 가장 유익한 일임에 틀림없다. 설령 부유해지거나 유명해지는 데 관심이 없는 사람이라고 해도….

자신은 기계치며 컴맹이라고 미리 손사래를 치는 사람도 있을 것이다. 하지만 원하는 미래를 위해 컴퓨터 사용이 기본이고 필수라면 더 이상 빠져나갈 길은 없다. 필요한 컴퓨터를 구하고 기초부터 익혀 나가자. 지금은 아주 어린 아이들과 많은 노인들도 컴퓨터를 능숙하게 사용한다.

100% 안정적인 직장 혹은 직업은 거의 없다고 해도 과언이 아니다. 세상은 너무나 빠르게 변하고 있고, 기계화와 자동화 등으로 직업의 종수는 줄어들고 일자리 수도 급격히 감소하고 있다. 어느 날 갑자기 내가 다니던 직장에서 밀려나 실업상태에 이르게 되는 경우를 상상해 보자.

어떤 사람에게는 실업이 오히려 더 열심히 삶을 살게 되는 동기부여가 되기도 하지만, 그렇다고 우리가 굳이 나서서 그런 상태를 경험해 볼 필요는 없다. 두려움을 내던지고 내가 할 수 있는 일들을 하며 앞날을 계획하고 준비한다면 앞으로 계속 나아갈 수 있을 것이다.

사람들은 내가 원하는 일을 하여 돈을 벌고 세상으로부터 인정받기를 바라지만 그건 결코 쉬운 일이 아니다. 그렇다고 한 번뿐인 인생, 나의 생각과 의지와는 다르게 질질 끌려가는 삶을 살고 싶지 않다면 처음부터 다시 생각해 봐야 한다.

〃 〃 〃

아이들은 대부분 공부보다 놀이와 게임을 더 좋아한다. 그런데 부모들은 자신의 어린 시절은 기억하지 못하고 게임만 좋아한다며 아이를 불신하고 심지어는 그것을 금지시킨다. 공부에 방해가 된다는 것이 가장 큰 이유이다.

그런 문제로 부모와 갈등을 겪고 프로게이머(예를 들어)의 꿈이 강제로 중단된 아이들은 어른이 되어서도 갈증을 느낀다. 경제적으로 설령 유복하더라도 자신의 삶에 만족하기 어렵다. 자신의 일을 마지못해 하거나 심지어 증오하기도 한다. 부모에 대한 원망이나 서운함이 남기도 한다.

　　세상의 변화와 흐름을 읽을 줄 아는 부모의 안목이 아쉬운 부분이다. 부모가 이끄는 대로 회사원이나 변호사가 된 자녀들이 만약 자기의 꿈을 좇았더라면 지금쯤 e스포츠 주최자로 변호사의 연봉과 동일한 금액을 받거나, 프로게이머로서 수백만 달러를 벌어들일 수도 있을 것이다. 어른이 되어서도 자신이 좋아하는 일을 하며 사는 사람은 마지못해 직장에 나가고 돈을 벌기 위해 억지로 일하는 사람과는 비교할 수 없는 행복을 누릴 것이다.

　　특히 현실과 가상이 절묘하게 조합하여 사람들을 매료시키는 증강현실 게임이 세계적인 붐을 타는 요즘, 부모들은 자녀들을 포켓몬고에서 떼어놓지 못해 안달이다. 부모들은 지금 아이들 사이에 선풍을 일으키고 있는 액체괴물이라고 불리는 슬라임보다, 자기의 자녀가 책상 앞에 앉아 수학 문제를 풀며 더 많은 시간을 보내기를 바란다. 물론 슬라임은 일시적인 유행일 수도 있다. 그런데 이 슬라임은 한 소녀가 인스타그램에서 수요와 공급의 역학을 배우고 나서 백만 달러 상당의 퍼스널 브랜드 회사를 차리게 되는 계기가 될 수도 있다. 놀라운 건 이 소녀가 이런 기회를 첫 번째로 발견한 게 아니라는 점이다.

　　카리나 가르시아@TheKarinaBear가 먼저 그 기회를 꿰찼다. 그녀는 식당

종업원이었다. 하지만 지금은 슬라임으로 성공한 유튜브 스타가 되었다. 그녀의 부모는 슬라임으로 매달 10만 달러 이상을 벌어들이는 딸 덕분에 고단한 노역에서 풀려나 은퇴했다.

2017년 8월 그녀는 자신의 팬들을 만나러 7주 동안 14개 도시의 투어에 나섰다. 사람들은 그녀를 만나기 위해 40~99.99달러에 달하는 VIP 패스*에 돈을 쓰기도 했다.

이런 이야기들은 이제 더 이상 특별하지 않다. 우리 아이들이 어릴 때부터 정말 좋아하고 끌리는 것을 할 수 있도록 부모들이 허용해야 하는 여러 가지 이유 중 하나일 뿐이다. 아이들이 자라 어른이 되었을 때는 꽤 좋은 돈벌이와 뛰어난 커리어를 갖는 방법에 있어서 어떤 제한도 없지 않을까?

어린 시절 나는 전 과목 D를 맞고, 수업시간에는 교과서 대신 야구카드 카탈로그를 읽고, 그러다가 선생님께 걸려 압수당하고는 그것을 되찾느라 무진장 애를 쓰던 아이였다.

어른들은 나에게 이렇게 말했다.

"넌 가망이 없어!"

하지만 지금이라면 다를 것이다.

"넌 제2의 저커버그가 될 거야."

내가 앞으로 무엇을 하며 살 것인지, 무슨 직업을 갖게 될 것인지 그 기회를 포착하는 것은 인생에서 가장 중요한 문제 중 하나일 것이다. 고

---

* 지역상이나 시간상으로 제한된 곳을 자유롭게 다닐 수 있도록 통상 아티스트나 매니지먼트, 기획사 손님들에게 주어지는 패스 - 옮긴이

민이 살아 움직이는 최고의 시기, 누구도 그런 귀한 시기를 망치지 않길 바란다.

〃〃〃

이 책을 읽고 뭔가 조금이라도 도움이 되었다면 가까운 사람에게 이 책을 소개했으면 좋겠다는 바람을 품어본다. 부모가 내 아이에게 건네는 책이라면 저자에게는 그것이 최고의 선물이 될 것이다. 꼭 사서 선물하라는 게 아니다. 도서관에서 대여해 읽어도 상관없다. 내가 이런 말을 하는 이유는 사람에게는 누구나 기회가 열려 있고 각자의 두려움을 떨치고 그 기회를 잡는 용기를 주고 싶기 때문이다.

인생은 짧다. 이렇게 짧고 예측불가능한 인생이 나를 두렵게 한다. 또 한편으로 인생은 길다. 쉰 살이 되었어도 아직 40년이나 50년은 더 살 수 있으며, 의학이 발달된 만큼 그 50년을 생산적으로 보낼 수 있다. 성취감을 느끼며 즐겁게 하루하루 최선을 다해 사는 모습이 내가 아끼고 사랑하는 사람들에 대한 의무이고 또 함께 나누는 것이 인생의 숙제이다.

인생에는 우리가 통제할 수 없는 속수무책의 일들이 너무나 많다. 하지만 우리의 행복과 우리의 경력 앞에서 속수무책일 필요는 없다. 내 삶에 대한 통제권은 내가 쥐고 있어야 한다. 이것을 더 빨리 깨달을수록 삶은 더 풍성하고 윤택해질 것이다.

우리가 원하든 원치 않든 세상은 변한다. 오늘날의 디지털 환경을 더 많이 더 정확하게 이해할수록 우리의 선택과 기회는 무궁무진해질 것이다. 누구라도 손을 뻗어 그 선택과 기회를 잡기만 하면 된다.

　그 기회를 놓치지 않고 성공에 이른 사람들의 사례를 소개하는 것은 그들에게서 공감과 자신감을 얻은 독자들이 용감하게 새로운 발걸음을 옮기기 바라기 때문이다. 그들은 우리와 마찬가지로 미숙하고 겁도 많고 단점이 많은 사람들이다. 그럼에도 그들은 자신이 바라던 일을 삶에서 해냈으며, 열정에 대한 보상을 얻었다.

　나의 커리어를 만들어 나가고 인생의 행복을 누리는 데 우리를 가로막는 유일한 장애물은 바로 나 자신이라는 걸 깨닫는 것이 그 출발점일 것이다.

어떻게
열정을 불태울 것인가

1장

SNS는
모두에게
열려 있다

Crushing It!

지금은
퍼스널 브랜딩 시대

『크러쉬 잇! SNS로 열정을 돈으로 바꿔라』에
서 나는 기업가들이 소셜미디어로 강력한 퍼스널 브랜드를 구축하고 고
객과 광고주를 웹사이트로 유치해 열정을 돈으로 바꾸는 방법을 알려주
겠다고 약속했다. 아울러 브랜드 담당자들이 앞다투어 강연을 듣고, 상
담을 받고, 적극적으로 이벤트에 참여할 정도로 신뢰받을 만한 전문가
나 유명인이 되는 방법에 대해서도 알려주겠다고 약속했다. 한마디로
나의 첫 책『크러쉬 잇!』은 인플루언서가 될 만큼 강력한 퍼스널 브랜드
를 구축하는 법을 다루고 있다.

하지만 인플루언서라는 단어가 한 번도 나오지 않았던 이유는『크러
쉬 잇!』출간 당시는 수십억 달러에 달하는 인플루언서 마케팅 분야가
생소하던 때였고, 개념 자체가 아직 형성되지 않았기 때문이다.

하지만 오늘날 인플루언서 마케팅은 전통적인 마케팅의 실질직인 분

야를 온통 집어삼킬 태세이다. 젊은 소비자층이 전통 미디어에 할애하는 시간은 점점 줄어드는 대신 온라인 콘텐츠에 집중하는 시간은 엄청난 속도로 늘고 있기 때문이다.

- TV의 시청자 수는 매년 감소하고 있지만, 유튜브의 시청자 수는 하루 12억 5,000만 명에 달하는 TV 시청자 수에 바싹 다가서고 있다.
- 휴대폰 이용자는 5분에 한 번 꼴로 페이스북 앱을 열고 있다.
- 인스타그램에는 1분마다 65,900개의 동영상과 사진이 올라온다.
- 15초 동영상 공유 서비스 틱톡은 2018년 전 세계 애플 앱스토어에서 다운로드 순위 기준으로 유튜브를 제치고 1위에 올랐다. 월간 사용자 수는 5억 명을 넘을 정도로 새롭게 뜨고 있는 핫한 플랫폼이다.

결론적으로 2009년 이후 10년 만에 각 기업이 자사의 브랜드를 위해 소셜미디어에 쓰는 비용은 3배로 늘어났다. 자신만의 청중을 불러모으는, 또 누구라도 이용할 수 있는 소셜 네트워크가 늘고 있고 엄청난 양의 돈뭉치가 그쪽으로 흘러 들어가면서 인플루언서 마케팅은 정점을 찍고 있다고 해도 과언이 아니다.

그렇다면 인플루언서는 어떤 분야에서 얼마나 벌었을까? 2016년 유튜버들의 총수입은 7,000만 달러였는데, 이중 대부분은 게이머들이 차지했다. 하지만 게이머 외에 다양한 분야의 유튜버들도 많은 수익을 올렸는데, 인도의 펀자브Punjab 문화를 다루고 있는 릴리 싱은 래퍼 출신의 코미디언이고, 로산나 판시노는 제빵사이며, 타일러 오클리는 성소수자 활동가이다. 과거에 최고 수입을 기록한 유튜버 중에는 춤추는 바이올리니스트 린지 스털링과 메이크업 아티스트 미셸 판이 있었다. 또 유명한 인스타그래머 중에는 소셜미디어만으로 1년에 100만 달러 내외의 수입을 벌어들이는 사람도 있다.

이들을 볼 때 열정을 가지고 열심히 한다면 1,000명 정도의 팔로워를 보유하고 있는 초보 인스타그래머여도 일주일에 단 두 개의 게시물만으로 연간 5,000달러를 벌어들일 수 있으며, 팔로워가 1만 명 정도가 되면 연간 2만 달러의 수입을 챙길 수 있다. 거듭 말하지만, 일주일에 단 두 개의 포스팅으로 이런 수입이 가능하다.

미국 근로자의 평균 연봉은 5만 달러 정도라고 한다. 이 금액은 사무직으로 일하며 번 돈일 수도 있지만, 자신이 좋아하는 사람들과 함께 즐겁게 일하며 번 돈일 수도 있다. 안정적으로 수입을 얻고 싶은가? 그렇다면 주간에는 출근해서 일을 하고, 퇴근 후에는 집에서 트위치*를 통해 자신이 동영상 게임을 하는 장면을 보여주거나 좋아하는 게임 평을 올려 연간 1만 달러에 달하는 추가수입을 얻을 수도 있다. 게임 고수라면 실제로 가능하다.

유튜브를 통해 재미있는 과학실험 장면들을 보여줘서 수입을 얻는 방법도 있다. 자신이 키우는 애완 고슴도치에게 아기자기한 모자를 씌우고 찍은 사진을 인스타그램에 올려 추가수입을 얻을 수도 있다. SNS 플

---

* Twitch. 게임전용 인터넷 개인방송 플랫폼

랫폼이 확산되고 기존 TV 시청자와 잡지 구독자들이 SNS로 관심을 돌리면서 시장은 엄청나게 확대되었다.

패션에 관심 있는 사람이라면 패션모델이 되기에도 아주 좋은 기회이다. 예전엔 아무나 패션모델이 될 수 없었다. 패션 잡지나 패션쇼에서 볼 수 있는 소수의 모델들은 큰 키에 마른 체격 등의 조건이 기본이었고, 이들 뒤에는 사진기자, 포토그래퍼, 디자이너, 스태프 등 수많은 사람들이 따라 다녔다. 또 카탈로그를 만들거나 홍보 업무와 씨름하는 담당자도 따로 있었다. 하지만 이제 인터넷 덕분에 누구에게나 그 문이 열렸다. 블로그 활동이나 비디오 채널을 통해 자신의 팬층을 넓히려는 사람뿐만 아니라 자사의 브랜딩 콘텐츠와 광고를 위해 독특한 패셔니스타를 주목하는 디자이너와 기업들이 많으므로 얼마든지 가능한 일이다. 신체적인 조건이나 외모가 모델 같지 않아도 감각이 뛰어난 사람이라면 누구나 패션모델로 활약할 수 있다.

이처럼 소셜미디어에 주목하는 거대한 변화의 흐름은 이미 돌이킬 수 없다. 아름다운 외모와 뛰어난 몸매의 패션모델은 물론, 평범한 얼굴과 체격 조건을 가지고도, 심지어는 키가 작고 뚱뚱한 사람도 자신의 특징을 살린 콘셉트로 패션모델은 물론 패션디자이너가 될 수 있는 세상이 되었다.

이는 데뷔를 위해 각 매체나 기획사에 머리를 조아릴 필요가 없게 됐다는 것을 의미한다. 자신만의 플랫폼에서 얼마든지 자신의 모습과 실력을 뽐낼 수 있으며, 그러는 사이 팬들은 꾸준히 늘어날 것이다. 그렇게 되면 기업은 자사 브랜드의 홍보를 위해 너나 할 것 없이 러브콜을 보내올 것이다.*

인플루언서는 각자의 소셜미디어에서 브랜드 기업들이 대가를 지불하면서 이벤트에 참여해 달라고 하거나, 자사의 제품을 들고 셀카를 찍어 올려달라고 하거나, 서비스에 대해 이야깃거리를 만들어달라고 할 만큼 영향력 있고 이미 수많은 팬을 거느린 사람이다. 브랜드 기업들은 그동안 인터넷으로 유명해진 사람들이 자사 제품의 모델, 스폰서, 간접광고인의 역할을 해주는 대가로 수십억 달러를 지급해 왔다.

통상 간접광고는 유튜브나 인스타그램에 잘 어울린다. 그래서 혹여 외모상의 문제로 사진이 잘 받지 않거나, 멋진 사진이나 동영상을 찍을 실력이 없는 사람이라면 미리 좌절감을 느낄 수도 있을 것이다. 하지만 만약 그런 처지의 오토바이 전문 블로거나 잼을 잘 만드는 블로거가 있다면 말해주고 싶다. 광고를 노출시켜 실어주는 대가로 얻는 수입 외에도 얼마든지 수입을 창출할 수 있는 방법이 있다고….

이때 가장 중요한 것은 콘텐츠이다. 그리고 지혜롭고 전략적인 콘텐츠의 활용방안이다. 나만 해도 책을 쓰고 전 세계에 책이 팔리면서 몇 대에 걸쳐 쓸 만큼 충분한 돈을 벌었다.

"하루 18시간 제가 일할 수 있는 비결은 바로 이거예요."라고 말하며 에너지 드링크를 마시는 대가로 그 제품을 만든 회사에서 광고비를 받은 게 아니다.

나는 퍼스널 브랜드로 1억 5,000만 달러 1,700억원 규모의 미디어 회사

* 이와 관련해 유명 블로거인 브리타니 자비에르(IG : @thriftsandthreads)의 사례가 아주 흥미롭다. 278쪽을 참조하자.

를 설립한 기업가이다. 나만의 가치 있는 콘텐츠를 만들고 성장시켜 퍼스널 브랜드로 발전시킨 케이스라고 할 수 있다.

기업가에게 SNS는 진주를 품은 굴이나 조개와 같다. 그 입 속에 뭐가 들어 있을지는 아무도 모른다. 우리는 이 귀중한 진주를 플랫폼으로 활용해 강력한 퍼스널 브랜드를 구축할 수 있다. 어느 정도로 강력하냐 하면 전 세계가 우리의 제품이나 서비스에 기꺼이 돈을 지불하려고 하거나, 우리의 채널에 대가를 지불하고 자사의 제품과 서비스를 홍보하려고 하거나, 심지어 그저 우리처럼 되기 위해 전력을 기울일 정도로 강력한 브랜드이다.

∅ ∅ ∅

퍼스널 브랜드가 있으면 이미 일을 시작한 것이나 다름없다. 내가 하고 싶은 일이 무엇인지 내가 잘할 수 있는 일이 무엇인지 알고, 사람들과 그것을 공유하고 나눌 결심을 하는 것이 퍼스널 브랜드의 출발점이다.

그동안은 아름다운 외모나 늘씬한 체격 조건, 잘 받는 화면발 등 외적인 조건이 가장 중요하고 사람들의 시선을 끌었다. 하지만 오늘날 비즈니스 세계를 뒤흔들고 있는 퍼스널 브랜드는 다양성의 이름으로 외모에 너무 치중된 제한조건을 허물어버렸으니 이것이야말로 엄청난 강점과 위력이 아닐 수 없다.

퍼스널 브랜드 분야는 많은 사람에게 열려 있다. 마음만 먹으면 누구나 바로 만들고 실행할 수 있다. 그런데 본격적인 꿈을 펼치기도 전에 우왕좌왕하다가 좌초하고 사라지는 퍼스널 브랜드가 너무 많다. 의욕만 앞서고 준비가 부족한 것, 그리고 일관성과 지속성의 결여가 그 요인일 것이다.

당신이 지금 트위터에서 한창 주목받고 있다고 해보자. 트위터에 질린 다음에는 어떻게 할 것인가? 만약 트위터가 사라지면 어떻게 할 것인가? 당신이 양봉으로 돈을 벌고 싶은데, 벌에 치명적인 알레르기가 있다면 어떻게 할 것인가?

현재의 위치에 안주하지 않고 탄력성 있는 사고로 새로운 성공 창출 방법을 끊임없이 모색하는 것이 기본이다. 어떤 한 플랫폼이나 한 가지 주제에 집착하지 않는 것은 생존의 문제와 연결된다. 그렇다면 어떻게 그렇게 할 수 있을까? 플랫폼과 제품, 그리고 열정까지 초월할 정도의 강력한 퍼스널 브랜드를 만드는 것이다.

〈사운드 오브 뮤직〉, 〈메리 포핀스〉라는 영화 제목만 들어도 딱 떠오르는 영화배우 줄리 앤드류스의 예를 한 번 들어보자. 줄리 앤드류스는 4옥타브를 넘나드는 청아한 목소리로 뮤지컬 무대에 서서 대중에게 각인되었으며 이를 계기로 1964년 영화 〈메리 포핀스〉와 이듬해 〈사운드 오브 뮤직〉에서 주연을 맡아 엄청난 흥행을 기록했다. 물결치는 웨이브의 긴 머리 여배우들 사이에서 그녀는 짧은 머리와 활동적인 모습으로 대중을 휘어잡으며 한 시대의 문화 아이콘으로 등극했다.

그런데 1997년, 목이 자꾸 쉬어 병원을 찾았다가 성대 낭종 제거 수술을 받았는데 수술 후 낭종은 사라졌지만, 고음의 청아한 목소리도 함께 사라졌다.

"나의 목소리는 바로 나 자신"이라며 "노래를 부를 수 없는 인생은 상상할 수 없다"고 했던 줄리 앤드류스는 좌절하지 않고 연기와 저술 등 자신이 할 수 있는 일들을 계속해 문화예술 부문에 지대한 공헌을 하였다. 2002년, 1편에 이어 출연한 〈프린세스 다이어리 2〉에서는 성대 손상 이후 처음 노래를 부르는 모습으로 수많은 관객에게 감동을 주었다. 2017년에는 넷플릭스와 손잡고 미취학아동 대상 어린이 뮤지컬드라마에 출연해 노래를 부르며 제작까지 맡았다. 최근 영화 〈아쿠아맨〉에서는 괴수 역할의 목소리로 출연해 35년생 출신 배우의 건재함을 보여주고 있으니 줄리 앤드류스를 일러 퍼스널 브랜드의 시조라고 해도 과언이 아닐 것이다.

오프라 윈프리는 또 어떤가? 그녀는 단순한 토크 쇼 진행자가 아니었다. 무하마드 알리도 단순한 권투 선수가 아니었다. 더 락도 단순한 레슬러가 아니었다. 이처럼 강력한 퍼스널 브랜드는 사적이면서도 직업적인 자유를 보장받는 승차권이다. 나는 꿈을 이루기 위해 퍼스널 브랜드를 구축하고 있는 많은 독자들이 자신의 방면에서 줄리 앤드류스나 무하마드 알리가 되기를 바란다.

4옥타브를 넘나드는 목소리나 엄청난 말발, 강력한 펀치가 없어도 괜찮다. 자신만의 어눌한 목소리와 작은 주먹으로도 퍼스널 브랜드를 만들고 얼마든지 꿈을 이룰 수 있다.

〃〃〃

---

* 미국의 프로레슬링 선수이자 배우인 드웨인 더글러스 존슨을 가리키며, 프로레슬링 시절의 이름이 더 락이었음 - 옮긴이

10년 전만 해도 사람들은 휴대폰을 전화를 걸고 받는 용도로만 사용했다. 동영상을 찍을 때는 캠코더를 사용했다. 하지만 지금은 어떤가?

스마트폰과 인터넷의 발달로 세상은 하나로 연결되었다. 사진은 물론 동영상까지 간단하게 찍어 실시간으로 SNS에 공유하는 이들이 늘더니 이제 퍼스널 브랜드를 만들어 비즈니스로 확대되는 추세이다. 음악과 출판에서부터 택시와 숙박시설 이용에 이르기까지 신문과 방송이라는 거대 매체를 통하지 않고 직접적인 홍보와 거래가 가능해진 것이다. 개인을 포함한 기업가들은 중개자 없이 소비자(고객)를 직접 만날 수 있게 되었다. 세상 소식과 나의 일상을 모두 담아주는 유튜브와 인스타그램, 페이스북은 우리들의 삶과 떼려야 뗄 수 없으니 일각에서 그에 대한 우려와 비판의 목소리가 나오는 것은 당연하다.

중요한 건 우리 눈앞에 펼쳐지는 이 미지의 세상에서 뒤처지지 않고 빠르게 주체로 우뚝 서는 일이다. 삶의 모든 새로운 국면에서 우리는 변화에 빠르게 대처하고 주인공이 되지 않으면 안 된다.

10년 전인 2009년에 나는 이미 오늘의 세상을 예견했다. 오프라인과 대비되는 개념으로서의 온라인 세상은 상상했던 것보다 훨씬 방대하고 다양하고 정교해서 어느 정도 예측을 했던 나로서도 입을 다물지 못하는 부분이 있다.

시간과 장소를 초월한 이 온라인 공간이 경제적인 활동을 펼칠 수 있는 장이 되면서 사람들의 관심과 참여는 기하급수적으로 늘어났다. 친구를 사귀는 기능부터 나를 알리고 나아가 엄청난 수입까지 얻을 수 있게 되었으니 사람들이 모여드는 것은 너무도 당연하다.

소셜미디어의 천재인 조시 오스트롭스키IG : @thefatjewish는 대학시절 한 기획사와 계약을 맺고, E! Entertainment 채널의 유명인 인터뷰 쇼를 맡아 예능행사를 수년 동안 진행했다. 특별히 내세울 것 없어 보였던 그가 자신의 코미디와 공연예술 방면의 재능으로 출간 계약을 맺고, 와인 회사를 차리고, 리얼리티 방송(이 출연으로 결국 1,000만 명의 인스타그램 팔로워를 얻게 됨)에 출연하게 된 것은 자신의 인스타그램 팔로워 숫자가 50만 명에 이르게 되면서다.

유명한 영화 제작자인 케이시 나이스탯@CaseyNeistat의 경우에도 2003년부터 온라인 영화 제작을 시작했지만, 그가 수백만 명이나 되는 팔로워에게 자신의 퍼스널 브랜드를 각인시킬 수 있었던 것은 고품질의 단편영화와 일상의 비디오 블로그인 브이로그V-log*를 유튜브에 올리면서부터였다. 그의 생생하고 기발한 일상체험 동영상들은 엄청난 조회 수를 기록하며, 800만 명에 이르는 팔로워들 덕분에 자신이 설립한 회사를 2,500만 달러의 금액으로 CNN에 팔 수 있었다. 또 젊은 시청자와 주류 언론사 간에 벌어진 '거대한 간극'을 메우는 새로운 프로젝트를 론칭한 것은 물론, 2017년 오스카 시상식이 열리는 동안 새로운 삼성 광고의 얼굴이 되기도 했다.

---

* '비디오'와 '블로그'의 합성어로, 일기처럼 자신의 일상을 영상으로 기록한 블로그 - 옮긴이

모두를 위한
퍼스널 브랜드

소셜미디어를 통해 퍼스널 브랜드를 개발하는 것은 어떤 산업 분야에 몸담고 있든, 혹은 개인의 자격이든 의욕과 열정이 있는 누구에게나 효과적인 전략이 되어줄 것이다. 이 책을 쓰기 위해 많은 사람들에게 인터뷰나 글을 부탁했을 때 선뜻 자신들의 이야기를 공유해 준 수많은 사진작가, 음악가를 비롯한 아티스트들이 입증하고 있는 사실이다.

이제는 성공한 유명인이나 전문가의 이름과 로고 뒤에 숨어서 익명으로 오래도록 기다리며 일하는 그런 예전의 과정을 거칠 필요가 없다. 물론 시작하기 전에 필요한 지식과 인생 경험을 쌓고 경제적인 기반을 조금이라도 다지는 작업은 필요하다. 이 책을 쓰기에 앞서 인터뷰를 한 사람들도 대부분 이전 직장에서 얻은 경험과 기술, 심지어는 싫어했던 일들이나 실패조차 오늘날의 자신이 되는 데 밑거름이 되었다고 말했다.

아들 링컨과 함께 〈What's Inside?〉라는 유튜브 채널을 운영하고 있는 다니엘 마크햄의 사례를 보자.

저는 한 제약회사의 영업자로서 의사들에게 특정 약품을 사용하라고 설득하는 방법을 배우다가 유튜버가 되는 법을 알게 되었어요. 약 판매를 담당하는 영업자라는 직업에서 출발한 것이죠. 좀 더 효과적인 약 판매기법을 익히기 위해 다른 영업자들과 함께 연습에 연습을 거듭했죠. 사실 전 카메라 앞에 별로 서본 적이 없어요. 그런데 지금은 카메라 앞에서 이야기하는 게 마치 병원의 약품 담당자나 의사 앞에서 이야기하는 것처럼 자연스럽게 느껴져요.

사실 저는 기업가가 되고 싶었어요. 언젠가 개인사업을 운영해 보고 싶었고요. 전 대학에 다니며 열심히 공부하고, 직장생활도 성실히 하고, 제약회사 영업자로 일하며 제가 할 수 있는 모든 것을 배웠어요. 그러면서 이런저런 일들도 시도하고 병행했죠. 실패도 찾아오고, 성공도 찾아왔습니다. 그 모든 세월과 경험이 모여 오늘의 제가 탄생하더군요.

이제 저는 서른일곱 살이고, 열아홉 살 때부터 시작한 공부와 일을 멈추지 않고 계속 하고 있는 스스로에게 대견함을 느낍니다.

지금 저는 마침내 제가 찾고 있는 그 자리에 있다는 느낌이 들어요. 이 자리가 그 자리라니 정신 못 차릴 정도로 벅차기도 하지만, 저는 지금 이 모습의, 이 자리에 있는 저를 사랑합니다.

인생에 딱 정해진 경로라는 게 없다는 사실을 알게 되면 유쾌한 기분

이 들지 않는가? 예를 들어 당신이 내일(맞다. 말 그대로 당장 내일이다!) 양봉가로 변신하는 프로젝트를 맡은 관리자라고 해보자. 이 경우, 당신은 단순히 벌을 키우는 과제의 범위를 넘어 통찰력과 유머를 갖춘 창의적인 콘텐츠로 자연지향적인 팟캐스트와 블로그를 시작할 수 있다. 그리하여 모든 영역으로 자신의 목소리를 확대해 나갈 수 있다.

이후에는 당신처럼 되고 싶은 차세대의 양봉가들에게 경험과 지식을 전달하기 위해 독창적인 동영상을 제작하거나, 양봉과 관련된 모든 것에 관한 책을 쓸 수도 있다. 또 당신은 중요한 정보를 공유하는 동시에 퍼스널 브랜드를 키워 나갈 수도 있다. 그렇게 되면 〈애니멀 플래닛〉이나 〈내셔널 지오그래픽〉에서 전화를 걸어와 인터뷰를 하고 기획 기사를 쓰고 싶다고 할 수도 있다.

이렇게 당신의 퍼스널 브랜드가 성장하면 벌꿀맛 캔디, 벌꿀향 립밤, 벌꿀 정제나 벌꿀 요거트의 조리법을 개발할 수도 있다. 또 인체에 해롭지 않은 새로운 살충제나 새로운 피부관리법을 만들거나, 벌을 브랜드화한 토트백과 정원관리 재료를 디자인할 수도 있다. 그런가 하면 꿀벌문화 관련 전문가로 활동하고 있는 패션모델 칼리 클로스에게서 인스타그램 다이렉트 메시지DM를 받게 될 수도 있다. 그 경우 그녀와 함께 찍은 셀카에 태그를 걸어 도서 판매량을 300권에서 3만 권으로도 끌어올릴 수 있고, 이를 촉매제로 새로운 인생의 장을 펼칠 수도 있다.

중요한 건 이런 대단한 일이 진짜로 일어난다는 것이다. 소셜미디어 플랫폼을 이용해 퍼스널 브랜드를 개발하고 영향력을 확장해 보자. 그러면 실제로 벌집을 만지거나 벌에 물리지 않고도 성장하는 비즈니스를 구축할 수 있다.

〃〃〃

이 책은 『크러쉬 잇!』 원칙들을 실제로 자기 일에 적용해 엄청난 성공을 거둔 사람들에게 축하의 메시지를 보내기 위해 쓴 책이기도 하다. 이 책에 등장하는 이들은 대부분 내가 무작위로 고른 사람들로, 자신의 특별한 경험과 성과를 공유하기 위해 언제라도 발 벗고 나설 용의가 있는 사람들이다.

그들의 이야기 중 고른다는 것 자체가 거의 불가능할 정도로 사례들은 하나같이 소중했다. 연예인, 피트니스 전문가, 패션 블로거, 마케팅 컨설턴트, 치과의사, 금융 플래너, 개 조련사, 레고 전시회 플래너 등 다양한 직종의 사람들에게서 그들의 이야기를 전해 들었다. 젊은 나이에 혼자 일을 시작한 사람도 있었고 한 분야에서 끈질기게 일하다 보니 오늘에 이른 사람들도 있었는데, 일부는 꿈을 향한 열정을 불태우기 위해 돈이 되는 직업을 포기하기도 했다.

이런 사례들에서 알 수 있듯 우리가 어떤 일에 기대만큼의 성과를 내지 못한다면 그것은 우리가 너무 나이가 들었거나 가난하거나 책임져야 할 일이 많아서가 아니라, 우리가 그 일에 전적으로 전념하지 않아서일 가능성이 크다.

어떤 일이든 건성으로 해서는 원하는 것을 결코 얻을 수 없으며, 상당한 모험도 감수해야 한다. 무섭게 집중하고, 시간을 쏟고, 여가생활 같은 것도 희생해야 한다. 아울러 상당 기간 싫은 일을 해야 할 수도 있지만 그럴 만큼의 가치 있는 결과를 얻을 것이다. 일단 퍼스널 브랜드가 확고하게 자리를 잡으면 원하는 생활을 영위할 수 있으며 그때부터는 우리가 삶을 완전히 통제할 수 있기 때문이다.

예를 들어 '성공을 위한 9단계 프로그램'과 같은 구태의연한 방법론은 찾지 말자. 나는 한 가지도 알려줄 게 없다. 그 원칙들은 보편적이며, 그 길은 누구에게나 열려 있다. 하지만 자신의 이야기를 기꺼이 나에게 공유했던 사람들처럼, 나는 이 책에서 플랫폼을 잘 활용하는 구체적인 방법들을 알려줄 것이다. 물론 이것들은 단지 사례일 뿐, 꼭 그렇게 해야 하는 것은 아니다. 내가 권하는 방식으로 하든, 자신만의 방식대로 하든 선택은 각자의 몫이다.

'크러쉬 잇'의 정신으로 자신이 지나갈 경로를 기록해 보자. 글자로 기록하기 어렵다면 다양한 방법으로 도식화해 보자. 우리가 해야 할 일은 실제로 이 일을 선택하고 실행하는 것이다. 긍정적으로 생각하고, 인내심을 가지며, 말보다는 실행에 옮겨보자.

흥미로운 건 우리가 살고 있는 디지털 미디어의 세계가 아직 초기 단계라는 것이다. 그러므로 우리가 성공할 수 있는 여지는 너무나도 많다. 하지만 놀랄 정도로 많은 사람들이 여전히 의심에 가득한 시선으로 실행을 망설이고 있다. 자신의 선택이 하나의 트렌드에 불과해 한순간에 세상에서 사라지고 그동안 쏟은 시간과 노력을 보상받지 못할까봐 망설인다.

이제 시작하는 사람들이라면 자신에게 맞는 플랫폼을 잘 선별해 도전할 경우 유리한 고지를 점할 수 있다. 시금은 내가 좋아하고 잘할 수 있는 일에 열정을 쏟아부으면 돈을 벌 수 있는 기회가 얼마든지 있다. 자리를 잡고, 흔적을 남기고, '크러쉬 잇!'의 세계에서 삶을 탄탄하게 일궈나가 보자.

Crushing it

에이미 슈미타우어
〈Savvy Sexy Social〉
— IG : @SCHMITTASTIC —

에이미 슈미타우어Amy Schmittauer는 결혼하는 친구의 신부 들러리가 된 일을 계기로 인터넷에서 화제의 인물이 되었다.

2007년의 일이었다. 그녀는 비록 마지막으로 뽑힌 들러리였지만, 신부에게 깜짝 놀랄 만한 선물을 주고 싶었다. 그래서 자신이 무엇을 할수 있을지 궁리한 끝에 한 명의 다른 들러리와 함께 동영상을 제작하는 아이디어를 생각해냈다.

그녀는 신부를 위해 동영상을 만드는 과정이 너무 재미있고 즐거웠다. 리허설이 있는 날 저녁, 자신이 만든 결혼 축하 동영상이 앞으로 자신의 인생에 얼마나 큰 변화를 불러일으킬지 상상도 하지 못했다.

그날 결혼 축하 동영상을 보고 운 것은 신부만이 아니었다. 그것을 함께 본 모든 사람이 감동에 겨워 눈물을 흘렸다.

"저는 곧바로 이 일에 빠져들었어요. 동영상으로 사람들에게 하고 싶은 이야기를 하고, 그들의 감정을 사로잡고 싶었죠. 동영상은 특히 사람들의 감정을 순간적으로 잘 포착해 주거든요."

에이미는 결혼 축하 동영상을 DVD로 구웠는데 그 후 동영상을 업로드하고 공유할 수 있는 온라인 플랫폼을 발견한 후 흥분을 감추지 못했다. 이 일을 계기로 그녀는 자신의 일상을 하나하나 찍기 시작했고, 편집 방법을 배워 유튜브에 올렸다. 동영상 제작에 필요한 촬영이나 스토리텔링 능력 등 에이미 자신도 몰랐던 창조적인 재능을 발견한 그녀는 자신을 있는 그대로 표현하며 누구보다 활기찬 삶을 보냈다.

오하이오 주립대에서 정치학을 전공한 에이미는 로펌에서 일하고 있는데 로비활동은 기본이고 기금모금, 공공정책 등의 중책을 맡고 있었다. 그런데 여기서도 그녀의 동영상 제작 경험과 노하우는 빛을 발했다. 페이스북 등을 통해 그녀가 개인정보보호 관련 풍부한 지식으로 사람들에게 도움을 줄 수 있는 인물임이 알려진 것이다. 실리콘밸리에서라면 그리 눈에 띄는 지식이 아니었겠지만, 오하이오에서는 드문 지식이었다.

그러자 에이미 정도의 능력이라면 소셜미디어 관리가 앞으로 경제적으로 큰 도움을 줄 수도 있다고 친구들이 부추겼다. 그녀는 생각했다.

'과연 내가 이 일로 돈을 벌 수 있을까?'

이 질문이 바로 에이미의 부업이 시작된 순간이었다. 에이미는 퇴근 후, 보통 저녁 7시부터 프리랜서 업무에 착수했다.

처음에 그녀가 만난 소규모 기업들은 페이스북과 트위터를 위해 제작해야 할 온갖 콘텐츠의 양에 압도되어 다른 일은 엄두도 못 내고 있었다. 그 상황에서 동영상 콘텐츠까지 제작해야 한다고 하면 기업들은 자신의 말을 콧등으로도 듣지 않을 게 뻔했다. 에이미는 자신을 신뢰하는 고객을 얻을 유일한 방법은 그들에게 SNS의 중요성을 보여주는 것뿐이라는 사실을 깨달았다.

그녀는 자신이야말로 그들의 브랜드 개발에 확실한 도움을 줄 수 있는 적임자라는 이메일을 보냈다. 얼마 후 마침내 그 지역의 탄탄한 식품 매거진 기업을 첫 고객으로 확보했다. 그리고 그녀는 이 일을 무료로 진행했다. 첫 고객이라는 이유만으로 무보수로 그녀를 소셜미디어 매니저로 채용할 수 있었던 기업은 운이 좋았다. 결과가 좋았으니까!

그렇게 에이미가 낮에는 로펌에서 일하며 부업을 시작한지 3~4개월쯤 지났을 때, 오하이오 출신으로 당시 링크드인에서 유명세를 떨치던 루이스 하우즈[*]가 그녀에게 만남을 제안했다. 루이스 하우즈가 에이미를 발견하게 된 건 탄탄한 식품 매거진과는 상관없었다. 유튜브와 여러 다른 소셜미디어 사이트에 에이미가 올렸던 사진과 비디오 블로깅을 통해서였다. 그는 에이미가 하고 있는 일을 좀 더 알고 싶었던 것이다.

2010년 봄, 그들은 햄버거를 먹으며 만남을 가졌고, 루이스 하우즈는 에이미에게 고객을 얻고 싶으면 꼭 알아야 할 두 가지를 조언했다.

첫째, 라스베이거스로 가서 블로깅, 팟캐스팅, 동영상 콘텐츠 제작 분야의 리더들이 모여 의견을 개진하는 뉴미디어 콘퍼런스인 '블로그 월드BlogWorld'에 참석하라는 권유였다.

이는 문제될 게 전혀 없었다. 에이미가 일하는 식품 매거진 측의 도움으로 이미 입장권 배지를 구입해 놓았기 때문이다.

---

[*] 자세한 내용은 61쪽을 참조하자 : 유명 프로 미식축구 선수 출신으로 그가 진행하는 〈School of Greatness〉는 아이튠즈 최고의 팟캐스트로 뽑힘 - 옮긴이

둘째, 게리 바이너척의 『크러쉬 잇!』을 읽어라.

에이미는 당장 도서관으로 달려가 책을 읽었고, 바로 그때 큰 깨달음을 얻게 된다. 자신은 변호사가 될 운명이 아니라는 사실을….

저는 깜짝 놀랐어요. 로펌 일을 통해서가 아니라 제 개인적인 소셜미디어 활동을 통해 루이스 하우즈 같은 유명인이 저를 만나자고 할 줄은! 그 정도로 제가 알려지고 영향력이 있는 줄은 몰랐거든요. 또 『크러쉬 잇!』 덕분에 저는 제 미래의 모습을 마음속에 그려볼 수 있게 됐어요. 그동안 저는 다른 회사들이 저를 고용하고 싶을 만큼 실력 있고 명망 있는 사람이 되는 것을 최우선으로 여겨왔어요. 그래서 저 자신을 알리려고 노력했던 것인데, 제가 만들어 올린 동영상을 통해 제 퍼스널 브랜드가 구축되었고 많은 사람들이 신뢰할 만한 작은 리더로 저를 지켜봤다는 사실을 몰랐던 거죠.

이 일을 통해 저는 퍼스널 브랜딩이 비즈니스를 성장시키는 데 얼마나 중요한 요소인지 깨닫게 되었어요. 재미있는 건 제가 그 중요성을 알기도 전에 이미 퍼스널 브랜딩을 하고 있었다는 거죠. 생각보다 제가 훨씬 앞서 있었다는 사실을 알게 되자 의욕이 불타올랐어요.

비디오 사용법을 잘 아는 것과 카메라 앞에서 자연스럽게 말하고 행동하는 법 등이 저의 강점이 되었어요. 순전히 재미로 하던 일이 제 인생에 훅 들어온 거죠. 그런 점이 저를 매우 독특한 사람이라는 인상을 심어줬는지도 몰라요.

앞으로 무엇을 해야 할지가 머릿속에 그려지는 상황에서 제가 땅을 박

차고 도약하는 데 결정적인 도움이 된 건 바로 퍼스널 브랜딩이었어요.

이제 에이미는 자신이 하고 싶은 일을 함에 있어 SNS 관리가 전부가 아니라는 사실을 깨달았다. 그녀는 브이로그와 퍼스널 브랜드 컨설팅을 펼칠 계획을 세웠고, 자신이 지닌 가치를 되짚어 보았다.

분명 대가를 받지 않고 일한다는 건 스스로를 평가절하하는 일이에요. 저 또한 제 가치를 너무 낮게 책정하고 있었죠. 그만큼 초기에는 SNS 분야 자체가 별로 인정받지 못하는 분위기였어요. 『크러쉬 잇!』을 읽고 저는 그동안 습득한 지식과 기술이 앞으로 비즈니스를 위한 마케팅과 고객 서비스에서 정말 중요한 자산이라는 걸 깨달았어요. 이를 계기로 저는 자신감이 충만해졌죠. 그리고 저의 가치를 더욱 높여준 이 자신감은 경제적으로도 큰 도움이 되었어요.

저는 계속해서 기회를 잡았어요. 제가 좋은 일을 하고 있다는 걸 너무 잘 알고 있기 때문이죠.

에이미는 '소규모 기업들이 겪고 있는 고민을 끝내기 위해' 자신의 브이로그인 〈Savvy Sexy Social〉을 시작했다.

2011년 초 직장을 그만둘 때까지 그녀는 일부 유료고객을 유치했다. 하지만 로펌 직원에서 프리랜서로 전환하는 일은 아직 큰 모험이었다.

에이미는 남자친구 집으로 이사해 들어가고 차도 정리하면서 간접비용을 낮추기 위해 허리띠를 졸라맸다. 그러면서 새로운 고객을 유치하는데 얼마가 걸릴지도 모르는 만약의 상황에 대비했다.

다행히도 그녀의 모든 활동은 곧 구체적인 성과를 내기 시작했다. 자신을 더욱 적극적으로 알리고 표현하여 신뢰를 주는 일, 블로그 월드 참석, 네트워크 관리, 사람들과의 교류…. 에이미는 단기간에 유료고객들을 추가로 확보할 수 있었다(그녀는 자신의 퍼스널 브랜드 단가를 유지하기 위해 한동안 별도의 가상 이메일 계정을 개설하여 평소의 자신과는 다른 모습으로 고객과 일종의 단가 협상을 벌이기도 했다).

75,000명 이상의 구독자와 500만 뷰 이상을 기록한 〈Savvy Sexy Social〉에서 계속 강의를 진행하면서 에이미는 베스트셀러도 내고, 비즈니스를 위한 브이로깅 시리즈의 온라인 강좌를 만들고, 두 번째 비디오 마케팅 비즈니스도 성공적으로 론칭했다.

자기 자신을 열심히 전 세계로 전파하는 중에 에이미는 새신부가 되었고, 귀여운 개를 키우고 있으며, 날로 번창일로의 사업을 이끌고 있다. 그런데도 그녀는 이렇듯 겸손하다.

그동안은 제가 이룬 성과를 잘 인식하지 못했어요. 하지만 지금은 너무 잘 알고 있죠. 삶의 통제권이 제게 있다는 것을 포함해 모든 것이 고맙고 벅차요. 앞으로 제가 더 많은 일을 할 수 있다는 뜻이기도 하고, 아직 충분히 하고 있지 못하다는 뜻이기도 하니까요.

놀라운 일들이 일어나는 것 같다가도, 어느 날 눈을 뜨면 모든 일이 잘못되고 꼬인 것 같은 느낌도 들죠. 다행인 건 아직 이 일이 좋고 계속할 거라는 사실이죠. 가끔 이런 의문이 들 때는 있어요.

'내가 정말로 이 일에 적합한 사람인가?'

가장 극복해야 할 존재는 그 누구도 아닌 바로 자신이에요. 저는 여기까지 오게 된 것에 대해 충분히 저 자신에게 감사하지도 않았고, 존경을 표하지도 않았어요. 하지만 언제부터인가 매일, 매주, 매월 단위로 제가 잘한 일을 돌아보기 시작했어요. 그리고 잘한 일에 대해 행복해하고, 그 행복한 감정을 계속 기억하려고 노력하죠.

누구나 그런 것처럼 매일매일 사는 일은 만만치 않아요. 가령 아침에 일어나서 이유도 없이 기분이 안 좋으면 여지없이 힘든 일이 일어나죠.

전 지금의 삶의 방식을 바꾸지는 않을 거예요. 제가 제대로 된 길을 가고 있다는 걸 알기 때문이죠. 그리고 어떤 일이 있더라도 기쁜 마음으로 계속 그 길을 따라갈 겁니다.

에이미의 이야기는 근사하다. 나는 그녀가 스스로 가려운 곳을 긁고 혼자 힘으로 새로운 길을 만든 용기를 높이 산다. 또한 자신의 모든 에너지를 자신의 퍼스널 브랜드를 창출하고 유지하는 데 쏟은 노력을 높이 사며, 그토록 많이 이루었는데도 아직도 새로운 길을 항해하며 자만하지 않는 모습을 높이 산다.

그녀는 인내와 끈기의 본보기이다. 이 책을 위해 인터뷰한 다른 사람들처럼 말이다.

2장

SNS에서 성공하는 8가지 키워드

Crushing It!

의도
Intent

핵심 콘텐츠를 올리기에 적합한 플랫폼을 찾기 전에 기억해야 할 사실이 있다. 아무리 잘 설계된 핵심 콘텐츠라도 탄탄한 토대 위에 세워야 실패하지 않는다는 것이다. 크리에이터들을 좌절시키는 것은 그들이 자신들의 비전을 추진할 때 범하는 실수가 아니라, 시작도 하기 전에 저지르는 실수다.

파워 인플루언서들의 입이 딱 벌어지는 성공의 이유는 정확히 파악하기 어렵지만, 퍼스널 브랜드들이 실패하는 이유는 대부분 명확하다. 잘못된 일에 에너지를 쏟거나 낭비했기 때문이다. 그들은 무언가에 늘 관심을 보이지만, 정작 가장 중요한 것엔 충분한 관심을 기울이지 않는다.

좋아하는 일에 대한 관심이 모든 일의 출발점인 것처럼, 정말로 중요한 것은 간결한 리스트 하나로 정리할 수 있다.

의도, 진정성, 열정, 인내, 속도, 일, 관심, 콘텐츠가 바로 그것이다.

우리는 왜 퍼스널 브랜드를 가지고 싶은가?

- 지식을 공유하기 위해?
- 사람들을 돕기 위해?
- 유산으로 남기기 위해?
- 경제적인 안정과 안락한 공간 마련에 필요한 돈을 위해?
- 창의성을 발산하고 누리는 즐거움을 얻기 위해?
- 커뮤니티를 만들기 위해?

이 모든 것들이 자신만의 비즈니스를 구축해 인플루언서가 되고 싶은 중요한 이유들이다. 그리고 이렇게 해서 최고의 위치에 오른 기업가들은 다음 세 가지 요소를 공통적으로 가지고 있으며 이를 강조하고 있다.

- 서비스에 대한 신념

- 가치를 제공하고자 하는 열망
- 가르치고자 하는 열정

자신에게 필요한 제품이나 서비스를 기존의 시장에서 찾지 못하면 비슷한 것을 구입해 사용하는 보통의 사람들과 달리, 성공한 기업가들은 연구하고 개발하여 만족할 만한 제품을 스스로 만드는 경우가 많다. 그렇게 만든 제품으로 다른 사람들의 호응을 이끌어내는 것이 진정한 기업가정신이다.

또한 많은 사람들이 필요한 정보와 지식을 찾아 여기저기 헤매다가 시간과 노력만 낭비하고 좌절할 때, 기업가정신이 투철한 사람은 필요한 것을 스스로 만들어낸다. 그들은 내실 있는 콘텐츠를 선사하는 것은 물론, 고객이 필요로 하는 것을 실제로 제공하여 가치와 교육의 열망을 구현한다. 기존과는 완전히 다른 접근방식이다.

그들의 말을 빌리자면 지식이 많다거나 경험이 풍부해서 이룬 성취가 아니었다. 경험에서 부족한 부분은 열정과 정직, 유머로 보충했다.

사진과 동영상 그리고 블로그에 올리는 게시물이 차별화되고 내실을 갖출수록 찾는 사람들이 늘어난다. 그들이 고객이 되는 것이다. 처음에는 거저 주어야 한다. 하지만 주고 또 주고 계속해서 준다고 해서 사람들이 찾아오진 않는다. 내용이 부실하고 기대에 못 미치면 사람들은 냉정하리만치 단호하게 발걸음을 끊는다. 내가 생산하는 성의 없고 형편없는 제품은 주문자인 고객에게서 얻을 수 있는 신뢰와 충성도의 기회를 모두 날려버린다. 고객은 쓸모없는 제품을 다시 찾지 않는다.

어쩌면 나는 독자들이 만난 이들 중 가장 순수한 사람일지도 모른다. 이렇게 말하면 싫어할 사람도 있겠지만 나는 솔직하고 싶다. 공짜로 무엇인가를 준다고 하는 사람들의 말을 나는 믿지 않는다. 사람들은 대부분 이기적이기 때문이다. 자기만의 이기적인 욕구wants와 필요needs로 가득 찬 똑같은 존재이기 때문이다.

그러나 나는 그들이 51%에 속하는 사람이라고 생각한다. 즉, 우리의 본성이 적어도 51%가 이타적이고, 단지 49%만 이기적이어도 실제로 이기적인 본성을 거슬러 이타적이 될 수 있다. 그러나 대다수 사람은 본성의 70~99%가 이기적이어서 이타적인 시도를 하지 않는다.

그렇다면 하나의 전술로서 이타심을 적극 사용해 보면 어떨까? 이타심은 본래 내게 있는 것처럼 위장할 수 있는 것이 아니다. 내가 아는 이들 중 이타심을 표면에 내세웠던 사람들은 한동안 사업을 크게 키우기도 했지만, 결국 재정적으로나 정서적으로 무너지는 경우가 많았다.

장담하건대 이 책에 소개된 성공한 케이스의 사람들 중 일부는 이타적인 시도를 하나의 전술로 사용했으며, 그것도 아주 잘 사용했다. 과시용이 아니라 마음에서 우러나오는 진심이었기 때문이다. 진심이 아닌 겉치레는 금방 들통이 나기 마련이다. 그런 것은 아니함만 못하다.

우리는 자본주의라는 요람에서 양보보다는 경쟁을 배우며 자랐다. 경쟁심에 눈이 멀면 결코 원하는 성공에 도달할 수 없다. 그리하여 '황금만능주의'라는 틀을 깨버린 것 또한 나의 현명한 선택 중 하나였다.

나는 돈에 매인 적이 없다. 다만 돈이 아닌 나의 유산에 대해서는 강박적일 만큼 신경을 쓴다. 내가 죽으면 세상이 내 죽음에 대해 애도했으면 좋겠다. 단지 내가 괜찮은 사람이어서가 아니라, 무언가 새로운 걸 구축하고 미래의 비즈니스를 예측해낸 사람으로 기억되었으면 좋겠다. 나의 목표를 이루기 위해 내가 취할 수 있는 유일한 방법은 '선량하고 관대하며 (돈을) 안중에 두지 않는' 것이다.

온라인이나 강연을 통해 나라는 사람을 처음 접하는 경우 10명 중 3명은 나를 좋아하지 않는다. 나의 말이나 사업방식이 터무니없고 말이 안 된다고 여기기 때문이다. 시간이든 조언이든 무엇이든 주고 싶어 하는 내 방식이, 결국 돈이나 벌려는 방편이라고 생각하는 것이다.

사람들은 아무 꿍꿍이 없이 베푼다는 행위 자체를 믿지 않는다. 하지만 나는 그렇게 한다. 계속 한다. 그리고 바로 이것이 나를 싫어했던 사람들이 결국에는 생각을 바꾸고 내 말에 귀를 기울이게 되는 이유이다.

〃 〃 〃

그래픽 디자인 및 브랜딩 강사이자 〈You Can Brand〉 블로그를 개설한 제나 소드IG : @youcanbrand는 이렇게 말했다.

"고객에 대한 진정한 애정은 고객의 마음에서부터 흘러나오는 '아하'라는 감탄을 주목해서 보는 것이다."

즉, 제품과 서비스가 고객의 문제를 해결하는데 도움을 주는지, 고객이 제품과 서비스에 대해 무엇을 느끼는지, 제품과 서비스로 인해 고객이 만족하고 자긍심을 느끼는지 주목해서 보는 것이다.

한마디로 기업가들의 성공 여부는 고객을 얼마나 아끼느냐에 달려 있으며, 이것이야 말로 최고의 마케팅 전략이다.

루이스 하우즈
〈School of Greatness〉
— IG : @LEWISHOWES —

　루이스 하우즈Lewis Howes는 꿈이 산산조각 난다는 게 어떤 느낌인지 잘 안다.

　미국 프로미식축구 선수이자 10종 경기 선수였던 루이스는 어느 날 경기 중 벽에 세게 부딪치는 사고로 손목이 부러졌을 때 처음 그 기분을 맛보았다. 루이스는 부상 때문에 경기에 참가할 수 없다는 사실을 인정하기 어려웠다. 대대적인 수술을 마치고 팔 전체에 석고 붕대를 감은 채 오하이오의 여동생 집 소파에서 지내는 6개월 동안, 그는 다시 선수로 뛸 수 있다는 희망의 끈을 놓지 않았다. 부상당하기 전의 근력상태로 돌아가기 위해 그는 1년 동안 재활에 힘을 쏟았다.

　하지만 그는 결국 선수로 재기가 불가능하다는 사실을 받아들여야 했다. 이런 일을 겪은 많은 사람들이 그러하듯 그에게 이 일은 곧 인생의 끝을 의미했다. 어린 시절 겪었던 아동 성학대나, 학교에서 난독증으로 애를 먹다가 왕따도 당했던 그에게 스포츠는 피난처이자 구세주였다. 더욱이 그는 미국 프로미식축구리그NFL에 지원하기 위해 대학까지 그만둔 상태였다. 학위도 기술도 돈도, 이제 그에게 남은 것은 아무것도 없었다. 게다가 당시는 실직자와 파산자가 넘쳐나던 2008년 금융위기의 시기였다.

하지만 운동선수 시절 혹독한 훈련을 이겨낸 덕분에 루이스는 자신에 대한 믿음이 있었다. 그는 이런 질문을 자신에게 던졌다.

'내가 세상에서 무언가를 만든다면 무엇을 만들어낼 수 있을까?'

그는 사람이 좋아하는 일을 하면서 인정받고 돈을 버는 게 어떤 느낌인지 잘 알고 있었다. 그래서 회사 입사는 꿈도 꾸지 않았다.

그는 뭔가를 해야만 했다. 여동생 집에서 몇 개월 신세를 지다 보니 동생의 인내심도 점점 바닥나고 있었기 때문이다.

어느 날 가까운 지인이 그에게 링크드인LinkedIn*을 시작해 보라고 권유했다. 루이스는 링크드인 플랫폼을 통해 많은 사람들을 만날 수 있고 함께 소통하고 좋은 것을 나눌 수 있다는 사실을 발견했다.

"제가 뭔가를 배울 수 있도록 아이디어와 영감을 주는 사람들이 드디어 생겼어요."

이듬해 그는 매일 일정 시간을 지역 비즈니스 리더들과 친분을 맺고, 그들을 점심 식사에 초대하고, 그들의 성공비법을 알기 위해 인터뷰를 요청했다. 그는 스포츠 관련 산업에 관심이 많아 주로 그쪽 사람들에게 다가갔다. 그러자 한 사람이 그를 또 다른 사람에게 연결시키고, 또 다른

---

* 링크드인은 2003년 미국에서 설립되어 4억 명 이상의 비즈니스 인맥을 찾아주는 SNS로 자리잡았다. - 옮긴이

사람이 또 다른 사람과의 만남을 제안하면서 그의 인맥은 점점 넓어져 갔다. 루이스는 링크드인에서 자신의 프로필을 최적화해 점점 더 영향력 있는 인플루언서들과 만남을 성사시켜 나갔다. 그렇게 해서 2009년 루이스는 35,000명에 달하는 사람을 알게 되었다.

당시에는 트위터 사용자들의 오프라인 모임인 트위텁Tweetups *이 친구를 사귀는 장이 되고 있었다.

"트위텁에 두 번 정도 참여했을 때 좋은 생각이 떠올랐어요. 이런 모임을 링크드인에서도 구축해 특정 분야에 관심 있는 사람들끼리 만나는 링크드인 미트업LinkedIn meetup을 열면 어떨까?"

그렇게 그는 세인트루이스에서 첫 링크드인 미트업 모임을 열었다. 참석자는 350명이었으며, 일부 테이블에서 스폰서로 벌어들인 수익은 약 1,000달러였다.

"그러고 나서 저는 또 생각했죠. 이벤트를 열고 입장료 5달러를 받으면 어떨까?"

그는 생각대로 추진했고, 스폰서 수입과 더불어 입장료 수입까지 들어왔다.

"그러고 나니 또 좋은 생각이 떠오르더군요. 링크드인 미트업을 주최한 장소에서 네트워킹 이벤트를 열어 제공하는 음식과 술에 대해 10%의 수수료를 받으면 어떨까?"

이런 그의 생각에 사람들은 동의했다. 얼마 되지 않아 루이스는 한 달

---

* 트위텁은 트위터로 알게 된 사람들이 공통의 목적을 가지고 오프라인에서 일시적으로 갖는 번개 모임 – 옮긴이

에 약 2,000달러의 수입을 벌어들였다. 이 정도면 여동생의 집에서 독립하기에 충분한 수입이었다. 그는 오하이오주 콜럼버스에서 월세 495달러의 침실 하나 딸린 작은 아파트를 마련했다.

사람들은 놀랐다. 도대체 그는 어떻게 그 암울한 상황에서 벗어날 수 있었을까? 그는 큰 부상을 당해 경기에 나갈 수 없었으며, 일자리와 대학 졸업장도 없었다. 그런데도 그는 용감하게 새로운 일에 도전장을 내밀어 미 전역의 파워 인플루언서들과 교류하며, 그들의 요청을 받아 콘퍼런스 단상에 오르기까지 했다. 이 모든 일은 링크드인을 통해 시작되었다.

사람들은 루이스에게 링크드인 플랫폼을 어떻게 활용하면 좋은지 묻기 시작했다. 루이스는 링크드인 프로필을 최적화해 잠재고객이나 투자자, 비즈니스에 필요한 사람들과 관계를 맺는 법에 대해 교육하기 시작했다.

"저의 관심과 열정이 적중했던 것 같아요. 사람들이 많이 참석하도록 제가 끌어당긴 거죠. 그때 저는 가르치는 일이 너무 재미있었어요. 아무도 저처럼 링크드인에 대해 설명할 수 없었거든요! 저는 링크드인을 아주 흥미진진한 장소로 만들었어요."

얼마 후 루이스는 『크러쉬 잇!』 출간 소식을 접했다. 루이스는 저자인 내게 연락을 취해왔고, 출간 이벤트를 링크드인에서 진행해 보지 않겠냐고 제안했다. 그는 내 책 홍보를 도와주면서 자연스레 내 책을 읽었다. 그는 이렇게 말했다.

전 제가 똑똑하다고 생각해 본 적이 없어요. 지성이나 역량이나 대단한 경험이나 자격이 있다고는 꿈에도 생각하지 못했어요. 그런데 '아끼다'라는 단어를 『크러쉬 잇!』에서 보는 순간 고객을 아끼는 수준을 향상시켜야겠다는 생각이 떠오르더군요. 그래서 인플루언서들을 만나면 그냥 이렇게 말했어요. "선생님의 성공비결에 대해 듣고 싶습니다." 그리고 상대방의 이야기가 끝나면 이렇게 말하는 거죠. "현재 선생님께서는 무엇에 도전하고 계신가요?" 그리고 그들의 말을 경청하는 중 어느 순간을 포착합니다. "지금 영업 담당이 필요하시군요? 최고의 영업자들을 세 명쯤 알고 있어요." 또는 "프로그래머가 필요하시군요? 딱 적합한 사람이 있어요." 이렇게 해서 필요한 사람들을 연결해 주는 일이 중요한 역할이 된 거죠. 그렇다고 해서 일자리를 알아봐 달라고 강권한 적은 없었어요. 비즈니스를 같이 해보자고 요청한 적도 없고요. 『크러쉬 잇!』의 '아끼다'라는 한 단어로 대표되는 장에서는 솔직하게 자신의 모습을 보여주고, 소통하고, 가치를 더해 주고, 아껴주면 좋은 관계가 형성되고 멋진 기회도 얻게 된다고 했죠? 저는 처음 만나는 날부터 사람들에게 무엇인가 좋은 것을 선사하려 노력했죠. 그것이 지난 10년 동안 구축한 제 삶의 비결이에요.

루이스는 당시 기업가로서 이미 첫발을 내딛었지만 『크러쉬 잇!』을 통해 영감을 얻으면서 본격적으로 자기 일에 박차를 가하기 시작했다. 『크러쉬 잇!』에서 나는 틈새시장을 강조했고, 그는 '소셜미디어 맨'이 되고자 했던 2008~2009년 당시의 분위기에 휩쓸리지 않고 '링크드인

맨'이 되기로 결론을 내렸다. 또한 『크러쉬 잇!』에서 하루 15, 16시간 열심히 일하라고 한 내용을 실행에 옮겼다.

"뼈빠지게 일했다"는 루이스의 표현대로 그의 노력은 인정을 받았다. 모든 소셜미디어 콘퍼런스에서 그를 링크드인 강사로 초청할 정도로 전문가가 되었을 뿐 아니라 점점 더 창의적인 사람이 되어갔다.

> 링크드인 이벤트 장소로 주로 식당이나 술집을 물색하면서 관리자나 주인과 관계를 맺기 시작했어요. 저는 그들에게 이렇게 물었어요. "손님이 가장 안 오는 날은 언제인가요?" 그랬더니 "화요일 밤" 또는 "수요일 밤"이라고 하더군요. 그래서 저는 이렇게 대답했죠. "알겠습니다. 손님이 제일 안 오는 날에 500명 정도 데려오겠습니다. 이 좋은 가게가 주말뿐 아니라 매일 밤 손님들로 바글바글했으면 좋겠으니까요! 매상을 팍팍 올려줄 비즈니스 리더급의 손님들을 모셔오겠습니다."

루이스는 약속을 지켰고, 이벤트가 열리는 식당과 술집에서 제일 장사가 안 되는 날을 최고의 매출을 올리는 날로 바꾸어 놓았다.

사장님들은 루이스가 요청하면 언제든 이벤트 장소를 제공했고 루이스는 이 기회를 놓치지 않았다.

"저는 식당과 술집의 대표나 매니저를 만나 새로운 요구사항을 전했어요. 물론 거절을 각오하고 말이죠. 매출액의 10%를 수수료로 받았는데 20%로 올려달라고 했어요. 입장료도 5달러에서 20달러를 청구했고요. 스폰서십이라는 게 있으니까 당연한 요청이었죠."

이 요구에 대해 그들은 흔쾌히 동의했다. 루이스로 인해 얻는 금전적인 이익이 상당했기 때문이다. 1년 동안 루이스는 전국에서 20개의 이벤트를 주최했다. 아울러 그는 다른 서비스를 연달아 선보여 2년 만에 250만 달러 이상의 매출을 올렸다.

이런 성공에도 불구하고, 루이스는 몇 년 후 새로운 일에 도전할 채비를 마쳤다.

"열정이 식어서 어쩔 수 없었어요. 사진 추가 방법과 링크드인 프로필을 최적화하는 방법에 관한 조언 정도로는 만족할 수 없었거든요."

그는 링크드인 이벤트 비즈니스를 팔아넘기고, 〈성공학교School of Greatness〉라고 이름 붙인 새로운 프로젝트를 시작했다. 성공학교는 전 세계의 운동선수와 유명인사, 비즈니스 마인드를 지닌 사람들이 전하는 영감 있는 이야기와 메시지, 그리고 실제적인 조언을 공유하는 팟캐스트였다.

성공학교는 2013년에 설립된 이래 수천만 건 이상 다운로드되었으며, 아이튠즈 팟캐스트 상위 50위권에 주기적으로 등장하고 있다. 2015년에 루이스는 뉴욕타임스에 소개될 정도의 베스트셀러 『School of Greatness』를 출간했고, 현재 그는 코칭과 강연, 저술활동을 계속하고 있다.

루이스는 링크드인을 좋아하고 즐겨 사용하지만, 자신에게 최고의 트래픽과 다운로드, 판매량, 독자 수를 증가시키는 다른 플랫폼들에도 관심을 놓지 않았다. 당시 그의 유일한 걸림돌은 혼자서 모든 것을 추진해야 한다는 점이었다. 그래서 그는 팟캐스트 편집에서부터 페이스북 광고, 그리고 고객 지원에 이르기까지 비즈니스의 모든 측면을 지원해줄 인재들을 고용했다.

　저는 세상에서 가장 운이 좋은 사람 같아요. 처음에는 필요한 기술을 배우고, 자신감을 고양하기 위해 많은 노력을 기울였어요. 하지만 가장 놀라운 건 말이죠, 얼마나 많이 아느냐가 아니라 얼마나 많이 베푸느냐가 핵심이라는 거예요. 우리에게 비전에 대한 열정과 에너지, 꾸준한 활동, 그리고 헌신이 있다면 원하는 건 뭐든지 할 수 있다고 생각해요. 만약 제가 계속 어리석은 사람이어서 사람들을 소중히 여기지 않았다면 좋은 기회를 얻지 못했을 거예요. 매일 한결같은 마음으로 자신의 일에 열중한다면 반드시 좋은 날이 올 거예요.

진정성
Authenticity

사람들의 의도는 진정성에서 그 모습을 드러내게 마련이다. 혹 그동안 인스타그램의 유명인사가 되겠다는 얄팍한 계산으로 활동했다면 이제는 세상에 즐거움을 더한다는 믿음으로 임해보자. 그러면 1천 배는 더 성공할 것이다.

복잡하고 변화무쌍한 현대사회의 구성원으로 사는 사람들은 자신이 대상화되고 소모품 취급을 받고 있다는 것을 알면서도 기업들의 과대과장 광고에 번번이 속아 넘어간다. 진정성은 그래서 중요한 키워드가 되었다. 기업의 광고든, SNS로 소통하는 개인의 공간이든 진정성을 보여주기 위해 노력해야 한다.

인스타그램, 페이스북, 유튜브와 기타 여러 플랫폼을 이용하는 이들은 자신의 강점을 통한 신선한 아이디어로 솔직하게 다가가야 한다. 놀라운 패션 감각이나 포복절도할 코미디의 브랜드화, 혁신적인 팀워크

전략 소개, 환상적인 꽃꽂이 실력 등 내가 좋아하는 것을 대가 없이 오픈하고 공유하는 것이다. 이때 나의 있는 모습 그대로를 선보이기에 가장 적합한 플랫폼을 찾아보자.

앞에서도 잠깐 언급했듯이 사람들은 나를 처음 접하고 신뢰는커녕 의심 가득한 시선으로 나의 활동을 지켜보았다. 그들은 내 메시지가 일관성과 진정성을 가지고 있다는 사실을 깨닫기 전까지 나를 허풍쟁이라고 오해했다. 그런 오해가 유쾌하진 않았지만 내 성격의 어떤 부분은 이런 면에서 도움이 된다.

첫째, 나는 기본적으로 사람들이 나를 어떻게 생각하는지 신경 쓰지 않는다. 덕분에 나는 완전히 자유롭게 내가 원하는 것을 하고, 거침없이 표현한다.

둘째, 얼핏 보면 첫째 부분과 모순되는 것 같지만 사람들이 나에 대해 개진하는 의견에 관심이 많다. 댓글 등을 이용해 나를 비판하거나 딴지를 거는 사람들에게 나는 다소 미쳤다 싶을 정도로 많은 시간을 할애해 내 의견을 전한다. 기분 나쁘다고 하여 일방적으로 무시하고 소통하지 않는 것은 나의 방식이 아니다.

셋째, 이것이 가장 중요한 부분인데 나는 내 청중을 신뢰하고 존중한다. 나는 그들의 직감을 믿으며, 위선과 기회주의 같은 것을 잘 구분할 것이라고 믿는다.

〃 〃 〃

별 내용도 없는 사업이나 별 볼일 없는 온라인 강좌를 잘 포장해 비싼

값에 팔아치우는 사람들이 있는데 그들이야말로 가장 어리석은 자들이다. 사람들을 속여 단번에 많은 돈을 벌 수 있을지는 모르지만, 앞으로 그가 발을 붙일 공간은 전무할 것이다.

　기업뿐 아니라 개개의 퍼스널 브랜드에도 적용되는 사실이다. 예를 들어 고객을 하찮게 여기는 썩은 기업문화가 드러나는 데는 직원에 의해 강제로 비행기에서 끌려 나오는 고객의 모습을 담은 바이럴 비디오 한 편이면 충분하다. 이는 고객뿐만이 아니다. 기본적으로 사람을 존중하지 않는 기업은 소셜미디어의 작은 게시물 하나로도 언제든 와르르 무너질 수 있다.

Crushing it

로린 에바츠
〈The Skinny Confidential〉
— IG : @THESKINNYCONFIDENTIAL —

로린 에바츠Lauryn Evarts는 라이프스타일 사이트인 〈더 스키니 컨피덴셜The Skinny Confidential〉을 운영하는 후리후리한 키에 대담하며 섹시한 미모의 여성이다. 그녀는 공동체를 만들어 여성들과 더 많은 이야기를 나누고 유대감을 갖는 것에 관심이 많다. 다음은 그녀의 이야기다.

저는 사람들이 툭하면 열정, 열정, 열정을 외쳐대는 게 참을 수가 없어요. 실행이 없는 열정은 아무것도 아니거든요. 많은 사람들은 너무도 쉽게 자신의 아이디어와 계획을 털어놓곤 하죠. 하지만 저는 말이 앞서는 그런 태도가 싫어요. 〈더 스키니 컨피덴셜〉 사이트를 구축하는 1년 동안 저는 단 한번도 이 사이트에 대해 미리 이야기한 적이 없어요. 말보다는 실행이 중요하기 때문이죠.

『크러쉬 잇!』이 발간된 해 크리스마스에 기업가인 로린의 아버지는 딸에게 이 책을 선물했다. 당시 로린은 샌디에이고 주립대에서 방송과 연기를 전공하고 있었으며 바텐더와 필라테스 강사 일도 병행했다. 그런 그녀의 마음속에선 언제부턴가 지루함이 싹트고 있었다. 창의적이고 독립적인 영혼을 지닌 그녀에게 대학생활은 조금도 만족스럽지 않았고, 다른 방도가 없어 계속 다니고 있는 상황이었다.

그런데 『크러쉬 잇!』을 읽고 새로운 아이디어가 마구마구 떠오르기 시작했다는 것이다.

당시에는 여성들이 자신을 당당히 드러내는 온라인 플랫폼이 많지 않았어요. 게리와 토니 로빈스 그리고 팀 페리스와 같이 온라인을 주름잡는 남성들은 많았지만, 그에 필적할 만한 여성은 단 한 명도 보이지 않았죠. 전 최초로 그런 존재가 되고 싶었어요. 하지만 "저는요~" "제가요~"와 같이 입만 열면 자기 자랑이나 패션에 관한 이야기만 늘어놓기는 싫었어요. 패션모델들과 엄마들 그리고 일상에서 마주칠 법한 평범한 여성들과 함께 소통하고 비밀까지 공유하는 그런 존재가 되고 싶었어요. 그러니까 『크러쉬 잇!』에서 확실히 배운 그 가치를 실현하고 싶었던 거죠!

로린은 휴대폰의 메모와 바인더를 활용해 콘텐츠에 대한 아이디어 목록을 수집했다. 그런 다음 무일푼인 상태인데도 이를 사이트에 반영하기 위해 웹 개발자를 고용, 50달러씩 열 번이나 수고비를 내고 일을 시켰다. 1년 동안 로린은 콘텐츠를 보완하며 사이트를 구축했다. 그러면서도 계속 강의를 했고, 온라인으로 피트니스 코치와 전문 영양사 자격도 취득했다.

"『크러쉬 잇!』에서 제가 영감을 받은 또 다른 말은 '자신의 사업에 자금을 투자하라'는 말이었어요. 그래서 저는 단 몇 푼의 팁이라도 더 벌기 위해 죽어라고 파트타임 일을 했고, 그 돈을 사이트 개발에 쏟아부었죠. 제 계좌는 아주 오랫동안 잔고가 없었답니다."

〈더 스키니 컨피덴셜〉을 론칭했을 때, 그녀는 자신의 콘텐츠를 건강 관련 주제로만 포지셔닝했다.

"내가 정말 잘할 수 있는 틈새 분야를 찾아 파고들어 야금야금 확장하는 게 중요합니다."

로린은 자신의 브랜드를 3개월 안에 안정적으로 만들고 싶었지만 너무 촉박한 일정 탓에 그건 불가능했다.

낮 2시부터 3시 30분까지는 블로그에 올릴 사진들을 찍었고, 주 5일 동안 4시부터 12시까지는 바텐더 일을 했어요. 그리고 집에 와서는 새벽 2시까지 블로그에 올릴 글을 쓰고, 아침에 일어나서는 필라테스를 가르치고 학교에 가고 이런 일이 되풀이되는 일상이었죠. 그리고 주말에는 인스타그램, 트위터, 페이스북을 하고 이메일을 작성하면서 그에 따르는 온갖 자잘한 업무를 처리했어요.

로린은 천천히 체계적으로 자신의 브랜드 범위를 웰빙, 뷰티, 홈데코, 그리고 패션과 같은 카테고리로 확대해 나가기 시작했다. 그러나 2년 반

동안 돈은 한 푼도 벌지 못했다.

"제 생각에 인플루언서들의 가장 큰 실수는 마치 지구상의 모든 브랜드와 일하려는 듯 혈안이 돼 있다는 거예요. 그들의 관심은 얼마나 많은 브랜드와 일할 수 있느냐죠. 진짜로 중요한 고객이나 독자에게는 관심이 없어요. 이런 분위기에선 장수 브랜드를 찾기 어렵죠. 그래서 저는 다른 이들의 브랜드보다 나의 브랜드를 만드는 데 중점을 두고 있어요."

로린은 자신이 좋아하여 자주 애용하던 의류 브랜드와 일하게 되면서 마침내 첫 수입을 얻었다. 현재 그녀는 '확실히 꽤 괜찮은 금액'을 벌어들인다. 쾌적한 삶을 누리며 자신의 일에 도움을 줄 그래픽 디자이너와 조감독, 프로젝트 관리자, 편집자, 사진작가, 그리고 개발자를 고용할 수 있을 만큼 여유가 생겼다.

그녀는 지금도 많은 브랜드의 제안을 거절하고 있다. 심지어 블로그 게시물 하나만 올려주면 1만~15,000달러를 내겠다는 제안마저도 거절한다. 하지만 자신이 운영하는 〈더 스키니 컨피덴셜〉에서는 콘텐츠와 관련해 아무것도 제한하지 않았다.

"사람들은 스토리텔링을 좀 얕보는 경향이 있어요."

로린은 필수 오일과 다이어트 팁뿐 아니라 가슴 수술과 보톡스에 관한 글도 사이트에 올렸다. 자신의 삶 속에서 새로운 캐릭터들을 하나하나 끄집어내면서 독자들과 이를 공유해 나갔다. '더 난즈The Nanz'로 알려진 로린의 사랑하는 할머니는 로린의 사이트에서 고정 소재로 자리잡았으며, 이를 통해 로린은 자신이 선택한 주제에 관해 다양한 관점을 나누는 방법을 터득했다. 또 남자친구 미카엘과 약혼한 후에는 약혼자에 관한 전용공간을 만들었다. 이 커플은 팟캐스트도 함께 제작한다.

　로린의 블로그 독자들은 그녀의 약혼과 결혼에 대한 자세한 내용까지 가족처럼 공유한다. 로린은 즐거운 일뿐 아니라, 슬픈 일도 독자들과 함께 나누며 소통했다. 집안의 기둥이었던 할머니의 예기치 않은 죽음 이후, 로린은 할머니에 대한 가슴 아프고 절절한 송시를 블로그에 올렸는데 여기에는 엄청나게 많은 팬들의 애도 댓글이 달렸다. 또 턱 수술로 2년 동안 얼굴이 통통 부어 있는 동안, 이런 상황을 초래한 책임은 자신에게 있다면서 자기 사진들을 보여주며 외모의 변화가 자존감에 미치는 영향에 대해 이야기를 나누기도 했다.

　또 한번은 한 브랜드 기업의 임원 두 명과 '기분 좋게 컨퍼런스 콜을 마쳤다'고 생각할 찰나에 끊기지 않은 수화기를 통해 로린이 듣고 있는 줄도 모르고 두 사람이 그녀에 대해 험담했던 황당한 경험을 나누기도 했다. 이 경험을 통해 로린은 여성에게는 아직 적대적인 사회 분위기와 많은 브랜드들의 위선이 있다는 것들을 깨달았다.

　끊어지지 않은 수화기 너머로 저를 험담하던 두 사람의 이야기를 블로그 포스트에 담았어요. 반응은 폭발적이었어요. 누군가 뒤에서 자신에 대해 뒷담화하는 것을 들은 경험, 왕따 당한 이야기 등 세계 각지의 여성들이 수많은 사연을 제 블로그에 남겼어요. 내 블로그에서 많은 여성들이 자기의 경험을 나누고 서로 격려하는 광경은 정말 보기 좋았죠.

　사람들은 쉽게도 말해요. 도전하라고! 또 자신의 정체성을 지키라고! 하지만 자기 입맛에 뭔가 맞지 않으면 아주 적대적이 되지요. 이건 매우 이상한 경험이었어요. 하지만 전 가만히 있지 않고, 훨씬 많은 일에 계속 도전할 겁니다. 제가 세상에 적극적으로 대응하고 사람들과 소통하는 방식을 보면서 용기를 얻는다는 사람들이 있어요. 어린 소녀들이 저를 롤모델로 삼는 건 더할 나위 없이 기분 좋은 일이죠. 이 공간에서 '뒷담화'나 '사이버 괴롭힘'이나 '왕따'가 얼마나 비열한 일인지에 대해 나누는 이야기를 듣고 누군가 악한 마음을 돌이킨다면 그보다 근사한 일이 또 있을까요?

로린이 아이디어를 수집하고 비즈니스 전략을 짜던 첫해, 그 내용을 기록으로 남기지 못한 점은 조금 아쉽다. 추정컨대 비즈니스를 추진하는 과정 자체가 아이디어를 다듬어 나가는 과정이었고, 다행히 그녀는 론칭과 함께 바로 실행에 옮길 수 있었다.

이 일은 제가 6년 동안 하루도 빠짐없이 해왔어요. 쉬는 날이라고는 없었죠. 전 휴가 중에도 일해요. 아직 해야 할 일이 너무 많거든요. 저는 게리가 『크러쉬 잇!』에서 하라고 한 일을 매일 했어요. 날마다 도전하고, 절대 포기하지 않고, 잘하는 일을 계속하고, 무섭게 집중하고, 자기다운 일을 하라는 거였죠. 『크러쉬 잇!』 덕분에 저는 지금의 제가 될 수 있었고, 그 점에 너무 만족하고 감사하고 있어요.

열정
Passion

나는 사람들이 단지 생계를 위해 혹은 더 많
은 돈을 벌기 위해 행복하지 않지만 일한다는 것을 안다. 이처럼 자신의
삶을 사랑하지도 않으면서 열정을 가지고 일한다는 건 불가능하다. 또
열정 없이 일하며 자신의 삶에 만족하기도 어렵다.

나 역시 많은 돈을 버는 지름길을 택하면 나의 꿈인 뉴욕 제츠 풋볼팀
을 인수하는 시간을 앞당길 수도 있겠지만 그런 일은 없을 것이다. 그런
식으로는 내가 결코 행복하지 않을 것이기 때문이다. 나는 진중히 기다
렸다가 천천히 목표에 이르는 그런 길을 택할 것이다.

우리가 이 세상에 머무는 시간은 그리 길지 않다. 그나마 성인이 되면
많은 시간을 일터에서 보낸다. 따라서 그 시간들이 보람 있고 생산적이
고 즐거운 시간이 되도록 필요한 모든 조치를 취해야 하는 건 당연하다.

우리의 비즈니스는 단순한 직업이 아니라 소명이 뇌어야 한다. 영양

및 피트니스 브랜드인 '서플먼트 슈퍼스토어즈 앤드 퍼스트 폼Supplement Superstores and 1st Phorm'을 만든 기업가 앤디 프리셀라*는 열정에 대해 다음과 같이 말했다.

> "누구에게나 돈 한 푼 벌지 못하는 때가 있을 겁니다. 일주일도 아니고 한 달도 아니고 일 년도 아니고 몇 년이 될 수도 있겠죠. 그런데 나의 일에 열정마저 없다면 일을 계속 해나가기는 어려울 거예요. 열정이라고 하면 무지개나 유니콘 등 말도 안 되는 상징을 떠올리는 경우가 많은데요, 열정이 중요한 이유는 나의 일을 좋아하고 즐기지 못한다면 어려운 일이 닥쳤을 때 그만둘 가능성이 훨씬 높아지기 때문이에요."

사람들은 무슨 일을 할 때 스트레스와 좌절에 빠지지 않도록 우리를 지켜주고 북돋아주는 게 열정이라고 말한다. 열정은 에너지가 바닥나 털털거리고 소음을 낼 때 예비 발전기와 같은 역할을 한다. 또 열정은 우리를 끊임없이 들뜨게 한다. 내가 하는 일을 사랑하면 모든 선택이 수월해진다. 하지만 우리는 본격적으로 나의 일을 시작하기 전에 생계를 위해 싫어하는 일을 할 수도 있다. 하고 싶은 일을 하기 위해 하기 싫은 일을 일정 기간 감수하는 것도 열정인 것이다.

---

* 자세한 내용은 334쪽을 참고하자.

브라이언 웜플러
〈Wampler Pedals〉
— IG : @WAMPLERPEDALS —

브라이언 웜플러_{Brian Wampler}의 부모는 성과에 따라 수입이 결정되는 영업분야 경험자라 다른 부모들보다는 경제상식도 많은 편이고 기업가의 생각도 잘 알고 있었다.

하지만 그들은 아들이 '열정과는 관계없이' 꼬박꼬박 월급을 받는 안정적인 직업을 갖도록 이끌었다. 그래서 브라이언은 (가까스로) 고등학교를 졸업한 후 건설업종에 몸을 담았다.

몇 년 후, 스물두 살이 된 그는 리모델링 하청업체를 차렸다. 이 일에 특별히 열정이 있지는 않았지만, 남들 밑에서 일하는 것보다는 나아 보였기 때문이다. 하지만 그것도 상대적으로 나았다는 것이지, 리모델링 일 자체를 좋아했던 건 아니었다.

브라이언의 관심은 기타에 있었다. 특히 그는 대중음악을 좋아해서 각종 기타로 다양한 음향을 만들고 싶었다. 앰프도 중요하지만 사운드 효과와 톤을 구성하기 위해 기타리스트가 직접 발로 조작하는 전자장치

페달도 음향에 큰 영향을 미친다. 어느 날 브라이언은 한 친구가 기타의 페달에 관심이 있는 사람들이 모이는 온라인 포럼을 소개해 주었을 때, 그 일에 적극적으로 뛰어들었다.

그 다음 몇 년은 온종일 일만 했어요. 오후 5시경에 집에 돌아와 저녁 식사를 하고, 가족과 시간을 보낸 후 남은 저녁 시간 동안 책을 읽고 실험에 매진해 음향 관련 전자제품에 관한 모든 걸 익혔어요. 그러니까 새벽 3, 4시가 될 때까지 쉬지 않고 매일 그렇게 일만 했던 거죠. 때론 뜬눈으로 밤을 지새운 채 출근하고 또 집에 돌아와 공부와 실험에 매달린 적도 있어요.

기본적으로 포럼의 참석자들은 질문을 주로 하는 아티스트 유형과 너무 진지하게 답을 하는 엔지니어 유형으로 나뉘어 있었는데 초창기에는 저도 '아티스트 유형'에 속했어요. 나중에는 독학과 온갖 실험을 통해 알게 된 지식을 아주 쉽게 설명하는 입장으로 바뀌었죠.

브라이언은 직접 연구하여 개조한 기타 페달을 온라인으로 팔기 시작했다. 고객들은 궁금한 걸 묻기 시작했고, 이를 계기로 그는 댓글과 이메일은 물론 전화 통화에 많은 시간을 할애하게 되었다. 시간이 지난 후에는 자신이 공유했던 정보를 체계적으로 정리해 전자책을 출간했다. 그리고 나서 그는 특정 페달을 개조할 수 있는 부품과 매뉴얼이 포함된 DIY 키트를 팔기 시작했고, 고객들과 소매상들이 그에게 맞춤형 페달을 제작해 팔 것을 요청해오자 마침내 작업 라인을 만들기에 이르렀다. 이

것이 바로 웸플러 페달즈Wampler Pedals가 탄생하게 된 배경이다.

그는 결국 리모델링 하청사업을 그만두고 페달 개조사업에 전념했고 고객들의 반응이 좋아 수요는 꼬리에 꼬리를 물고 증가했다.

페달 개조사업은 성공적이었지만 브라이언은 계속 이런 식으로 일을 할 수 없다는 것을 깨달았다. 일에 우선순위를 둬야 했다.

그런 중에 『크러쉬 잇!』을 만났고, 이 책에서 얻은 깨달음은 그의 사업 운영방식을 근본적으로 바꾸어 놓았을 뿐 아니라, 성장과 발전에 큰 역할을 했다.

자신의 DNA를 받아들이자

아마도 제가 결혼생활을 잘 유지하고 있는 것도 바로 이 깨달음 덕분인 듯해요. 이 책을 읽기 전에 아내와 저는 한번에 모든 것을 직접 하려고만 했죠. 신제품 디자인, 제품 생산, 마케팅, 판로 개척, 트렌드에 뒤처지지 않는 고객 서비스 구축, 직원 관리 등등. 이 모든 일을 제 손으로 한꺼번에 해치우려 한 거죠. 신제품 설계, 콘텐츠 제작, 고객들과의 소통 외에는 모르는 것이 많았던 저는 정말 어려움이 많았어요. 하지만 이 책을 읽고 난 후 아내와 저는 적절한 아웃소싱과 함께 전문가들의 도움을 받기로 결정했어요.

또한 그는 중요한 사실을 깨달았다.

그리고 제가 진정한 의미의 엔지니어가 아니라는 사실을 알게 되었어요. 제가 쓰고 있던 책은 전기공학 쪽 지식과 아이디어를 포함하고 있어 상당히 골치 아팠거든요. 그 책을 원하는 독자에게 제공하기 위해 복잡한 내용을 단순화하는 집필작업에 능력의 한계를 느꼈어요. 저는 책을 쓰는 것보다는 아티스트들이 간절히 원하는 제품을 연구하여 만드는 일, 그 제품에 나의 이름이 새겨져 훗날 자손들이 "이 제품을 만든 분이 우리 증조할아버지야!"라고 자랑할 만한 그런 사람이 되고 싶었어요. 저는 당장 DIY 제품의 판매를 중단하고, 저만의 제품을 만드는 일에 초점을 맞췄어요.

1. 성공의 열쇠, 스토리텔링

당시 많은 기업들은 그 기업을 대표하는 얼굴이 없는 경우가 많았어요. 저는 제 모습을 있는 그대로 보여주기 시작했어요. 그리고 이런 제 모습은 악기회사 사장이 자신의 제품을 직접 시연하는 최초의 사례가 되었죠. 같은 업종에서 일하는 사람들의 눈에 비친 제 모습은 별나기 짝이 없었죠. 하지만 고객들은 좋아했어요! 그들은 제가 우연히 취미로 기타를 연주하게 된 엔지니어가 아니라, 우연히 페달을 만들게 된 실제 기타 연주자라는 사실을 알게 되었어요. 이런 차이는 사소해 보일지 모르지만 저와 아내, 그리고 직원들에게는 남다르게 여겨졌죠. 그 점이 커다란 차이였고, 곧 성공의 열쇠였어요.

2. 양보다 질이다

분석이 모든 걸 말해 주지는 않아요. 간단히 말해 저는 숫자나 외형적인 실적보다 고객에게 더 많은 가치를 주는 콘텐츠 제작에 집중했어요. 고객이 우리 콘텐츠를 1,000번 보고 100번 댓글을 다는 것이 1만 번 보고 1번 댓글을 다는 것보다 훨씬 낫다는 말이죠.

3. 모든 사람이 브랜드가 되어야 한다

저는 함께 일하는 사람 모두가 저와 나란히 회사의 얼굴이라고 강조했어요. 그들은 고맙게도 온라인에 게시된 우리 제품에 관한 모든 내용이 우리 브랜드를 나타내는 지표라는 점도 이해했죠. 제게는 직원 모두가 중요했어요. 바로 자신이 회사를 대표하는 얼굴이라는 사실을 제대로만 이해한다면, 회사 밖에서 무엇을 하든 큰 실수를 하는 직원은 드물 거예요.

4. 자기만의 방식으로 나아가라

정신을 바짝 차리고 나의 열정이 이끄는 대로 따라간다면 하지 못할 일이 없다는 믿음으로 이 일에 뛰어 들었어요. 제게 필요했던 건 자신을 믿고 인내하는 일이었고, 작은 기회도 놓치지 않고 다른 누구보다 열심히 일하는 모습이었죠.

인내
Patience

　　　　　　　열정과 인내는 별개의 것이 아니라 긴밀하게 연결되어 있다. 인내 없이 열정적인 삶을 끝까지 유지하기란 거의 불가능하기 때문이다.

　열정적인 삶을 사는 건 많은 이들의 소망이다. 그러나 누구나 그렇게 살기는 어렵다. 열정은 마음 깊은 곳에서 솟구쳐 우리의 삶을 화려하고 풍요롭게 하지만 때로는 곤두박질치게 하기도 한다. 그리고 열정만 가지고 살기엔 우리 눈앞에 펼쳐진 삶이 그리 호락호락하지 않다.

　부자가 되는 걸 유일한 목표로 사업을 할 경우, 무서운 집중력으로 많은 돈을 벌 수도 있을 것이다. 하지만 노력보다 오직 열정으로 짧은 시간에 많은 돈을 번 기업가가 오래도록 부를 유지하는 경우는 많지 않다.

⁄⁄ ⁄⁄ ⁄⁄

내가 사업을 시작했을 때, 대학을 갓 졸업한 나의 친구들은 대부분 직장에 다녔다. 그들은 라스베이거스로 여행을 가거나, 매력적인 이성과 데이트를 하고, 꼭 갖고 싶었던 명품시계를 사기도 했다.

나는 사업을 시작한 이래 5~6년 동안 가족사업을 4,500만 달러 규모로 키웠고, 몇 년 후에는 이 사업을 6,000만 달러의 와인 제국으로 만들었다. 20대 중반의 청년이 벌인 사업치곤 꽤 운이 좋았다.

성공에 취해 없던 열정도 생길 판이었지만 나는 뉴저지주 스프링필드의 침실 하나 달랑 있는 아파트에서 살며 그랜드 체로키 지프를 몰고 안 가는 곳 없이 다녔다. 마음만 먹으면 수십만 달러의 연봉도 챙길 수 있었지만, 내가 받은 가장 큰 연봉의 액수는 6만 달러였다.

나는 쟁기를 끄는 황소처럼 고개를 푹 숙이고 일만 하며 버는 족족 비즈니스에 다시 투자했다. 오프라인과 온라인 매장을 가리지 않고 최고의 고객 서비스를 제공하며 퍼스널 브랜드 구축에 온 역량을 집중했다. 그것이 나의 열정이었다.

일을 하지 않을 때와 고객과 소통하지 않을 때 나는 세상에서 가장 지루한 사람이다. 지금 나는 (뉴욕 제츠 풋볼팀은 제외하고) 내가 원했던 모든 것을 소유하고 있을 뿐 아니라 내 인생 최고의 황금기를 보내고 있는 중이다. 이 책에 소개된 기업가 중 몇몇은 비교적 짧은 기간에 성공을 거두었다. 하지만 대부분은 소처럼 묵묵히 오랜 기간 일하고 나서야 누군가가 알아볼 정도의 성과를 얻었다.

목표를 이루기 전에 목표를 이룬 사람처럼 행동할 이유는 없다. 설사 목표를 이루었다고 해도 모두 이룬 사람처럼 행동하지 않기를 바란다.

그렇게 행동하는 순간 우리는 성공과는 정반대의 길에 접어들게 될 것이다.

소중한 그 무엇을 위해 싫은 일, 부담스러운 일도 감수한다면 그보다 좋은 일은 없을 것이다. 그것은 내가 누구보다도 성숙한 사람이고 성공할 자격이 있다는 것을 의미하기 때문이다.

또한 이는 '고객이 항상 옳다'는 나의 신념을 유지한다는 뜻이며 나 자신보다 직원들의 안위를 더 앞세운다는 뜻이다. 쉬는 날과 휴가도 반납하고 해야 할 일을 즐거운 마음으로 하는 것이 바로 열정이고 인내가 아닐까?

인내심을 가지자. 꼼꼼해지자. 빚은 무조건 제일 먼저 청산하자. 나의 브랜드가 아직 성공과는 거리가 멀다면 더욱 검소하게 살면서 현실에 깊이 뿌리를 내리자. 나 자신의 안위는 제일 마지막에 두자.

이것이 진정한 열정이고 인내의 또 다른 표현인 것이다.

Crushing it

알렉스 네모 한스
〈Foolies Limited Clothing〉
— IG : @FOOLIES —

서른 살을 맞은 다음 날, 알렉스 네모 한스Alex Nemo Hanse는 몇 명의 여성을 만나기 위해 뉴올리언스에 머물렀다.

그냥 아무나가 아니었다. 알렉스가 만든 티셔츠에 이름을 올린 그 여성들은 타라지 P. 헨슨과 에이바 듀버에이예와 같은 스타들로 나흘 동안 펼쳐지는 에센스 페스티벌Essence Festival이라는 큰 행사에 참석하기 위해 그곳에 와 있었다. 이 페스티벌은 흑인 문화와 관련이 깊어서 주로 흑인 여성들이 많이 참여했는데, 그녀들이 알렉스의 의류 브랜드 〈풀리즈 리미티드 클로딩Foolies Limited Clothing〉의 티셔츠를 입고 있었다. 덕분에 알렉스는 자신의 브랜드를 널리 알릴 수 있었고 좋은 사람들을 만나 유대관계를 다질 수 있었다.

알렉스는 강한 기업가정신을 지니고 있었다. 어머니는 초등학교 5학년 때 돌아가셨고 아버지도 안 계셔서 12명의 자녀를 둔 이웃집에서 자랐다. 거처할 곳이 생긴 건 다행이었지만, 낡은 옷과 신발 때문에 학교에서 늘 놀림을 당했다. 그는 방과후에는 세차장에서 세차 아르바이트를 하며 사람들 눈을 피해 (미성년자인지라) 돈을 벌기도 했다.

2005년 플로리다대학 재학 시절, 알렉스는 자칭 래퍼였다.

"좋아하는 비트에 따라 화끈하게 가사를 내뱉는, 마음속에서 전 언제나 래퍼였죠."

어느 날 그는 구글에서 '래퍼를 위한 브랜드 만드는 방법'이라는 글을 검색하던 중 래퍼는 팬들을 위해 자신만의 정체성을 만들어야 한다는 글을 발견했다. 그리고 자신의 음악에 열렬한 지지와 응원을 보내는 친구 빌리와 함께 일종의 캐치프레이즈를 만들기로 했다.

"빌리와 저는 앉아서 랩을 내뱉기 시작했어요. '이봐, 이 아이디어는 너무 바보 같아foolish. 우린 너무 바보 같아foolish.' 우리는 이 가사를 계속 반복하다가 이번에는 이렇게 내뱉었죠. '그래, 우리는 풀리즈Foolies야. 그런데 풀리Foolie가 뭐지?' 그리고 이렇게 정의했죠! 아마도, 뭔가를 시도하다가 끝내 자신의 길을 찾는 바보 같은 녀석이겠지."

2009년에 대학을 졸업하면서 스포츠의학 학위를 딴 알렉스는 AT&T 매장에서 일을 하며 음악에 집중했다. 그와 빌리는 래퍼에게 어울리는 의상이 따로 필요하다고 생각해 티셔츠를 만들어 팔기로 했다. 하지만 돈이 없었다. 그들은 낡은 흰색 티셔츠에 'Follies 풀리즈, 바보'라는 단어를 다림질로 새겨 넣었다. 그리고 친구들에게 이 옷을 입히고 사진을 찍었다.

우리가 만든 티셔츠를 한 사람에게 입히고 사진을 찍은 후엔 벗기는 거죠. 그리고 그 옷을 또 다른 사람에게 입히고 사진을 찍고 벗기는 과정을 되풀이했어요. 돈이 없으니 티셔츠를 한 사람에게 한 장씩 줄 수는 없었지만 이렇게 찍은 사진들을 페이스북과 인스타그램에 올리면 마치 모든 사람이 이 셔츠를 가지고 있는 것처럼 보일 거라 생각했죠. 그러면 다른 사람들도 갖고 싶어 하지 않을까? 그렇게 일이 시작되었던 거죠.

알렉스가 랩 음악에 대한 관심을 끌기 위해 제작한 티셔츠는 어느새 그의 주력상품이 되었다. 그는 고객에게 특별한 경험을 제공하는 멋진 아이디어를 생각해 냈다. 그가 만든 티셔츠를 구입한 사람에게 고객의 이름을 넣어 노래한 유튜브 링크나 개인 영상 메시지를 담은 유튜브 링크를 보내주는 것이었다. 또 그는 셔츠를 보낼 때도 미니어처 페인트 통에 담아 보냈는데, 통을 열었을 때 '당신도 꿈을 펼칠 수 있다'는 메시지를 주는 아이디어였다. 그리고 꿈을 적은 일기와 함께 모든 고객에게 일일이 손편지를 써서 보냈다.

"그렇게 한 이유는 사람들이 잘하지 않는 가장 중요한 일이라고 생각했기 때문이에요. 사람들은 보통 목표를 구체적으로 적지 않거든요. 그래서 그 꿈이 절대로 나타날 수도, 실현될 수도 없는 거죠."

고객들은 주문한 물건을 받자마자 SNS에 사진을 올렸다. 흥미롭게도 티셔츠 사진을 빼먹는 대신 그가 받은 손편지와 페인트 통 또는 꿈을 적은 일기를 게시하는 사람도 있었다. 손편지 받은 걸 특히 감격스러워 하면서 알렉스에게 고마움을 표했고, 일부는 그 편지를 냉장고나 욕실 벽에 붙여놓기도 했다.

하지만 알렉스의 사업은 간신히 명맥을 유지하고 있었다. 이 과정이 너무 힘들었지만 알렉스는 포기하지 않고, 사업과 생계를 위한 일을 지속해 나갔다.

2015년 어느 날, 마침내 알렉스는 『크러쉬 잇!』을 만났다.

『크러쉬 잇!』은 제가 미치지 않았다는 사실을 확인시켜 주었어요. 당시 저는 제가 만든 제품을 소개하는 투자경연대회에 참가하곤 했거든요. 그러면 사기꾼 같은 투자자들은 저를 잡아먹지 못해 안달이었죠. "그 사업이 확장성이 있나요? 왜 고객에게 일일이 편지를 쓰죠?" 저는 그 물음에 아무 대답도 안 했어요. 『크러쉬 잇!』을 읽으며 나의 사업에 대해 깊이 생각해 보게 되었는데요. 이 책을 알게 된 건 마치 오래 전 연락이 끊긴 친구를 찾거나, 이 지구상에 존재하는지도 몰랐던 쌍둥이 반쪽을 만나는 것 같은 놀라운 경험이었죠.

알렉스는 또 『크러쉬 잇!』을 통해 자신이 충분한 콘텐츠를 못 만들어내고 있는 게 문제라는 사실을 깨달았다.

"책을 읽고 동기부여를 받은 저는 페이스북을 새 게시물로 도배하다시피 했어요."

2015년 9월, 알렉스는 영화배우 비올라 데이비스가 첫 번째 에미상을 수상하는 장면을 TV 화면으로 지켜보고 있었다. 그날 밤, 레지나 킹도 첫 번째 에미상을 수상했다.

"저도 모르게 환호가 터져 나왔어요. 제 브랜드가 의도적으로 흑인 여성에 초점을 맞춘 적은 없는데, 그들은 항상 저를 지지해 주었거든요. 그래서 저는 '흑인 여성 아티스트들의 활동에 도움이 될 뭔가를 만들어 보자'라고 생각했어요. 당시 저는 여러 슬로건을 그래픽으로 만드는 작업을 하고 있었죠."

그래픽 슬로건은 우리 시대의 흑인 여성 아티스트들에 대한 존경심을 나타내는 방편이었어요.

'숀다처럼 써라. 비올라처럼 말해라. 케리처럼 걸어라. 타라지처럼 사나워져라. 레지나처럼 강인해져라. 아바처럼 리드해라'와 같은 슬로건 말이에요.

"출근하기 전인 아침 8시 30분에 그래픽 슬로건을 사이트에 올렸는데 10시 15분경부터 전화기에 불이 나기 시작하더군요. 페이스북 페이지로 들어가 봤더니 제가 올린 슬로건의 공유 횟수가 40회를 넘고 있었어요. 페이스북 게시물이 공유된 걸 본 적은 있지만, 40회란 숫자는 생전 처음이었고 숫자는 계속해서 늘어나고 있었죠. '도대체 무슨 일이지?'라는 생각이 불쑥 들더군요."

알렉스의 전화통에 불이 난 이유는 베스트셀러 작가이자 강사, 그리고 디지털 전략가인 러비 아자이IG : @luvvie, 일명 어썸리 러비Awesomely Luvvie가 알렉스의 그래픽 슬로건을 자신의 페이지에 게시했기 때문이다.

그녀는 티셔츠에 본인의 이름도 들어가면 좋겠다는 메시지를 알렉스에게 남겼다.

"그녀는 제가 누군지도 몰랐어요. 저를 수많은 개인 블로거 중 한 명으로 생각한 거예요. 정말 말도 안 되는 일이 벌어진 거죠. 하나님이 간섭하지 않고서야 그렇게 모든 일이 딱딱 들어맞을 수는 없었어요."

에이바 듀버네이*도 자신의 트위터에 알렉스의 그래픽 슬로건을 게시했다.

알렉스는 그래픽 슬로건에 루피타 뇽오**, 우조 아두바***, 안젤라 바셋****, 퀸 라티파*****의 이름도 재빨리 추가해 등 쪽에 '풀리즈' 로고가 찍혀 있는 티셔츠로 제작했다. 그리고 이때 티셔츠 제작시 로고의 배치가 얼마나 중요한지 알게 되는 일도 생겼다.

어느 수요일, 알렉스는 화장품 회사인 에센스에서 '할리우드의 블랙 여성Black-Women in Hollywood' 행사무대에 서는 청소년 합창단이 입을 티셔츠를 제작해 달라는 메일 한 통을 받았다. 주말에 녹화 일정이 잡혀 있어 불과 며칠 후인 일요일까지 티셔츠가 필요하다는 내용이었다.

"그 일은 성모 마리아 선교사업이었어요."

행사 날짜에 맞춰 티셔츠를 배송했고, 행사가 진행되는 동안 별로 특별한 일은 없었다. 하지만 행사 직후 인스타그램 알림 메시지가 왔다. 납

---

* 에이바 듀버네이Ava DuVernay : 미국의 영화감독이자 시나리오 작가 - 옮긴이
** 루피타 뇽오LUPITA NYONG'O : 케냐와 멕시코 이중국적을 가지고 있는 흑인 배우 - 옮긴이
*** 우조 아두바UZO ADUBA : 미국의 흑인 배우 - 옮긴이
**** 안젤라 바셋ANGELA BASSETT : 미국의 흑인 배우 - 옮긴이
***** 퀸 라티파QUEEN LATIFAH : 미국의 흑인 래퍼이자 배우 - 옮긴이

품한 티셔츠를 입은 소녀들의 사진이었고, 거기서 그들과 함께 어깨동무를 하고 있는 사람은 오프라 윈프리였다! 알렉스는 오프라 윈프리 네트워크OWN가 후원하는 행사에 자신이 만든 티셔츠를 납품했다는 사실을 꿈에도 몰랐던 것이다.

신이 난 알렉스는 자신의 SNS와 모든 곳에 티셔츠를 입은 청소년 합창단의 사진을 도배하다시피 했다. 방송까지 탄 그의 티셔츠는 그야말로 환상적이었다. 하지만 알렉스는 그때 중요한 사실을 깨달았다. 티셔츠 로고의 위치는 앞면보다 뒷면이 낫다는 사실이다.

"우리는 티셔츠에 그래픽 슬로건이 확실히 드러나기를 원했어요. 우리가 그들을 열렬히 응원한다는 사실을 알려주고 싶었죠. 그리고 그건 정말 똑똑한 발상이었어요."

그날 밤 숀다 라임즈IG : @shondarhimes도 'Foolies'에 태그를 붙여 티셔츠의 그림을 트윗하고 인스타그램에 게시했다. 그렇게나 많은 알림 메시지를 받아 본 건 그때가 처음이었다고 알렉스는 고백했다.

그 후 알렉스는 버는 돈을 사업에 재투자하거나 인플루언서들을 위한 무료 티셔츠 제작에 투자했다. 다른 배우들의 이름을 담은 몇 가지 새로운 버전의 티셔츠도 준비했다. 이제 그는 다른 인플루언서들을 많이 만날 수 있는 콘퍼런스에 되도록 많이 참가하려고 애쓰며, 티켓 가격을 낼 여력이 없는 경우 콘퍼런스 행사에 자원해서 일을 하기도 한다.

알렉스는 티셔츠 제작뿐 아니라 사람들이 각자의 목표를 달성하도록 동기부여를 하는 데 최선을 다했다.

"저는 단지 티셔츠만 팔고 싶지는 않아요. 만일 사람들이 더는 티셔츠를 사지 않으면 어떻게 되죠? 티셔츠를 사지 않는다는 이유로 덩달아 동기부여도 끝나는 건가요? 봉사 그 자체를 위한 봉사를 하는 게 좋지 않을까요?"

'봉사 자체를 위한 봉사'라는 목표를 위해 그는 〈드림 위드아웃 리밋 츠 라디오Dream Without Limits Radio〉라는 팟캐스트를 론칭해 '꿈을 꾸는 사람들' '세상의 판도를 바꾸려는 사람들' 그리고 '목표를 향해 나아가는 사람들'의 이야기를 모으기 시작했다.

팟캐스트의 청취자 수를 보면 정말 흥미로워요. 아마 제 팟캐스트는 청취하는 이들보다 팔로우하는 사람들이 많을 텐데요. 팟캐스트의 청취자는 그때그때 변동이 있는 터라 이 점을 감안하면 200~300명에서 작게는 45~50명 정도 될 거 같네요. 사실 저는 이 숫자에 만족합니다. 제 팟캐스트를 정말로 듣고 싶어 하는 50~200명은 소통하기 딱 좋은 숫자이니까요. 그들의 응답을 바로 받을 수 있기 때문이죠. 수만 명의 청취자가 아니라서 실망하실지도 모르겠네요. 하지만 그분들은 제 팟캐스트에서 실제로 교훈을 얻고 직접 뭔가를 시도하고 계시니 그보다 소중한 일이 있을까요?

제 청취자들은 상대적으로 주목받지 못하는 편인 유색인종과 여성들이 많아요. 물론 저는 남성들도 좋아합니다. 하지만 전 제가 설 자리가 어디인지 알고 있습니다. 바로 틈새 분야죠. 제게 이런 말을 하는 사람들도 있어요. "그런데요. 유색인종 중심의 특정인들 말고 대상을 확대해서 더 많은 사람과 소통해야 하지 않을까요?" 그럼 저는 이렇게 말합니다. "아, 그건 게리 바이너척의 몫이에요."

알렉스는 플로리다대학에서 학생들을 상대로 멘토링을 해주고, 중고등학교도 자주 방문해 유익한 이야기들을 들려주고 있다. 알렉스의 브랜드가 빛을 발하자 예전부터 그를 알고 있던 사람들은 약속이나 한 듯 이렇게 말했다.

"이 일은 알렉스가 늘 해오던 일이에요. 단지 지금은 형태가 의류회사로 바뀌었을 뿐이지요."

속도
Speed

세상은 빠르게 변하고 있다. 경쟁은 더욱 심화되어 무엇이든 서두르지 않으면 좋은 기회를 놓치고 뒤처질 수 있어 빠른 일처리, 즉 속도는 개인이든 기업에든 필수불가결한 것이 되고 있다.

그래서 효율적인 업무처리시스템을 위해 기업은 연구에 박차를 가한다. 시간과 에너지와 경비를 절약하고 목표에 조금이라도 더 빨리 도달하기 위해 개인과 기업 모두 속도에 많은 신경을 쓴다.

내가 구글홈Google Home, 아마존 에코Amazon Echo와 같은 인공지능 스피커에 관심을 갖는 이유도 이런 것과 연관이 있다.* 기업가들은 시간 절약과 효율성에 특히 관심이 많다. 기업의 흥망성쇠가 여기에 달려 있다고

---

* 자세한 내용은 320쪽을 참조하자.

생각하는 사람들도 있을 정도이다. 심지어는 양치 중 입속에 가득 치약 거품을 물고 "구글, 나중에 치약 사야 한다고 꼭 말해줘."라고 말하기도 한다. 치약이 떨어졌을 때 바로 기록을 해야 시간과 노력을 절약하는 것이라고 머릿속에 각인이 된 것이다.

더구나 만약 혼자, 처음 비즈니스에 뛰어든 케이스라면 도와줄 사람 하나 없는 상황에서 두려움을 떨쳐내기 힘들 것이다. 사업은 시간과의 싸움이기도 한데 혼자서 무엇을 선택하고 어떻게 실행해야 할 것인지… 오늘도 혼자서 묵묵히 힘겹게 모든 것을 해내고 있는 기업가들도 있을 것이다. 이들에게 해줄 수 있는 조언은 자신에게 맞는 좋은 도구나 방법을 찾아 잘 활용하고, 시간을 현명하고 효율적으로 쓰는 것이 성공의 관건이라는 것이다.

무엇보다 바로바로 행동하는 모드를 취해야 한다. 많은 사람들이 콘텐츠를 고민하고 의사결정과정에 대해 고민하는데, 문제는 그 결정을 내리는 데 영원이라고 할 만큼 오랜 시간이 걸린다는 것이다. 스스로에 대한 확신도 없고, 잘못된 결정으로 인해 실패해서 패배자로 낙인찍힐까봐 노심초사하다 보면 아무것도 결정하지 못하는 건 물론이고 실행에 옮길 수도 없다.

나는 실패를 통해 많이 배우기 때문에 실패를 두려워하지 않는 편이다. 나에게도 실패 사례가 꽤 있다. 그런데 내가 그것에 대해 떠들지 않는 이유는 그것들이 이미 내 마음속에서 끝난 일이기 때문이다. 나는 그 실패들을 잘 받아들인다.

실패를 두려워하지 않음으로 인한 성과는 내가 그동안 추진해온 사업

결과에 고스란히 담겨 있다. 실패를 두려워하지 않으면 모든 것이 쉬워진다. 사람들이 어떻게 생각할지 너무 의식하지 않으면 과감하게 일을 추진할 수 있기 때문이다.

그렇게 일하면 성공하든 실패하든 무엇인가 중요한 것을 배울 수 있다. 심사숙고도 좋지만 너무 망설이지 말고 과감히 추진하는 것도 괜찮다. 아무것도 안하는 것보다 실패를 통해 배우는 것도 나쁘지는 않다.

실패가 두려워 열 번 시도할 일을 세 번만 하는 것보다, 과감히 열 번 도전해 세 번 성공하는 편이 낫다는 게 나의 생각이다.

티모시 로먼
〈Imperial Kitchen & Bath〉
— IG : @IMPERIALKB —

티모시 로먼Timothy Roman은 친구들의 작은 도움으로 근근이 살아갔다.

그는 19년 전 미국에 건너온 러시아 이민자 부부의 아들로 당시 열한 살이었다. 그의 부모는 다른 이민자들과 마찬가지로 눈코 뜰 새 없이 바빴다. 일도 하고, 새로운 나라의 새로운 언어와 삶의 방식에 적응도 해야 했다. 부모님은 아들이 공부를 열심히 해 대학에 가길 바랐지만 티모시 는 학교에 다니는 걸 싫어했다.

"되는 일이 하나도 없고 공부도 집중할 수 없더군요. 제 머리는 뭔가 늘 둥둥 떠다니는 느낌이었어요. 그래도 가끔 떠오르는 생각이나 아이 디어나 꿈, 약간의 수입 같은 것을 수첩에 끄적였어요. 그게 다였죠! 학 교에서 배운 건 하나도 기억나지 않았어요."

티모시가 말하는 약간의 수입은 몰래 하고 있는 일들과 관련 있는 것 이었다.

그에겐 타고난 사업가의 기질이 있었다. 고등학교에 들어갈 무렵 티모시는 DJ 활동을 하며 음악을 믹싱하여 팔았고, 놀랍게도 마약도 팔았다. 그리고 10학년 때 선생님의 월급이 자신의 수입과 비슷하다는 사실을 알고는 어머니에게 학교를 자퇴하겠다고 말하고, 자퇴 후 DJ가 되었다.

"제가 사는 곳은 참 가난한 동네였어요. 먹고살기 바빠 어느 누구도 장래희망을 묻지 않았죠. 장래에 대해 충고하고 조언할 만한 사람도 한 명도 없었고요."

어느 날, 마약 판매 사실이 들통 나서 티모시는 감옥에 갔다(그때서야 그의 어머니는 아들이 그동안 무엇으로 생계를 이어왔는지 알게 되었다).

한 달 후에 출소하면서 티모시는 다른 인생을 살기로 결심했다. 그리하여 옛 친구는 모두 끊고, 새로운 친구를 사귀기 시작했다.

"한 명은 웹 개발과 SEO(검색엔진 최적화) 일을, 또 한 명은 고가의 부동산 중개 일을, 그리고 또 한 친구는 고급가구 판매 일을 하고 있었어요. 모두 맨손으로 시작해 자리를 잡은 친구들이었죠. 우리는 생각이 통했고, 금방 허물없는 사이가 되었어요. 그들은 저를 존중해 주었고, 저는 그들처럼 안정적인 일을 하며 살고 싶었어요."

부동산 중개 일을 하던 친구는 티모시가 언제든 자고 갈 수 있도록 소파 하나를 내주었다. 그리고 건설회사를 소유한 아버지에게 소개해 일자리를 알아봐 주었다.

또 티모시는 웹사이트 디자이너가 되기 위해 책과 유튜브를 통해 열심히 공부했는데 어느 날 운명처럼 게리의 동영상을 접하게 되었다.

"그가 러시아 출신이고 나처럼 부모가 이민자라는 사실을 알게 되면서 그에게 더욱 푹 빠져들었죠."

그는 게리와 관련된 기사와 동영상을 인터넷에서 샅샅이 뒤졌다. 그리하여 마침내 『크러쉬 잇!』을 읽게 되었고 운명이 바뀌었다.

내가 뭔가 고민하고 있을 때 "자네는 할 수 있어. 끝까지 한번 해봐!" 라고 격려해줄 만한 사람이 한 명도 없었어요.

이런 제게 『크러쉬 잇!』은 구세주와도 같았죠! 우리가 누구든, 피부색이나 출신이나 체구나 출신이 어떻든, 금수저이든 흙수저이든 상관없이 열정을 가지고 일하면 성공할 수 있다는 이야기잖아요! 전 정말 힘을 얻었어요.

그때가 2012년 말이었다. 친구 아버지의 건설회사에서 일하면서 티모시의 마음속에는 주방 및 목욕용품 전문업체를 운영하고 싶다는 생각이 싹텄다. 처음엔 서류 정리나 분류 같은 단순한 업무로 시작된 티모시의 일은 2년 반 만에 프로젝트를 전담하는 직책을 맡아 사장인 친구 아버지의 오른팔이 되었다. 그리고 티모시는 퇴근 후 저녁부터 새벽 2~3시까지 미래의 사업을 위한 공부를 하며 시간을 보냈다.

당시 저는 건설과 관련된 거라면 가리지 않고 공부했어요. 관련 잡지들도 챙겨 읽고, 유명 건축가들의 작품과 삶에도 관심이 많았어요. 특히 주방 및 목욕용품과 관련된 공부는 너무 재미있었어요. 미래의 고객들에게 너무 어려 보이거나 전문지식이 부족한 사람으로 보이기 싫었어요.

그런 중에 제가 컴퓨터를 워낙 잘 다루기도 하고, 기본 기술도 있는 터라 웹사이트 작업에 들어갔어요. 콘텐츠에 대한 고민이 시작됐죠. 주방 및 목욕용품 업자들은 사실 SEO와 같은 신기술 적용이나 체계적인 마케팅은 꿈도 꾸지 못하는 형편이었어요. 웹사이트를 갖춘 회사는 트럭을 열 대 정도 보유한 꽤 큰 회사들이었고, 대부분의 주방 및 목욕용품 업자들은 20~30년 동안 사업을 해온 40대에서 50대, 그리고 60대의 나이 지긋한 사람들이었어요. 그들은 일해 온 세월만큼 인맥이 탄탄했겠죠. 그런데 입소문을 내줄 고객이 한 명 없는 저 같은 사람은 그들과 같은 방식으로 일을 할 수 없잖아요.

그래서 저는 전혀 새로운 방식으로 일을 추진했죠. 물론 이 방식도 결코 만만하진 않았어요. 지금처럼 누구든 사용할 수 있는 자동화 앱도 없던 때이니까요.

티모시는 건설회사의 일을 하며 하청업체들과의 관계를 발전시켜 나갔다. 그리고 근무 외의 모든 시간을 페이스북과 유튜브에 투자해 회사 창업의 씨앗을 키워나갔다. 사람들도 조금씩 그의 콘텐츠에 반응을 보이기 시작했다.

티모시는 누군가 자신의 콘텐츠에 '좋아요'를 누르면 감사의 메시지를 보냈고, 견적을 보내 달라고 이메일을 보내오면 감사 편지는 물론 연말연시에 작은 선물도 함께 보냈다.

2015년 중반, 티모시는 마침내 첫 번째 프로젝트를 시작했다. 직장의 근무에 피해를 주지 않는 범위에서 자투리 시간들을 최대한 활용했다. 그 후 세 가지 프로젝트 라인업이 구성되자, 티모시는 회사를 그만두겠다는 의사를 밝혔다. 그리고 같은 시간 동안 더 많은 일을 하고, 더 많은 소통을 나누고, 더 많은 콘텐츠를 작성했다.

그는 이제 인스타그램 스토리를 활용해 프로젝트의 뒷이야기를 나누고 있으며, 쇼룸도 가지고 있어 손쉽게 새로운 제품을 소개하고 있다.

티모시는 회사를 창업한지 2년 만에 약 100만 달러의 판매를 기록했으며, 2017년 말까지 250~300만 달러를 달성한다는 목표를 수립했다.

전 지금도 매일 대부분의 시간을 일에 쏟아붓고 있습니다. 어찌 보면 일에 미친 것 같아요! 해야 할 선택과 결정이 너무 많아 골치도 아프지만 전 이 모든 것이 좋은 결과로 이어질 거라는 사실을 압니다. 사업은 무서우리만치 많은 책임이 따르는 일이에요. 게리 바이너척은 이렇게 조언했죠. "지금이 최악의 상황인 것 같나요? 그렇다면 더욱 더 앞으로 나아가세요. 결과는 시장이 판가름해 줄 테니까요!"

일
Work

나는 오랫 동안 많은 사람을 만나고 관찰해
왔다. 그들은 얼핏 보면 자신감 넘치는 매력적인 사람들이었고, 하는 일
도 근사해 보였다. 하지만 가까이서 오래 지켜본 결과 겉으로 보이는 모
습과는 다른 사람들도 많았다.

무엇보다 자신감이 부족했으며 비즈니스 목표를 달성하지 못할까봐
불안해했고 좌절감을 쉽게 드러냈다. 그런 와중에도 그들은 골프를 치고
SNS에 사진을 올렸고, 전날 밤 방영된 드라마에 대해 트윗을 하고 있었다.

/ / /

처음 사업을 시작할 땐 시간이 부족한 게 당연하다. 사업을 본궤도에
빨리 올리려면 할 일이 너무 많다. 사업과 무관한 유튜브 동영상을 보거
나, 아는 사람과 시답잖은 농담을 지껄이거나, 점심식사에 한 시간 반이

나 걸려 밥을 먹을 여유가 없다.

물론 이 때문에 기업가정신을 종종 젊은이의 패기에 빗대기도 하지만, 그만큼 퍼스널 브랜드를 처음 구축할 땐 체력과 시간이 필요하다. 만약 나이가 스물다섯 살이고 부양할 가족이 없는 싱글이라면 시간도 체력도 여유가 있을 것이다. 부양할 가족이 없는 청년은 자신의 에너지를 모두 사업에 집중할 수 있다는 장점이 있다.

하지만 대부분의 성인은 나이를 떠나 각자 져야 할 짐이 많다. 이를테면 학자금 대출, 주택담보 대출, 자녀 양육비, 부모님 케어, 기타 등등.

시간은 또 얼마나 부족한가! 아르바이트를 하거나 소득 보전을 위해 투잡을 뛰는 사람도 있으니, 퇴근 후의 시간에 사업에 매진하려면 허튼 일에 쓸 시간은 없다. 퇴근 후 저녁 7시부터 새벽 2시까지, 또 주말도 없이 바쁘게 일하는 사람들은 우리 주변에 생각보다 많다.

건강을 해치지 않기 위해서는 일 때문에 정신없는 가운데도 자기가 좋아하는 일을 잠깐씩이라도 해주는 것이 좋다. 그런 시간마저 없으면 스트레스 해소와 에너지 회복은 불가능하니까!

꼭 추가할 사항이 하나 있다면 가족과 함께하는 시간이다. 가족은 나를 최선의 상태로 이끄는 소중한 존재인 만큼 최우선 순위라고 해도 과언이 아니다. 사업을 위한다는 명목으로 가족과 보내는 최소한의 시간도 희생한다면 그만큼 어리석은 일도 없을 것이다.

가족이 함께 일을 하는 것도 좋다. 로드리고 태스카 는 여동생을 고용

---

* 자세한 내용은 150쪽을 참고하자.

해 동영상 제작사업을 시작했고, 그들의 작업실은 부모님의 침실이었다. 또 자레드 폴린*과 로린 에바츠**는 정기적으로 할머니를 블로그에 소개하고 있다. 리치 롤***의 아이들과 아내 줄리는 아빠이자 남편인 그의 동영상과 사진에 끊임없이 등장하며, 이 부부는 첫 요리책의 공동 저자로 이름을 올리기도 했다. 브리타니 자비에르****는 '어머니의 날' 행사 관련 브랜드 홍보나 사진 촬영 등 일을 마치고 나면 지체없이 수입의 일부를 딸의 은행 계좌로 송금한다. '어머니의 날' 행사는 자녀 없이는 생길 수 없다고 생각하기 때문이다.

이처럼 작은 참여든 큰 역할이든 가족이 함께 일을 하는 것은 이제 조금도 낯설지 않다.

∥∥∥

사업 쪽으로는 콘텐츠 제작과 배포에 좀 더 많은 시간을 써야 한다. 매일매일 할 일을 해나가자! 매일 콘텐츠를 만들고 비즈니스를 개발하자. 인지도와 유통, 판매에 도움을 줄 사람을 하루에 2, 3명씩 만나자. 인스타그램의 DM을 이용, 사람들에게 제안 메시지를 보내자.*****

물론 이런 일들을 제대로 하려면 하루에 열 몇 시간은 족히 걸릴 것이다. 따라서 자투리 시간을 활용하고 최대한 집중하여 효율적으로 시간

---

* 자세한 내용은 297쪽을 참고하자.
** 자세한 내용은 72쪽을 참고하자.
*** 자세한 내용은 132쪽을 참고하자.
**** 자세한 내용은 278쪽을 참고하자.
***** 271쪽의 지침을 참고하자.

을 사용하는 것 외에는 방법이 없다.

사람은 가치관도 다르고 살아가는 스타일도 모두 다르다. 그러니 사업 스타일도 다를 수밖에 없다. 여기서 내가 하고 싶은 말은 바로 이것이다. 열정도 부족한데 최선을 다하지도 않고 기대만큼 사업이 안 된다고 불평만 일삼는 사람들이 너무 많다는 것!

시간과 에너지의 배분도 각자 자신의 상황에 맞게 선택하면 그만이지만, 사업에 뛰어든 사람이 충분한 노력도 없이 성공의 열매를 바라는 것은 너무 큰 욕심이라고 나는 생각한다.

모든 사람이 성공한 기업가가 될 수는 없다. 자신의 목표와 역량대로 너무 욕심 부리지 않고 성실하게 일하는 것이 성공의 관건이 아닐까?

그러니 우리는 삶의 매순간 겸허하게 선택해야 한다. 객관성과 균형 감각을 길러야 하며 나 자신을 냉철한 눈으로 볼 수 있어야 한다.

성공적인 기업가는 기어를 움직일 충분한 에너지를 적시에 투입할 뿐 아니라, 그것이 낭비가 되지 않도록 잘 작동시킨다는 사실을 기억하자.

Crushing it

디안 그래햄
〈Digital Architect〉
— IG : @DEON —

디안 그래햄Deon Graham은 젊은 시절 프로테니스 선수로 활약했다. 하지만 지금은 디디Diddy의 디지털 감독이다. 서른한 살인 디안은 마케팅 분야에서 누구나 탐낼 만한 직업을 가지고 있다. 퍼스널 브랜드가 한 사람에게 일으키는 놀라운 변화의 이야기는 바야흐로 2008년 마이애미로 거슬러 올라간다.

디안은 낮에는 테니스를 가르치고, 밤에는 클럽에서 돈을 펑펑 쓰며 '유쾌한 청춘의 즐기는 삶'을 영위하고 있었다. 그런데 어느 날 중요한 사실을 감지했다. 클럽들은 하나같이 백인과 히스패닉 등 특정 대상에게만 마케팅하기를 원했다. 또 많은 수입을 가져다주는 힙합 파티를 여는 건 좋아했지만, 힙합을 좋아해서 모여드는 고객들의 다소 무거운 이미지는 벗고 싶어 했다. 당시 어떤 마케팅 회사도 힙합을 좋아하는 고객들이 모이는 클럽에는 주목하지 않았다.

디안은 결정했다. 바로 야간 유흥 웹사이트 〈시티 네버 슬립스City Never

Sleeps〉를 만들기로 한 것이다. 밤의 힙합 파티를 드러내기 꺼리는 클럽 주인들은 이제 디안의 사이트에서 걱정 없이 자기 클럽을 홍보할 수 있었다. 또 파티에 참석하는 사람들은 자신들의 사진을 볼 수 있어 좋았고, 클럽 주인들은 고객과 소통할 수 있어 좋았다.

호응이 좋자 디안은 만족했다. 그런데 뭔가 중요한 걸 발견했으니, 사이트를 통해 들어오는 수입이었다. 수입이 한 푼도 없었던 것이다.

"전 〈시티 네버 슬립스〉를 수익화 시키지 못했던 거예요. 그저 좋은 아이디어를 냈다는 사실에 심취해 있었죠."

디안은 평소 트위터와 페이스북을 통해 사람들과 소통하고 있었지만, 이용하는 사람이 생각만큼 많지는 않았다. 어느 날 그의 눈에 『크러쉬 잇!』의 저자 게리 바이너척의 활약상이 포착되었다.

"게리비는 수많은 팔로워를 보유하고 있었고, 소셜미디어로 거의 매일 사람들과 소통하며 무료 콘텐츠도 제공해 주고 있더라고요. 문득 '나도 저렇게 할 수 있겠다'는 생각이 들었어요."

그는 소셜미디어상의 소통에 전력을 집중했다.

"저는 일주일 내내, 온종일 사람들과 소통했어요. 온라인상에서 사람들이 무엇에 대해 말하든 대화를 나눴고, 한 사람도 빠짐없이 모든 사람에게 답글을 달았죠. 만약 새벽 2시에 파티를 여는 클럽이 있으면 저는 사람들과 그 파티에 대해 대화하고는 시내에서 열리는 다른 파티에 대해서도 알려주었죠. 그 외에 다른 것을 할 여유는 전혀 없을 정도로 저는 소통에 집중했어요."

그는 『크러쉬 잇!』에서 말하는 원칙을 깨닫고 나서야 비로소 장기계획을 세워 브랜드 구축에 집중할 수 있었다. 거래할 클럽들을 하나하나 다시 꼼꼼하게 엄선했고, 거래 후에도 별다른 변화가 없는 클럽의 경우에는 돈을 받지 않았다.

"제가 내린 결정들이 눈에 띄는 변화를 이끌었고, 사람들의 호응도 더욱 커졌어요. 사이트를 통한 수입도 증가했죠."

디안은 한 유명한 클럽과 계약을 맺었고 다른 일을 안 해도 될 만큼 안정적인 단계에 이르렀다. 〈시티 네버 슬립스〉의 인기는 빠르게 치솟았으며, 결국 도시의 힙합 클럽과 관련한 가장 큰 플랫폼으로 자리매김했다.

어느 날 디안은 시락 보드카의 마케팅팀인 블루 플레임 에이전시로부터 연락을 받았다. 그들이 제게 물었죠.

"이 사이트를 직접 만든 분인가요?"

"네."

"저희는 웹사이트 구축에 75,000달러를 지불해 왔거든요."

"저는 '1만 달러면 됩니다'라고 냉큼 대답했죠. 그때 저는 그들과 계약하고 싶은 마음이 굴뚝같았거든요."

결국 디안은 블루 플레임 에이전시와 계약을 맺었고 그 후에도 연이은 프로젝트로 눈코 뜰 새 없이 바쁜 나날을 보냈다. 2년 반 동안 그는 헤네시, 루이비통 모엣 헤네시LVMH는 물론 도시의 유흥 고객을 타깃으로 하는 모든 브랜드의 기업과 거래를 맺고, 이 기업들과 클럽의 고객들 사이에서 중간 역할을 담당했다.

2015년에 콤즈 엔터프라이즈의 오브리 플린은 디안에게 데킬라, TV

네트워크, 레코드 분야 브랜드인 레코드 레이블 등을 비롯해 8개의 개별 브랜드와 관련 업무를 담당할 '디지털 분야 이사' 자리를 제안했다. 또 『Entrepreneur magazine』 2017년 5월호에 디안의 기사가 실린 후에는 강연요청 이메일이 쇄도했다.

관심
Attention

- 사람들의 관심은 어디에 집중되어 있는가?
- 고객들은 무엇에 관해 이야기하고 있는가?
- 우리가 몸담고 있는 분야의 최신 트렌드는 무엇인가?
- 가장 큰 논쟁거리는 무엇인가?

우리는 이 모든 질문에 관심을 가져야 한다. 단 하나도 빠트릴 수 없다.

내 커다란 장점 중 하나는 경쟁자가 다른 곳(대개 뒤)을 보고 있을 때 조차 관심의 방향이 어디로 바뀌고 있는지 볼 수 있는 능력이다. 저평가된 관심을 어떻게 파악할지 아는 게 인플루언서의 핵심 기술이다.

사람들은 라디오에서 TV에 이르기까지, 또 인터넷에서 소셜 네트워크에 이르기까지 처음에는 항상 새로운 것의 출현을 묵살하고 과소평가해왔다. 유튜브와 인스타그램이 아닌, 할리우드가 여전히 세계 최고의 유일한 스타 양성소라고 믿는 사람들이 많은 것처럼…. 그런데 대략 스물다섯 살 이하의 청년들이라면 고개를 내저을 것이다.

소셜미디어의 변화와 발전은 눈부시다. 내가 택해서 오랜 시간 공들여 활동하는 공간을 아끼는 것은 좋지만, 변화의 흐름에도 주목해야 한다. 한 곳에 너무 안주하지 말자. 내가 좋아하는 플랫폼이라고 해서 너무 집착하고 맹신하지 말자. 내가 제대로 하고 있다고 확신할 때조차도 계속해서 점검해 나가자.

예를 들어 그 자체로 하나의 문화가 된 인스타그램은 전 세계인들이 이용하고 있지만 첫 등장 때만 해도 아이폰용 모바일 응용프로그램에 지나지 않았다. 그리고 1년 만에 이용자가 1,000만 명으로 늘어난 새로운 플랫폼에 대해 불신 가득한 눈으로 바라보던 사람들이 지금은 가장 적극적인 사용자가 되지 않았는가.

앤드류 우엔
〈Brand with Drew〉
— IG : @BRANDWITHDREW —

"제가 몸담은 업계에선 페이스북에서 시작해 다음엔 트위터에 집중했어요. 또 그 다음엔 페이스북에서 멀어지고, 인스타그램에 집중했죠. 또 그러고 나서는 트위터에서 멀어지고 이제 다시 페이스북과 스냅챗으로 돌아왔죠."

앤드류 우엔Andrew Nguyen은 다른 사람이 아닌 자신의 관심에 따라 움직이는 사람이다. 그는 항상 자신의 마음이 움직이는 대로 행동했다.

열일곱 살 무렵엔 공부도 열심히 하고 전통적인 커리어 패스를 따라 부모님을 기쁘게 해드리려고 노력했다. 버지니아주 햄튼의 작은 학교에서 장학금을 받기도 했지만 첫 학기가 끝날 무렵, 그는 거의 모든 과목에서 낙제했다. 그러자 MBA가 자신에게 더 잘 맞을 것 같다는 생각이 들었다.

앤드류는 5년제 MBA 프로그램으로 전환하고 부모님께 이 사실을 말하지 않았다. 여름이 다 되어 고백했을 때 부모님은 몹시 화를 냈다. 그리고 MBA만 받을 거라면 메릴랜드주에 있는 학교에서도 훨씬 적은 돈으로 학위를 받을 수 있다고 했다. 그러나 앤드류는 햄튼을 떠날 용의가 없었다. 이미 학교에서 이발사로 명성을 떨치기 시작했기 때문이다.

앤드류는 베트남전쟁에서 돌아와 이발학원에 다녔던 아버지로부터 머리 깎는 법을 배웠다. 어느 날 이발이 필요한 남자들로 가득한 기숙사에 자신이 살고 있다는 것을 깨닫고 그는 바로 현관에 '이발'이라고 쓴 명찰을 걸었다. 사업은 썩 잘됐다. 하루에 열 명 이상의 머리를 깎아 줄 때도 있었다.

당시 앤드류는 DJ에 관심이 많았다. 그는 캠퍼스에서 가장 인기 있는 DJ가 4학년 선배라는 사실을 알고 있었다. 그 선배가 졸업하면 누군가 그 자리를 꿰차게 된다. 그는 생각했다. '내가 DJ를 하면 어떨까?'

앤드류는 이발을 해서 번 돈으로 스피커 세트와 DJ 장비를 구입했다. 그는 처음에는 무료행사를 시작으로 자신의 브랜드를 알렸고, 다행히 잘나가는 DJ의 눈에 띄어 그에게서 우량 유료고객들을 소개받았다.

"DJ는 정말 제 일 같았어요. 그래서 전 이 학교에 계속 다녀야 했죠. DJ가 즐겁게 할 수 있는 나의 일이라는 확신이 들자 전 흔들리지 않았어요."

앤드류의 어머니와 아버지는 이런 아들의 모습을 영 못마땅해 했고, 결국 그와 의절했다. 그는 차 안에서 자고 학교 구내식당에서 일하며 식비를 벌었고, 미 해병대 예비군에 등록해 학비 지원을 받기도 했다. 그리고 다행히 앤드류는 캠퍼스와 다운타운에서 자신의 DJ 브랜드를 구축해 비즈니스로서 확고하게 자리를 잡아 웬만큼의 수익을 얻었다.

앤드류는 더 이상 이발로 돈을 벌 필요는 없었지만 지낼 집이 없는 것은 여전했다. 돈을 절약해 집을 얻는 게 최우선 과제였다.

그는 고민 끝에 MBA를 활용해 취직을 해 기업의 생태를 익히고 재정 기반을 마련하기로 결정했다. 펩시에서 제안한 영업 및 마케팅 일자리를 수락했고, 이와 동시에 자신의 이름으로 마케팅 대행사 '오 에이전시O Agency'를 시작했다.

이발사나 디제잉이 제 열정의 종착역은 아니었어요. 제 열정은 저 자신을 브랜딩해 DJ로 성공하는 모습도 보여주고, 브랜드 기업으로도 발전하는 거였죠. 사실 브랜딩과 마케팅에는 심리적 측면이 많이 작용해서 숫자로 정량화하기는 어렵죠. 그래서 우리는 사람들에게 관심을 쏟고, 내가 누구이고 또 무엇을 하는 사람인지 보여줘야 해요.

앤드류는 자신의 지식과 기술을 이용해 '바디 바이 바카리'라는 브랜드로 그 지역에서 명성을 얻은 헬스 트레이너이자 친구인 바카리 테일러를 위한 마케팅 플랜을 짜주기로 했다. 이 플랜은 여름이 오기 전에 워싱턴 DC 주변에서 무료 헬스 트레이닝 캠프를 여는 것이었다. 테일러에게는 기술과 카리스마가 있었고, 앤드류에게는 사업 경험과 마케팅 기술이 있었다. 두 사람은 브랜드 인지도를 높이기 위해 '이스트 코스트 노 익스큐즈East Coast No Excuses' 투어를 시작했다. 거대한 브랜딩 플랜이었고 투어는 대성공이었지만 수익사업이 아니어서 앤드류는 거의 파산지경에 이르렀다.

"차에서 숙식을 해결하기도 했을 정도로 그해는 제 인생에서 가장 힘든 때였어요. 새벽에 일어나 펩시에서 12시간 일했어요. 그러고 나서는 오후 6시부터 새벽 2시까지 '오 에이전시'와 바카리를 위해 일했죠. 아울러 전 디제잉도 계속하고 있었어요."

그로부터 1년이 채 못 되어 그는 자신의 사업을 위한 모든 준비를 마쳤다. 그는 DJ 사업을 그만뒀고, 펩시에도 2주 전에 일을 그만두겠다는 공지를 보냈다. '오 에이전시'를 시작한 지 6개월 만에 그는 첫 고객으로 미국 프로미식축구리그NFL를 확보할 수 있었다. 현재 그는 세븐일레븐과 소더비 같은 브랜드와 일하고 있다.

앤드류가 『크러쉬 잇!』을 읽은 건 2년밖에 되지 않았지만, 그는 이 책을 통해 자신이 하는 일에 대한 확신을 얻었다.

"책을 통해 많은 사람의 이야기를 들을 수 있었어요. 마침내 꿈을 이룬 사람들의 현재와 그들의 사고방식은 하나같이 저를 흥분시켰어요. 그들의 이야기를 들으며 제가 지금 하고 있는 일이 옳다는 확신이 들었거든요."

최근까지도 앤드류는 '오 에이전시'라는 브랜드에 우선순위를 두고 퍼스널 브랜드를 내세우기 전 자신의 노력을 보여줄 수 있는 뭔가가 생기기를 기다렸다.

"우리는 원하는 모든 걸 브랜드화할 수 있어요. 하지만 신뢰를 쌓지 못하거나 노력하지 않는다면 쓸모없는 일이 되죠. 우리는 실제로 좋은 것만 팔 수 있답니다."

앤드류는 사람들로부터 인정받고 사업에서 운신의 폭을 넓힐 수 있는

'브랜드 위드 드류'라는 퍼스널 브랜드를 만들었다.

지금 제가 확신하는 건 앞으론 제 삶에서 파산은 없다는 거예요. 이제야말로 진짜 제 열정을 발견했거든요. 제가 하고 싶은 일 중 하나는 열정을 잃어버린 사람들, 특히 밀레니얼 세대를 돕는 일이에요. 저는 소수 층으로 구성된 시장과 소통하면서 좀 더 깊이 있게 공략해 볼 거예요. 그 시장이 바로 제가 정말로 진출하고 싶은 틈새시장이고, 사람들을 도울 수 있는 위치에 이를 수 있는 곳이죠. 돈에 관한 이야기가 아니에요. 전 금전적인 것보다 인플루언서에 더 관심이 있고, 또 그렇기 때문에 무료로 많은 것을 진행하고 있답니다.

전 제가 일을 하고 있다고 생각하지도 않아요. 일을 즐기고 있기 때문이죠. 앞으로도 많은 이들과 소통하면서 제 브랜드를 만들고, 책을 쓰고, 사람들을 돕는 행사를 열며 사는 것이 제 꿈입니다.

콘텐츠
Contents

좋은 제품과 콘텐츠가 생동감 넘치는 퍼스널 브랜드를 구축하는 데 핵심요소가 되는 건 너무나 당연한 사실이다. 하지만 새롭고 유용한 콘텐츠 개발에 너도나도 매달리다 보니 기획 단계에서부터 막히는 일이 비일비재하다.

『크러쉬 잇!』에서 나는 한 곳만 정하지 말고 다양한 채널에 동시에 콘텐츠를 쏟아낼 것을 권유했다. 이때 여러 플랫폼에 같은 내용을 실으라는 이야기는 결코 아니었는데 오해의 여지가 있었던 것 같다.

내가 원한 건 고품질의 네이티브 마이크로콘텐츠native microcontent 개발이었다. 네이티브 마이크로콘텐츠란 자신이 게시할 플랫폼에 꼭 맞도록 특별하고 완벽하게 제작된 콘텐츠를 말한다.

트위터의 청중은 인스타그램 팔로워와 같은 콘텐츠를 찾지 않는다. 또 블로그에서 가져와 잘라내고 붙여넣기를 한 작업이나, 유튜브에 올린 10분짜리 동영상을 페이스북에 그대로 올려서는 사람들의 시선을 끌 수 없다. 설령 청중이 플랫폼마다 중복될지라도 그들은 각 플랫폼마다 완전히 다른 콘텐츠를 기대한다. 그들이 트위터에 있다면 현재의 뉴스를 팔로우하려고 할 가능성이 높다. 그들이 페이스북에 있다면 친구와 가족의 이야기를 팔로우하려고 할 것이다. 또 점심시간에 간단한 오락을 즐기고 싶을 때는 틱톡에 들릴 것이고, 이전 세대가 TV를 시청한 것처럼 저녁에 긴 영상을 보고 싶을 때는 유튜브를 찾을 것이다. 이처럼 특정 시점에 잠재고객이 방문할 수 있는 플랫폼에 자신의 콘텐츠를 선보이려면 각 플랫폼의 특성에 따라 어떤 맞춤 콘텐츠를 선보일지 계획을 세워야 한다.

말이 쉽지 정말 그렇게 하는 건 버겁고 지난한 작업일 것이다. 하지만 강력한 의지만 있다면 하나에서 새끼를 쳐나가듯 작게 쪼갤 수 있으며, 그러기 위해선 먼저 커다란 핵심 콘텐츠를 만드는 게 선결과제다.

다음 쪽의 그림은 하나의 '핵심' 콘텐츠에서 무수히 많은 마이크로콘텐츠가 나오는 과정을 알기 쉽게 보여주는 차트로, 바이너탤런트 VaynerTalent 를 위해 나와 내 팀이 만든 것이다. 바이너탤런트는 자신의 퍼스널 브랜드를 크게 성장시킨 후 지속적인 성장에 도움이 필요한 인플루언서들을 위해 내가 설립한 바이너미디어 Vayner-Media 의 한 부서이다.

이 콘셉트는 한마디로 1%의 1%를 위한 서비스다. 실제로 이런 콘텐츠들이 어떤 모습을 띨지, 우리가 어떤 플랫폼을 선택할지는 아무도 알 수 없다. 그것은 독자들이 이 책에서 파악해야 할 내용이다. 더 자세한 내용은 Part 2에서 살펴보기로 하자.

『크러쉬 잇!』에서 나는 위대한 콘텐츠는 고도의 전문성과 노력의 결과라는 것을 입증한 바 있다. 특히 지금은 다양해진 소셜미디어 플랫폼에서 선택의 기회도 많아져 누구나 각 분야의 스타가 될 수 있다.

하지만 88번째로 훌륭한 위스키 인스타그래머가 되고 싶으면 끊임없이 지식을 업데이트해야 하고, 다른 곳에서는 찾아볼 수 없는 분위기와 알찬 정보를 제공해야 한다. 그것도 아주 독특하고 기억에 남는 시그니처 스타일*이 아니면 안 된다. 다른 방도는 없다. 입을 딱 벌리게 하는 콘텐츠를 만들어야 한다.

---

* 시그니처 스타일(signature style) : 뛰어난 특징이나 대표성을 갖거나 아주 유명한 스타일 - 옮긴이

나의 첫 책 『크러쉬 잇!』에서는 '우리가 배우는 과정을 콘텐츠의 일부로 만들 수 있다'는 아이디어를 제시했다. '오프 더 레코드'로 써볼 만한 해결책이라고 생각했지만 그 이후 나는 이 배움의 과정이 실제로 콘텐츠가 되어야 한다는 사실을 깨달았다.

이 말은 열정만 있다면 콘텐츠의 제작 방향은 얼마든지 자유로워도 무방하다는 것이다. 지금 이 방면의 가장 핫한 스타들도 처음부터 재능을 타고난 것은 아니다. 그들은 습기 찬 지하실에서 연구하고 작업을 시작한 사람들이고, 자동차 트렁크에 제품을 싣고 다니며 세일즈를 한 사람들이고, 일어서기와 좌절, 다시 일어서기와 좌절을 반복한 후 다시 일어선 사람들이다.

훌륭한 콘텐츠는 전적으로 재미있는 스토리텔링에 달려 있으며, 이 세상의 모든 이야기는 이미 들어본 이야기라는 말도 맞는 말이다. 하지만 우리 한 사람 한 사람의 이야기는 그렇지 않다. 우리는 평범하지만 특별하며, 우리만의 뉘앙스, 우리만의 관점, 우리만의 스토리를 가지고 있다. 그러므로 우리는 얼마든지 독특하고 창의적인 콘텐츠를 만들 수 있다.

그런데 사람들의 시선을 일단 끌기 위해 호들갑스럽고 과장되게 동영상을 만들고 게시물을 올리는 등의 방식은 보는 사람은 물론 스스로도 지치게 만든다. 그보다는 우리의 실제 생활을 있는 그대로 기록할 수 있고, 소박하고 진솔한 이야기가 통하는 플랫폼을 활용해 보자. 사람들에게 내가 누구인지 알리고, 목표를 향해 달려가는 과정을 보여 주자.

우리 회사의 비디오그래픽 담당인 디락은 내가 일하는 곳 어디든 비디오카메라를 들고 따라 다녔다. 카메라가 꺼져있는 유일한 시간은 보안이 유지되어야 하는 회의 장면이나 화장실에 갔을 때이다.

나는 사람들에게 열정이 무엇인지 보여주고 싶었다. 지치지 않고 매 순간 집중하는 모습을 보여주고 싶었다(성공한 사람이라고 해서 특별하거나 다르지 않고 누구에게나 겸손하고 자연스러운 모습을!).

내가 하루 종일 일하는 모습을 지켜본 사람들은 내가 주중에 새벽 6시부터 저녁 10시까지 일한다고 한 말이 거짓이 아니란 걸 확인하길 원했다(나는 10년 동안 줄곧 그렇게 일해오고 있다). 하지만 그보다 중요한 건, 나처럼 콘텐츠와 브랜드를 구축하려는 사람들에게 학습도구를 제공하고 싶었다. 나는 책상 앞의 독서가 아닌, 눈으로 확인하고 직접체험을 통해 배우는 사람이다.

동영상에서 내가 사람들과 대화하는 모습을 보고, 또는 이동 중 자동차 뒷좌석에서 별생각 없이 내뱉은 말을 듣고 메시지를 보내오는 사람들도 많다. 대부분의 경우, 나는 그 순간이 그 사람 외에 다른 누구에게는 전혀 의미가 없다는 것을 알고 있다. 하지만 그날 한 사람의 마음을 움직일 수 있었다는 사실만으로도 나는 충분히 만족스럽다.

더구나 누군가에게 내가 도움이 되었다는 말을 들으면 천하를 얻은 기분이 든다. 좋은 모습으로 누군가에게 의욕을 불어넣어 주고 싶다.

아무리 똑똑한 사람도 앞날을 정확하게 예측할 수는 없다. 때로는 예정에 없던 일을 해야 하고, 약속 없이 사람을 만나기도 한다. 우리들의 하루는 그닐이 그날 같지만 자세히 보면 또 조금씩 다르다. 세세한 기록은 그래서 중요하다.

인스타그램의 스토리, 유튜브 동영상과 페이스북 라이브방송을 하루에 몇 번씩 올려, 나의 눈을 통해 본 세상을 사람들과 공유해 보자. 길에서 마주친 나의 별난 삼촌, 점심 식사 장면, 살을 빼기 위해 어쩔 수 없이 하는 스트레칭 등 내가 살아가는 모습을 자연스럽게 담아보자.

이혼한 후에 첫 번째로 들어가 살게 된 아파트라든지, 대학 기숙사로 이삿짐을 옮기는 모습도 사람들에겐 흥미로울 것이다. 스타들만 다큐멘터리를 찍으라는 법은 없다. 소소한 나의 일상을 기록해 보자.

개인의 다큐멘터리는 〈모던 패밀리Modern Family〉*를 만드는 것보다 훨씬 쉽다. 물론 개인이 자신의 일상을 동영상에 담는 게 물론 취향에 맞지 않을 수도 있다(카메라를 들고 다니는 데 익숙해지기까지 나도 몇 달은 족히 걸렸다). 또 기대만큼 근사하게 안 나올 수도 있다. 하지만 개인 동영상을 잘만 활용하면 연간 8만 달러, 혹은 38만 달러를 벌게 해줄 잠재고객을 확보할 수도 있다. 이는 광고나 제휴사, 스폰서십 거래는 물론 매력적인 퍼스널 브랜드 자체로서 얻을 수 있는 금액이다.

진실한 이야기는 사람의 마음을 움직인다. 즐거운 마음으로 나의 일상을 기록하는 작업을 통해 새로운 친구들을 얻고 가외의 수입까지 생긴다면 이보다 흥미로운 일이 또 어디 있겠는가!

특히 생계를 위해 마지못해 일을 하고 있는 사람이라면, 퍼스널 브랜드를 만드는 작업이 삶에 엄청난 활력과 자신감을 준다는 사실을 알게

* 모던 패밀리 : 2009년 미국 ABC에서 방영한 20분짜리 가족 시트콤으로, 모큐멘터리 형식을 취하고 있다. - 옮긴이

될 것이다. 기록하는 일은 좋은 전술이다. 밑천도 별로 들지 않는다.

지긋지긋한 일터에서 마침내 벗어날 준비가 되었을 때, 어느새 탄탄하게 구축된 나의 퍼스널 브랜드가 나를 미래로 인도할지 모른다.

* * *

문제는 알차고 매력적인 콘텐츠다. 비디오 블로깅이나 팟캐스트를 시작할 때 처음에는 자신이 무엇을 하고 있는지 잘 모르는 사람들이 부지기수이다. 부단히 노력하면서 콘텐츠를 분석하고, 어떤 콘텐츠가 공감을 끌어내는지 알기 위해 청중과 더 많이 소통하고, 어떤 전략이 좋은지 알기 위해 다른 퍼스널 브랜드들을 연구해야 한다.

어렸을 때 나는 아빠가 운전하는 차 안에서 큰소리로 말했다. 와인 전문가가 되어 미국에서 제일 큰 와인가게를 만들겠다고….

나는 스물한 살이 될 때까지 내 미각 개발을 위해 와인 라벨에서 와인 맛으로 묘사한 모든 것, 즉 들풀과 흙, 체리, 담배 등을 하나하나 맛보았다. 그러나 정작 내가 대중 앞에 나서서 그동안의 경험을 토대로 브랜드를 만든 건 와인사업에 대한 확신이 든 이후였다. 당시 나는 서른 살이었고, 10년 동안 일주일에 수백 개의 와인을 시음하고 있었다.

만약 내가 열일곱 살 때의 나로 돌아간다면, 꿈을 이루기 위해 공부하고 훈련하는 과정을 매일 동영상으로 기록할 것이다. 예를 들어 내가 처음 흙을 맛본 순간을 사람들과 나눌 수 있다면 얼마나 환상적이겠는가!

---

* 와인 라벨 : 와인의 상표와 생산자의 이름, 생산지, 포도의 품질, 등급, 포도를 수확한 연도를 상세히 기재해 와인에 붙인 내역 – 옮긴이

내가 세계 각국의 메를로Merlot 와인을 시음하면서 "언젠가 저는 블라인드 테스트에서 수십 개의 메를로 와인을 산지별로 구별할 수 있을 거예요"라고 말하는 장면을 촬영하는 것이다. 그로부터 3년 후 눈을 가리고 종류가 다른 메를로 와인을 시음한 후 '마크햄, 메를로 2004'를 정확히 맞추는 장면을 찍어서 올린다.

그 모습을 동영상으로 볼 수 있다면 얼마나 근사하겠는가? 한술 더떠 이 두 개의 동영상을 나란히, 와인 전문가를 꿈꾸던 한 소년이 지금 그 길을 가고 있는 모습을 세상에 보여준다면 사람들은 엄청난 환호를 보낼 것이다.

뷰티 크리에이터를 꿈꾸는 여성이라면 자신만의 진솔한 콘텐츠를 만들 수 있다. 백화점에 가서 화장품 코너 판매직원의 메이크업 조언을 들은 후 마치 자신이 그 정보를 터득한 것처럼 그대로 말하는 동영상은 별로 의미가 없다. 메이크업이 실제로 시연되는 부스에서 카메라를 들고 메이크업 중인 직원에게 사람들이 가장 궁금해 하는 질문을 던지는 것이 더 효과적이다. 영상으로 기록하면 그것을 보면서 스스로 배우는 동시에 자신의 플랫폼을 찾는 사람들에게 유용한 정보를 제공할 수 있다.

내가 선택한 콘텐츠와 연관된 기록 영상들은 정보의 체계화와 함께 나를 널리 알리는 데 힘을 실어준다. 우리의 흥미로운, 혹은 흥미롭지 않은 모습을 포착한 기록들이 쌓여 나를 만드는 것이다. 이는 10년 후 사람들에게 비칠 내 모습을 준비하는 일이다.

---

* 메를로 : 프랑스의 보르도 지방과 이탈리아, 스위스 그리고 미국 캘리포니아 등에서 나는 와인용 감청색 포도 - 옮긴이

저스틴 비버의 열두 살 때 거리공연 클립이나, 팝의 황제 마이클 잭슨의 〈Thriller〉 뮤직비디오 리허설 장면을 머릿속으로 상상해 보라.

미국의 전설적인 패션 디자이너 베라 왕이 자신의 첫 번째 의상 본을 자르고, 첫 번째 작품인 웨딩드레스를 바느질하는 모습을 볼 수 있다면 어떨까? 또는 조지 루카스가 서던캘리포니아 대학 시절, 영화에 대한 아이디어를 낼 당시 그의 생각을 엿볼 수 있다면 어떨까?

인생의 어떤 장면들은 시간이 흐르면서 기억 속에서 재편집된다. 그러니 불완전한 정보나 기록에 의존하는 유명인사들의 전기 또는 인터뷰 말고, 그 일이 실제로 일어났던 순간을 생생한 영상으로 포착할 수 있다면 얼마나 좋을까? 재능이 자라고 위대한 모습으로 진화하는 광경을 목격하는 것은 놀라운 일이다. 그런데 이는 보통 사람인 우리에게도 충분히 일어날 수 있는 일이다.

기록은 우리가 뭔가를 시작했을 때의 다짐을 떠올리게 하는 데 일등공신이다. 그리고 기록은 잘 간직하는 만큼 성과를 얻을 수 있다.

이를테면 2012년, 페이스북이 인스타그램을 10억 달러를 주고 인수하는 것을 보고 "훔친 것이나 진배없다"고 내가 말했을 때 사람들은 나를 미쳤다고 생각했다. 하지만 언젠가 인스타그램의 기업가치가 500억 달러(혹은 내 생각엔 그보다 훨씬 많은 금액)가 넘는다는 자료화면을 봤을 때 나는 희열을 느꼈다. 뭔가를 꼼꼼히 기록해 두면 "그러게 내가 뭐랬어!"라고 말할 기회도 많아진다.

나는 유명잡지 〈롤링 스톤Rolling Stone〉이 2015년 '반드시 알아 둬야 할 10명의 새로운 아티스트' 중 한 명으로 꼽은 래퍼 카일Kyle과 최근 미팅하는 장면을 촬영했다. 우리는 음악을 포함해 많은 이야기를 나눴는데 정말 흥미로운 시간이었다. 그리고 만약 10년 후 카일이 에미넴만큼 유명해진다면 팬들은 우리가 촬영한 그 동영상을 수도 없이 돌려보게 되지 않을까 하는 상상을 했다. 또한 그 영상은 많은 사람에게 나를 알리는 매개체 역할을 할 것이고 나는 쇄도하는 일로 더욱 바빠질지도 모른다.

∅ ∅ ∅

많은 가짜들이 허튼 말로 사람들을 속이며 '하다 보면 될 것'이라는 터무니없는 말로 자신의 속임수를 정당화하고 있다. 그러나 이제는 그런 방식이 통용되지 않는다. 사람들이 어설프게 가짜 전문가 노릇을 했던 이유는 에이전트, 감독, 출판사, 음반 제작자, 기획사 등 중요한 인물들을 납득시켜야 했기 때문이다. 즉, 없는 실력이라도 입증해서 그들이라는 관문을 통과하고 싶었던 것이다.

하지만 이제 인터넷이 그 중개자 역할을 하고 있으며, 인터넷은 누구에게나 공평하게 열려 있다. 누구든 소셜미디어를 통해 직접 만든 콘텐츠를 선보이고 자신을 널리 알릴 수 있다.

아무도 주목하지 않고 좋아하지 않으면 내리면 그만이다. 반대로 아쉬움이 남으면 내용을 보완해서 다시 올려보자. 이 과정에서 무엇인가를 배울 수 있다.

650만 명의 구독자를 자랑하는 다니엘 마크햄의 유튜브 채널 〈What's Inside?〉는 많은 인기를 얻기까지 시행착오도 많았다. 그는 이전에도 여러 개의 동영상 채널을 개설했으며 자신의 채널이 사람들의 호응을 얻기 시작하자 그동안의 실패를 바탕으로 콘텐츠를 전면적으로 개선했다. 〈What's Inside?〉가 하루아침에 이루어진 건 아닌 것이다.

무엇을 하든 진솔한 자세로 해야 할 이유는 또 있다. 나의 실제 모습이 아닌 허세에 속아 넘어가는 고객이 있다면 그들은 예외 없이 10년 후, 똑같은 방식으로 대응해 온다. 그리고 우리의 비즈니스를 성장시키고 유지하는 데 꼭 필요한 최상위 고객층의 신뢰마저 잃게 된다. 이는 단기 이익을 위해 장기 성장을 희생하는 것과 같다.

뭔가 있어 보이려고 교묘하게 꾸미는 것과 부정직한 건 괜찮지 않다. 하지만 초보자의 입장이 되는 건 괜찮다. 이 차이는 너무나 중요하다. 누군가가 사려 깊고 현명한 모습으로 자신의 전문성을 발휘하는 모습은 보기 좋다. 그 모습을 미래의 내 것으로 포용하자. 지금 나는 초보자다. 그 사실을 인정하자.

전문가들이 전문가가 되는 동안 자신도 모르게 잃어버린 신선한 에너지와 열정이 내게는 있다. 이건 매력적인 일이다. 또 무엇인가에 열중하여 배우고 있는 사람은 궁금증을 자아낸다. 사람들은 내가 무엇을 배우고 있는지, 그 배워가는 과정을 눈으로 직접 확인하고 싶을 것이다.

학교에 다닐 때 교내 축제만 열리면 무대를 휘저으며 활약하던 아이가 어느 날 성인이 되어 극장 스크린 속 배우로 나타난 경험이 있는가? 또 유명한 잡지의 표지모델로 서점과 가판대를 장식한 옛 친구의 얼굴을 본 적은 없는가? 그와의 친밀도가 '조금 알던' 정도라 해도 우리는 그런 순간 가슴 설레며 흥분하게 된다.

"와우, 나 그 친구 알아! 드디어 해냈구나!"

유명해지기 전 그의 무명시절을 내가 알고 있다는 사실은 묘한 흥분과 감동을 준다. 옛날에 조금 알던 사람이 유명한 스타가 된 모습을 봐도 흥분되는데, 아주 친했던 친구라면 어떨까?

어쩌면 그의 매력과 재능을 내가 일찍부터 눈치 챘던 것 같은 기분마저 들지도 모른다. 사람을 알아보는 자신의 안목이 대견해 어깨가 높이 올라갈 수도 있다.

〃〃〃

나만의 콘텐츠로 무장하고 소셜미디어 활동을 시작했다면, 꿈을 크게 가지고 앞으로 나아가라. 무명의 가난뱅이인 내가 앞으로 어떻게 변모할 것인지 머릿속으로 한번 상상해 보라.

나의 생각과 여정을 그때그때 영상이나 글로 기록해 나가다 보면 언젠가 내가 인플루언서가 되었을 때 할 말도 많을 것이다. 그동안의 노력이 보상받는 그 기쁨을 나의 독자들이 꼭 경험해 보기를 바란다.

'자고 일어났더니 유명해졌더라!'와 같은 벼락성공의 신화보다 이쪽이 훨씬 사람들에게 감동을 준다.

타고난 재능으로는 어느 정도 위치에 오를 수 있지만 최고가 되고 싶다면 노력을 쏟아야 한다. 진실함과 노력 외에는 다른 방도가 없다.

노력이 중요하다고 해서 '완벽'에 너무 집착할 필요는 없다. 완벽주의는 실상이 아니고 허상이다. 솔직하게 나의 상처와 단점을 고백할 때 친구와도 더욱 친밀해지는 것처럼, 고객들도 별반 다르지 않다. 진솔한 태도로 사람들을 대하라. 완벽함에 대한 강박관념은 '피로'만 남기기 쉽다.

리치 롤
⟨Rich Roll Enterprises, LLC⟩
— IG : @RICHROLL —

2006년, 리치 롤Rich Roll에게 세상은 마치 그를 위해 존재하는 것 같았다. 그가 달리는 길은 탄탄대로였다.

서른아홉 살에 그는 이미 모든 걸 가졌다. 엄청난 수입을 얻는 엔터테인먼트 분야의 변호사, 동시에 패션과 인테리어 디자이너로도 이름을 날리고 있었다. 사랑스러운 아내, 네 명의 건강한 자녀, 그리고 말리부 캐년에 자리잡은 4,000평의 땅까지 모든 것이 완벽했다.

오래 전부터 그는 맹목적으로 아메리칸 드림을 좇았다. 하나하나 자기 앞에 놓인 모든 관문을 완벽히 통과했다.

"전 지원한 대학에 모두 합격했어요. 하버드, 프린스턴… 그 중 스탠퍼드에 들어갔죠. 대학에서는 세계적인 수준을 자랑하는 수영 선수였어요. 또 1994년에는 코넬대 로스쿨을 졸업했죠. 제 삶은 최고의 학교에 들어가고, 열심히 공부하고, 최고의 법률학교에 입학하고, 최고의 로펌에서 일하고, 열심히 일하고, 일찍 출근하고 늦게까지 일하고, 상사에게 감동을 주고, 법률사무소에서 최고가 되고, 최고급 승용차를 사는 것이 전부였죠."

그런데 그에겐 남들이 모르는 아픔이 있었다. 약물 및 알코올 중독과 사투를 벌이며 싸우고 있었고, 그런 와중에 용케도 이 모든 일들을 해낸 것이다. 사람들이 부러워하는 것을 모두 가졌는데도 그는 행복하지 않았다. 사는 것이 위태롭고 불안하기만 했다.

저와 함께 일하는 법률사무소 사람들을 살펴보았어요. 그들은 전문 변호사답게 멋져 보였지만 뭔가 공허했어요. 그들과 같은 삶을 살고 싶지는 않았어요. 그들에게서 제가 원하는 것을 발견할 수 없었죠.

이런 생각은 큰 혼란만 불러왔어요. 이 위치에 이르기까지 시간과 에너지 등 모든 것을 바쳤건만, 이상하게 옴짝달싹 못하고 갇혀 있는 느낌이 들었어요. 여기서 벗어날 방법을 알 수 없었죠. 그래서 전 끊임없이 생각했어요. '무엇을 해야 행복할까?' '내가 열정을 쏟을 일은 없을까?' 가슴이 답답했어요.

마흔 살 생일을 하루 앞둔 어느 날, 리치는 집에서 계단을 오르다가 땀을 비 오듯 흘리기 시작했고, 숨을 고르기 위해 잠깐 멈춰서야 했다. 낮밤을 가리지 않고 일하느라 인스턴트와 패스트푸드를 입에 달고 산 기간이 꽤 길어서, 체중이 20kg나 불어 있었다. 젊은 나이에 심장병으로 세상을 떠나신 할아버지처럼 자신도 중년의 나이에 접어들었다는 사실을 깨닫는 순간, 가슴이 철렁 내려앉았다. 계단을 오르다가 숨이 차오르고 비지땀을 흘리던 그 순간, 그는 외면하고 있던 인생의 문제와 맞닥뜨렸던 것이다.

'이렇게 살다가 갑자기 죽음을 만나면 어떻게 하지?'

그 다음날부터 그는 채식으로 식단을 바꾸고 시간이 날 때마다 달렸다. 다행히 명상과 함께 동양의 신비에 관심이 많아 먼저 채식을 하고 있던 아내 덕분에 식단을 바꾸는 게 별로 어렵지 않았다. 그는 2년 만에 완전 채식주의자가 되었을 뿐 아니라, 퇴근 후 소파와 한 몸을 이루어 TV만 시청하던 과체중 중년에서 엄청난 지구력을 발휘하는 세계적 수준의 철인경기 운동선수로 변신했다. 그리고 그는 근무하던 로펌을 떠나 자신만의 부티크 로펌 사무실을 열었다.

채식은 기본적으로 제 인생의 모든 것을 바꾸었어요. 육체적인 면뿐 아니라 정신적으로, 그리고 감정적으로도! 가히 혁명적이었죠.

몸에 붙은 모든 살이 빠지고 피부는 깨끗해졌죠. 놀라운 변화였어요. 마음이 안정을 찾으니 잠도 더 잘 와서 숙면을 취할 수 있었어요. 길지 않은 시간에 그토록 큰 변화가 일어나는 제 모습을 지켜보면서 사람의 잠재력이 얼마나 큰지 깨닫게 되었어요.

그렇게 저는 혼자 힘으로 도전하고, 제 한계를 시험해 보기도 하면서 이런 생각을 떠올리기 시작했죠.

'짧은 시간에도 이렇게 변화하는데, 만약 계속 변한다면 나는 어떤 사람이 되는 걸까?'

가능성을 좀먹는 나쁜 생활방식에서 벗어난 것에 대해 그는 희열을 느꼈다. 하지만 여전히 자신을 앞으로 나아가도록 이끄는 원동력이 무엇인지 알 수 없었다. 철인경기 운동선수로서 생계를 유지할 수 있다면 그는 아마 그렇게 했을 것이다. 하지만 그에게는 부양해야 할 가족도 있고 대출금 이자도 꼬박꼬박 갚아야 했다. 철인경기 행사와 돈은 아무런 상관이 없었다.

2008년, 하와이에서 열린 3일간의 515km 울트라 철인경기에 참가했다. '울트라맨 세계선수권대회Ultraman World Championship'의 더블 철인 종목에서 상위에 오르고, 처음으로 경기를 완주하면서 미디어의 주목을 받게 되었다. 그가 채식인이라는 사실도 스포트라이트를 받는 데 한몫했다.

사람들은 완전 채식 식단으로 42세의 성인남성이 어떻게 그리 좋은 기록을 낼 수 있었는지 궁금해 했다. 전례가 없는 일이라고 했다.

리치는 이때 자신이 가족 이외의 사람들에게 관심을 끌 수 있는 일을 할 수 있다는 사실을 깨닫게 되었다.

당시 리치는 페이스북 계정을 가지고 있었고 비교적 일찍 트위터를 사용하기 시작했지만, 그저 '보통 사람처럼' 사용하고 있었을 뿐이었다.

사람들이 채식이나 식이요법에 관심이 많다는 사실을 깨달은 리치는 2009년 울트라맨 세계선수권대회에 참가하기 전 하와이 캠프에서 훈련하는 자신의 모습을 촬영해 달라고 친구에게 요청했다.

"우리는 작은 캠코더 하나를 사서 이 미친 경주를 위한 훈련 광경을 매일 촬영해 나갔어요. 이를테면 이런 식으로 말하며 촬영을 했죠. '여러분에게 훈련의 이면도 기꺼이 보여드리겠습니다. 이것은 제가 먹는 음식입니다.' 그러고는 방금 찍은 영상을 유튜브에 업로드했어요. 5~10분짜리 완전 아마추어 버전의 짧은 영상을 수천 명이 본다니, 정말 믿을 수 없는 일이었어요."

리치는 철인경기의 훈련 도중에『크러쉬 잇!』을 읽게 되었다!

저는 소셜미디어에 관심이 좀 많은 편이었고 세상을 바꾸는 소셜미디어의 힘을 믿고 있었어요. 소셜미디어 활동이 앞으로는 비즈니스와도 연결이 되지 않을까 하는 생각도 했어요.

『크러쉬 잇!』은 당시 소셜미디어에 대한 저의 막연한 생각들을 현실로 검증해 주었고, 매우 실용적이고 유용한 로드맵을 선사해 주었죠. 게리가 말하는 내용은 한 마디 한 마디가 마음에 새겨졌는데 그 중에서도 "우리는 장기적인 시각을 가져야 한다"는 말에 격하게 공감했어요.

저는 브랜드의 거래나 그 비슷한 일로 돈을 버는 일에는 관심이 없었고, 제가 하고 싶은 건 유익한 콘텐츠(엔터테인먼트, 정보)를 만들어 사람들과 공유하는 일이었어요. 경제적인 이득을 바라진 않았죠. 저를 찾아주는 이들에게 뭔가를 요구할 수 있을 정도가 되려면 몇 년은 걸릴 거라는 걸 알고 있었어요. 제 관심사는 그들과 소통하고 혹시 내게 힘이 있으면 그들을 돕는 일이었죠.

저는 경제적인 논리를 따르지는 않지만, 저를 찾는 이들이 무엇이라도 하나 유익하고 가치 있는 것을 얻어갈 수 있도록 노력했어요. 늘 하던 버릇대로 전문가의 관점으로 일하다가 실천자의 그것으로 바꾸었더니 나도 모르는 새 더욱 강력한 힘이 생겨났죠.

그의 목적의식은 더욱 강하고 유연해졌다.

저는 이 일을 가벼운 마음으로 즐기는 대신에 이런 생각을 해봤어요. '이 트윗이나 동영상, 또 페이스북의 목적은 무엇일까? 내가 제공하는 것들이 가치가 있을까? 그것이 스무디 제조법이든, 철인경기 훈련에 관한 정보든, 이혼 안 하는 법에 대한 조언이든, 과연 가치가 있는 걸까?

2010년에는 일주일 동안 하와이에서 열린 5가지 종목의 철인경기 트라이애슬론을 펼치는 에픽5 챌린지EPIC5 Challenge를 완주했다.

이때는 블로깅을 두 배로 늘렸는데, 사람들과의 소통량이 엄청나게 늘어나다 보니 관계가 소원해진 지인들에게 "무슨 일로 그리 바쁘냐?"는 원성을 듣기도 했다.

리치가 수입을 창출할 수 있었던 첫 번째 기회는 '소셜미디어 팔로워 숫자보다 중요한 것은 팔로워들과의 소통의 질'이라는 나의 지론을 100% 뒷받침하는 방식으로 찾아왔다. 그가 블로그를 한 지 약 4년쯤 되었을 때, CNN의 수석 의학 특파원 산제이 굽타가 그에게 전화를 건 것이다. 굽타는 리치의 블로그에 올라오는 글과 영상을 계속 보고 있었으며, 인터뷰를 하고 싶다며 리치의 집에 오겠다고 했다. 리치는 이때 자신이 무명으로 조용하게 살 날이 얼마 남지 않았다는 사실을 깨달았다고 했다.

"저는 생각했죠. '세상에! 수백만 명의 사람이 CNN에서 나를 보겠구나. 사람들이 궁금해 할 만한 유용한 뭔가를 블로그에 올려야겠어.' 그래서 저는 말 그대로 하얗게 밤을 지새우며 제 아내의 완전 채식 레시피가 담긴 온라인 요리책을 만들었죠."

18시간 만에 그는 포토샵 초보 기술로 자신이 찍은 사진과 아내의 레시피를 모아 9달러짜리 전자책을 완성해 블로그에 올렸다.

CNN의 인터뷰는 입소문을 탔고, 그가 블로그에 올린 글은 소셜 네트워크 홈페이지 부문에서 사흘 연속 1위를 차지했다. 리치가 밤새 편집한 그 자그마한 9달러짜리 전자책은 2년 동안 리치 가족의 담보대출 비용을 감당해 주었다.

리치는 그 이후 『극한을 찾아서 Finding Ultra』라는 첫 번째 책으로 15만 달러의 계약금을 받고 출간 계약을 맺었다.

저는 이 책이 제 새로운 삶을 이끌어 줄 지렛대가 되리란 걸 깨달았어요. 그래서 저는 최고의 책을 쓰기 위해 책상 앞을 떠나지 않고 집필에 매달렸고, 책의 홍보를 위해 두 배로 열심히 뛰었어요. 그렇게 하지 않으면 시중의 많은 책들처럼 나왔다가 바로 사라지는 비운의 주인공이 될 게 뻔했으니까요. 그리고 저는 더 이상 변호사 일도 그렇고 예전의 생활로 돌아가고 싶지 않았으니까요.

리치는 누구든 도움을 청하면 블로그에 답장을 쓰고, 요청이 들어오면 팟캐스트에 출연하는 것은 물론, 인터뷰를 수락하고, 청중이 4~5명

뿐일지라도 마다하지 않고 강연을 했다.

또한 그는 자신의 소셜미디어를 통해 커뮤니티를 형성했다. 자신의 책을 적극적으로 알리는 데 그보다 좋은 게 없었다.

2012년『극한을 찾아서』가 세상에 처음 나온 날은 리치가 법률 전문가의 삶을 끝내기로 결정한 날이었다. 가족의 생계를 감당할 수 있다고 확신한 그는 자신의 변호사 자격이 소멸되도록 그냥 내버려뒀다.

하지만 사는 일은 그렇게 호락호락하지 않았다. 책은 그닥 많이 팔리지 않았고 고정적인 수입 없이 책과 강연에서 얻는 수입만으로는 가족을 부양하기 어려웠다.

저는 코넬대에서 법학으로 학위를 받았고 스탠퍼드대에서 학사 학위를 받았기 때문에, 돈을 많이 버는 직업으로 다시 뒷걸음질 쳐야 하는가 하는 고민도 많았어요. 하지만 집이 은행에 넘어가는 시한을 48시간 남겨둔 상황에서도, 먹을 것이 뚝 떨어졌는데도, 차가 압류되는 상황에서도 끝까지 버텼어요. 그 과정에서 저는 실수도 많이 했고, 한심한 결정을 내리기도 했죠. 2013년은 제게 무척 힘든 해였어요. 저를 아는 사람들이 모두 저를 보고 미쳤다고 하던 어두운 나날들이 있었죠.

리치는 하와이에서 새로운 벤처용 미디어 플랫폼을 론칭하는 친구를 돕기 위해 가족과 함께 하와이로 이주했다. 평소 팟캐스트의 열혈 팬이던 리치는 〈더 리치 롤 팟캐스트〉를 론칭했다. 이 채널은 리치가 자신의 지식과 정보를 공유하고, 흥미로운 게스트와 함께 이슈 및 아이디어를 논의해 독자들이 찾아오게 하는 하나의 플랫폼이었다.

〈더 리치 롤 팟캐스트〉는 상당한 인기를 끌었고, 아이튠즈 팟캐스트 순위에서 꾸준히 분야 10위권을 유지했다. 하지만 광고 수익과 함께 어느 정도 수익성이 생기기까지는 2년 이상이 걸렸다. 그 전까지 리치가 자신과 자신의 일에 대한 믿음이 흔들려 괴로워할 때 그를 격려하고 도와준 이는 그의 아내였다.

"줄리는 제가 계속해서 가던 길을 가야 한다고 말해줬어요. 큰 그림을 놓치지 말라고 당부했죠. 의심과 불안 속에서 '이건 미친 짓이야. 도대체 내가 뭘 하고 있는 거지?'라고 자책할 때 아내는 변함없는 믿음으로 힘을 주었어요. 심지어 하와이의 천막에서 기거할 때도 아내는 미소를 잃지 않았죠."

리치의 가족이 로스앤젤레스로 돌아오자 모든 상황은 호전되기 시작했다. 은행은 그들의 담보 대출을 재개했고, 그의 블로그는 찾는 이들로 만원이었고, 다른 유명 팟캐스트에 게스트로 초대되기 시작했다. 골드만삭스 같은 기업을 비롯해 강연 요청이 줄을 이었다.

그는 두 번째 책의 계약을 맺었고 2015년 봄, 『플랜트파워 웨이The Plantpower Way』가 출간되었다. 이제 그는 '인플루언서 중의 인플루언서'로 불릴 정도로 대중적인 인기와 파급력이 대단하다.

리치의 이야기는 동화 같은 해피엔딩이지만, 실패와 고난 속에서 흔들려도 계속 앞으로 나아갔던 행동력이 없었다면 오늘의 그는 없었을 것이다. 리치는 오늘도 모든 영광을 자신을 끝까지 믿고 격려해준 아내 줄리와 가족에게 돌리고 있다.

줄리는 어떤 어려운 상황에서도 늘 일이 잘 풀릴 거라는 믿음을 갖고 있었어요. 줄리와 전 모든 걸 걸었어요. 그야말로 모든 것이었죠. 그리고 그것은 하나도 예외 없이 모두 가치 있는 과정이었어요. 쉽지는 않았죠. 지금까지도 열세 살 딸아이는 하와이에 가기를 싫어해요. 그곳에서 트라우마가 생겼거든요. 두 아들이 있는데 하나는 스물한 살, 하나는 스물두 살이에요. 그 아이들에게도 이 시기는 엄청 힘들었죠. 하지만 아이들은 그때 부모가 함께 고난을 헤쳐 나가는 모습을 지켜보았고, 저희 가족을 더 끈끈하게 묶어주는 걸 경험했어요. 무엇과도 바꿀 수 없는 소중한 경험인 거죠.

제가 강조하고 싶은 건 '변화의 힘'이에요. 그것은 곧 나 자신의 브랜드와 나의 이야기를 만들어 나가자는 거죠. 나의 잠재력 저장소를 활용해 숨겨진 역량을 발휘하자는 것이며, 경제적인 성과도 내자는 거예요. 제가 마흔네 살에 하와이 섬에서 채식만 하며 철인 5종 경기를 뛸 수 있었던 건 바로 잠재력 저장소가 보유한 내가 몰랐던 힘 때문이에요. 저는 제가 특별해서 이 일을 해냈다고 생각하지 않아요. 너무나 변화를 원했고 나의 부름에 삶이 응답해 온 거죠. 나는 많은 사람들이 이 숨겨진 보물을 찾아내어 자신을 변화시키고 삶을 더 풍요롭게 만들었으면 좋겠어요.

2017년 9월, 리치는 세계에서 가장 어려운 철인경기 이벤트 중 하나인 '오틸로 스윔런 월드챔피언십'을 완주했다.

스웨덴에서 '섬에서 섬'을 의미하는 오틸로 기간 동안, 경쟁자들은 스톡홀름 군도의 26개 섬을 가로질러 74km를 수영하고 이어 달리게 된다. 리치와 그의 팀 동료는 이 경기를 완주하는 데 거의 11시간이 걸렸고, 이는 우승 팀보다 3시간이 늦은 기록이었다. 〈뉴욕타임스〉와의 인터뷰에서 그는 이 경기가 자신이 치른 경기 중 가장 힘겨운 것이었다고 고백했다.

그는 또한 이 경험이 자신의 팔로워들과 공유하는 중요한 메시지를 입증했다고 덧붙였다.

"중요한 건 우리에게 끔찍하리만큼 괴로운 시간은 전체 여정이 아니라 단지 잠시라는 거예요. … 우리가 계속 앞으로 나아가는 한 상황은 변하게 마련이죠."

3장

*

무엇이
당신을
가로막는가

Crushing It!

시작하지 못하는
3가지 이유

의도, 진정성, 열정, 인내, 속도, 일, 소비자의
관심을 끌어내고 SNS 플랫폼을 완전히 익히는 능력, 그리고 콘텐츠라는
8가지 필수요소를 모두 갖추면 준비는 거의 끝난 것이나 마찬가지다.

나는 하루도 빠짐없이 자신이 목표로 한 '일'을 시작할 것이라고 맹세
하는 사람들을 만난다. 하지만 그들 대부분은 그렇게 하지 못하고 있다.
그래서 나는 내 콘텐츠의 댓글을 통해서든 또는 다른 경로의 소통을 통
해서든 그 사람들에게 자신의 콘텐츠가 '끝내주는 성과를 내지 못하는
이유'를 알려달라고 요청했다. 다음은 그렇게 모인 답변이다.

- 전 정규직이어서요.
- 전 돈이 없어서요.
- 전 아이가 있어서요.

- 전 시간이 없어서요.

- 회사에 엄격한 규칙이 너무 많아서요.

- 앱에 대한 아이디어는 있는데 코딩하는 법을 몰라서요.

- 부모님이 이해하지 못해서요.

- 가족이 말릴 테니까요.

- 제 인생상담 코치가 읽으라고 한 책을 다 읽지 못해서요.

- 아무도 제 콘텐츠를 보는 사람이 없어서요.

- 소수의 사람만 제 콘텐츠를 읽고 있어서요.

- 어떤 아이디어를 좇아야 할지 모르겠어요.

- 적당한 장비가 없어서요.

- 어디서부터 시작해야 할지 모르겠어요.

- 나이가 너무 많아서요.

- 전 예술가이지 사업가가 아니라서요.

- 소셜미디어로 돈을 버는 데 관심이 없어서요.

- 안 좋은 댓글들이 달릴까봐서요.

이 외에도 책에 모두 담을 수 없을 만큼 이유가 많았다. 하지만 이런 모든 이유들은 전부 헛소리다. 그리고 어떤 말들은 "지금 농담하시는 거죠?"로 분류해야 할 말들이다.

그리고 유심히 살펴보니 이러한 답을 한 100명 남짓의 사람들 중 단지 소수만이 평균 이상의 수입을 벌고 있었다. 나머지 상당수는 완전히 거덜 나거나, 겨우 먹고 살 만큼의 수준이었다. 또 많은 사람들이 사업을 하다가 실패한 경험이 있었다. 이들이 성과를 내지 못하는 데는 다 그만한 이유가 있었던 것이다.

n n n

악성 댓글에 대해 말하자면 세상에는 자신은 아무것도 안 하면서 못된 비판만 일삼는 사람들이 있다.

사진작가 자레드 폴린*은 성공한 사람일수록 악플을 받을 가능성이 높다고 말한다. 자레드 폴린은 그런 사람들을 '빌어먹을 회의론자'라고 표현했는데 그들이 무서워 입을 다물지는 말자. 여성들의 경우 소셜미디어 활동을 할 때 남성들보다는 힘든 경험이 많을 것이다. 여성이라는 이유만으로 겪게 되는 반갑지 않은 경험들! 세상에는 비겁하고 나쁜 사람들이 꽤 많다. 특히 여성혐오, 인종 차별주의, 그리고 편견이 가득 찬 사람의 악성댓글은 대응하기에도 너무 심각하다.

그들은 스스로 독을 뿜어내면서 지금도 시간낭비를 하고 있다. 그들을 불쌍히 여기자. 그리고 먼지 털 듯 털어버리자. 그들의 무지막지한 공격은 무시하고 나를 찾는 이들을 위한 경이롭고 알찬 콘텐츠를 만드는 일에 집중하자.

최고의 인플루언서들은 이런 상황에 어떻게 대응할까?

그들은 대부분 무시하거나 아니면 적극적으로 맞선다. 예를 들어 가수 테일러 스위프트는 그런 상황에 맞서기 위해 멋진 자작곡으로 응수

---

* 자세한 내용은 297쪽을 참고하자.

했다.

⁄⁄⁄

    사람들이 자신의 말을 지키지 못하고, 어떤 상황에 대해 자꾸 변명하는 이유는 '실패'와 '시간낭비' 그리고 '타인의 시선'이 두렵기 때문이다. 이러한 두려움에는 구체적인 개별 대응이 필요하다.

실패

많은 사람들이 실패에 대한 예감으로 두려움에 떤다. 그런데 정말로 두려워하는 건 나를 잘 아는 이들에게서 평가를 받는 것이다.

나는 그런 두려움이 무엇인지 잘 안다. 하지만 그렇다고 사람들이 나를 어떻게 생각하는지 신경 쓰며 살진 않는다. 나에 관한 모든 사람의 생각에 공평한 관심을 기울이려 하기 때문에 긍정적인 의견에는 그에 맞게 답을 하고, 부정적인 의견에는 그 생각을 돌이키기 위해 많은 시간을 할애할 때도 있다.

그리고 그 중 나를 가장 잘 아는 사람은 가족이고, 가족은 최고의 지지자들이다. 그런데 내 마음 같지 않아 서운함을 느끼게 하는 것도 역시 가족이다. 내가 투자한 사업 중 하나가 실패하거나 뭔가 예상대로 잘 풀리지 않는데 가족이 위로는커녕 실망하고 비판만 한다면 어떨까?

특히 난 어머니나 형제자매, 그리고 가까운 친구들을 실망시키거나 그들로부터 비판을 받게 될까봐 조심한다. 하지만 살다보면 그런 상황은 불가피하게 생기기 마련이다.

그래서 우리는 평소에 마음극복 훈련을 해야 한다. 정신과 의사도 만나고, 관련 서적을 읽는 것도 좋고, 요가와 명상도 괜찮다. 받은 상처는 최소화하고, 다른 사람의 시선에 너무 신경 쓰지 말아야 한다.

내 경험상 원활한 의사소통은 모든 문제의 해결책이다. 나는 곤경에 처한 모든 사람들에게 문제에 정면으로 맞서라고 늘 조언한다.

"사실 오래 전에 했어야 할 말인데요. 제가 이 말을 꺼내지 못한 이유는 했다가 무슨 말을 듣게 될지 몰라 두려웠기 때문이에요. 그런데 그거 아세요? 전 이제 사람들의 말에 큰 영향을 받지 않아요. 그러니 축복까지는 바라지 않지만, 실패할 때는 꼭 응원해 주셨으면 해요. 엄청난 응원이 아니더라도, 조그만 응원을…. 하지만 장기적으로 보면 전 성공할 것이고, 이 말은 곧 당신이 저의 성공을 바라며 뒤에서 응원하고 있다는 걸 세상도 알게 된다는 뜻이에요."

다른 사람들의 의견에 내가 더 이상 얽매이지 않고 자유로울 때 성공은 더 빠른 속도로 달려올 것이다. 실패를 두려워하는 사람들은 자기 목표를 일부러 낮게 설정하는데 이는 경쟁자가 기뻐할 일이다. 실패할까봐 안전하게만 가려고 하면 성공하기 어렵다. 자기파괴적인 행동을 일삼거나 자아가 완전히 소멸하지 않는 한, 회복할 수 없는 일은 거의 없다.

명확한 시야를 갖고 전략적으로 임하며, 더 열심히 일하고 더 많이 일하자. 그런 당신에게 누가 감히 실망을 표하겠는가!

로드리고 태스카
⟨Tasca Studio⟩
— IG : DRIGO_WHO —

로드리고 태스카Rodrigo Tasca의 삶은 근사하다고 말하기는 어렵다.

서른한 살의 이 남성은 집세를 절약하기 위해 플로리다의 부모님 집으로 돌아갔다. 또 자신의 동영상 사업에 여동생을 조수로 고용했으며, 그의 스튜디오는 부모님의 방이었다.

잘나가는 모델들의 사진만 찍고 잡지에 실을 비하인드컷 영상을 촬영하던 뉴욕에서의 삶과는 완전 딴판이었다. 하지만 로드리고는 자신의 상황이 최악이라곤 생각하지 않았다.

"플로리다로 돌아가는 건 위험을 무릅쓰는 일이었어요. 하지만 전 온실을 벗어나야 한다는 걸 깨달았죠. 전 맨땅에서 다시 일을 시작했어요. 아침에 눈을 뜨면 행복해요. 내가 하고 싶은 일을 계속하고 있으니까요."

로드리고는 지금 하고 있는 일이 너무 싫다고 말하는 친구들에게 이렇게 말한다.

"친구야, 네가 싫어하는 일은 안 해도 돼!"

서른이 넘어서 부모와 함께 살고 있다고 말하면 여성들에게 좋은 인상을 주기 어렵다는 것도 그는 잘 알고 있다.

"전 서른한 살이고, 하루라도 빨리 제 힘으로 정착하고 싶죠. 하지만 마음에 드는 여성을 만나면 이렇게 양해를 구하기도 해요. '전 지금 여기서 소중한 뭔가를 만들려 애쓰고 있고, 앞으로 더 나은 삶을 누리기 위해 앞으로 1년 반 동안은 더 고생을 해야 합니다!'라고."

로드리고는 학교를 졸업하고 가족과 함께 레스토랑 사업을 하다가 나중에는 다른 레스토랑에서 일하게 되었다. 그는 회사에서 개최한 휴일 파티 중 행운권 추첨에서 고프로GoPro 카메라를 받았는데, 그 후 고프로의 매력에 흠뻑 빠졌다.

얼마 후 로드리고는 회사를 그만두고 페루에 사는 친구를 만나러 갔다. 그의 친구는 부동산 중개인이었는데 어느 날 사진사가 나타나지 않자 로드리고에게 사진 촬영을 부탁했다. 로드리고는 친구에게 사진과 함께 동영상 촬영도 하는 게 어떻겠냐고 제안했다. 결국 페루에 머무르던 7개월 동안 로드리고는 고프로를 대동하고 부동산 촬영 및 임대 일을 하게 되었다.

미국으로 돌아왔을 때 로드리고는 이전 고용주의 새 레스토랑에서 잠시 일하기 위해 뉴욕으로 거처를 옮겼다. 거기서 그는 햄튼에 있는 한 가정의 요리사로 자리를 잡았고, 동시에 출장연회 회사에서 프리랜서로 일했다. 어느 날, 출장연회 회사가 요리를 제공한 '테크위크Techweek 2015' 행사에 갔다가 우연히 『크러쉬 잇!』을 발견했다.

그는 지하철로 출퇴근하는 길에 『크러쉬 잇!』을 읽었고, 이를 통해 자신의 촬영 일에 확신을 얻었다. 하지만 가고 싶었던 촬영전문학교는 형편상 입학이 어려워 현장에서 일을 하면서 배우는 수밖에 없었다.

그는 모델이던 룸메이트와 함께 화보 촬영을 시작했는데, 의류회사에 다니던 그의 친구 한 명이 촬영 일을 제안했다. 그리고 그들은 촬영한 사진과 영상을 인스타그램에 올렸고, 이 사진들이 큰 호응을 얻으면서 또 다른 이벤트 촬영에 초청을 받았으며 약간의 돈도 벌었다. 그리고 이는 그가 만든 10개 남짓 동영상 중 돈을 받은 유일한 케이스인데, 그는 특별한 경우가 아니면 대부분 무료로 촬영을 해줬다.

또 일이 없을 때는 무료 온라인 강좌 '유데미Udemy'에서 다양한 과정을 수강했고, 촬영을 원하는 사람이 있으면 누구에게든 무료 서비스를 제공했다.

전 행사를 계획 중인 사람을 찾아가 이렇게 말했어요. '촬영 예약은 하셨어요?' 그리고 그들이 아니라고 하면 무료로 촬영해 주겠다고 제안했죠. 촬영 전문가가 넘쳐나는 상황에서 제가 끼어들려면 별 수 없었죠. 아직 스킬이 부족한 저로서는 직접 나가서 배우고 현장 경험을 얻고 고객과 함께 일할 기회를 얻는 게 도움이 된다고 판단한 것이죠. 나중에 돈을 받고 촬영할 때는 무료 촬영을 해주며 터득한 모든 스킬이 빛을 발하지 않겠어요?

로드리고가 하는 일은 일주일에 2~3일 동안 약 40시간만 하면 되었기 때문에 나머지 시간은 자유롭게 촬영기술을 연마할 수 있었다. 약 3

개월 후, 그는 한 대형 출판물의 비하인드 동영상 촬영으로 200달러를 벌었다.

"인맥 구축이 시작이에요. 이것이 바로 저를 움직이게 한 원동력이었죠. 처음엔 여의치 않아 낙담할 수도 있지만, 로마도 하루아침에 세워진 건 아니잖아요."

하지만 뉴욕의 겨울이 싫었던 그는 플로리다의 촬영시장과 촬영서비스 유형을 조사하기 시작했고, 거기서 틈새시장을 발견했다. 플로리다에서는 그동안 자신이 제공했던 종류의 촬영서비스가 없었다. 그는 스스로 이 시장을 개척하는 사람이 되기로 결심했다.

이듬해 봄, 로드리고는 플로리다로 돌아왔다. 하지만 일이 쉽게 풀리지는 않았다.

뉴욕에서는 한 명의 고객을 위해 동영상 촬영과 편집, 제작 등 전 과정을 수행했어요. 그래서 플로리다로 가면 '뉴욕에서 온 아주 잘나가는 사진가'가 될 거라고 생각했죠. 하지만 곧 깨달았어요. 아무도 뉴욕에서 일한 저의 경력에 관심이 없다는 걸요. 저는 정신을 차리고 『크러쉬 잇!』에서 배운 대로 제 퍼스널 브랜드를 구축하기로 했죠. 그런데 "안녕하세요, 저는 '로드리고 태스카 프로덕션'의 로드리고 태스카입니다"라고 하면 사람들은 "누구요?"라고 되물었어요. 정말 앞이 캄캄했죠.

'태스카 프로덕션'을 '태스카 스튜디오'로 바꾸면서 사람들의 반응도 달라지고 사정이 좋아졌어요. 그뿐만이 아니었어요. 잡지의 비하인드 컷 촬영시장에 맞서는 소규모 비즈니스 동영상 시장이 있다는 걸 알게 되었어요. 그리고 페이스북을 아주 최근에 시작한 고객들도 꽤 많아요.

로드리고는 고객들이 온라인 시장을 배우도록 돕기 위해 고객들에게 페이스북과 인스타그램, 유튜브 마케팅의 기초를 가르쳤으며, 그들이 관심을 가지도록 독려했다. 그리고 그의 이러한 끈기와 헌신은 결실을 맺었다.

1년 전 이 일을 처음 시작하면서 잠재고객에게 전화를 걸어 무료 촬영을 제안하면 그들은 '관심이 없다'거나 '필요 없다'고 말했어요. 하지만 지금은 당일 촬영 건으로 고객에게 1,200달러를 청구할 정도이니 그때와는 정말 비교가 안 되는 상황이죠. 이제 캘리포니아에 촬영을 갈 거예요. 테네시에서 열린 음악축제 촬영을 막 마치고 돌아왔는데 말이죠. 지난 1년 동안 정말 눈코 뜰 새 없이 바쁜 나날을 보냈어요.

이제 부모님은 저와 여동생이 함께하는 이 일에 엄청난 지지를 보낸답니다(동생은 다니던 직장을 그만두고, 제 회사에서 직원으로 일합니다).

부모님은 지금도 이렇게 말씀하세요.

"우리가 도울 수 있는 건 뭐든 좋으니 말해다오. 너희들이 이 일로 성공했으면 좋겠다."

가족과 친구들의 도움이 없었다면 오늘의 저는 없었을 거예요.

시간낭비

시간낭비에 대한 두려움 때문에 사업이 어느 정도 궤도에 오른 기업가들마저 중요한 기회를 놓치고 있다는 것은 주지의 사실이다. 유튜브와 페이스북에 온 힘을 쏟느라 인스타그램에서 구축한 입지를 잃어버리는 사람들이 많다. 또 트위터에서 재미를 봤던 사람들은 지금 스스로에 대해 어리석은 느낌이 들지도 모른다. 이처럼 모든 플랫폼이 다 나와 맞는 것도, 다 성과를 내는 것도 아니지만 모든 플랫폼은 저마다 투자가치가 있다. 모든 플랫폼을 직접 경험하지 않고는 알 수 없는 일이다.

나 역시 인스타그램을 통해 성과를 내는 동안 내가 깜박 잊고 있었던 소셜캠*이 있었다. 물론 소셜캠은 무참하게 실패했지만 나는 소셜캠에

---

* 소셜캠 : 동영상 공유 서비스로, 직접 찍은 영상을 공유하는 서비스

서 배운 모든 것을 통해 내가 어디를 가든 더 나은 기업가가 될 수 있었다고 자부한다.

〃 〃 〃

　사람들은 비즈니스를 시작하면서 혹시라도 시간을 낭비할까 두려워한다. 심지어는 가치 없는 시간을 보내게 될까봐 두려워하기도 한다.

　만약 우리가 사랑하는 이들과 함께 보낼 수 있는 시간을 낭비하거나, 뭔가를 성취할 수 있었을 시간을 낭비하거나, 빌어먹을 5만 달러쯤 벌 수 있는 기회를 발로 차버린 것이라면 왜 아까워하는지 충분히 이해할 것이다.

　하지만 우리가 휴식시간을 포기하지 않으면서, 그러니까 '왕좌의 게임'이나 동영상 게임을 결코 포기하지 않고 낭비라고 여기지도 않으면서 비즈니스 구축에 들이는 시간을 낭비라고 말할 수 있겠는가! 우리는 말 그대로 비어 있는 시간, 즉 활용할 수 있는 귀한 시간을 온통 삶에서 즐기는 데 소모하며 날리고 있다. 그런데도 우리가 시간을 낭비할까봐 걱정한다고? 그것이야말로 터무니없는 소리다.

　우리의 삶이 100% 완전히 행복하다고 말하기 어렵다면, 우리를 행복으로 이끌어 주는 뭔가를 시도하는 일은 결코 시간낭비가 아니다.

Crushing it

숀 오셰이
〈The Good Dog〉
— IG : @THEGOODDOGTRAINING —

우리가 젊었을 때에는, 가령 우리의 꿈이 전문 음악인이 되는 것이라면 바텐더나 식당 서빙 같이 단순하고 유연성 높은 일을 하면서도 꿈을 이루기 위해 열심히 살아갈 수 있다. 이 정도는 뭐 흔히 있는 일이다. 스물다섯 살, 심지어 서른 살에도 이런 삶은 괜찮다. 하지만 마흔에 이런 삶을 사는 건 괜찮지 않다.

11년 동안 숀 오셰이는 비벌리힐스에 사는 유명인사의 개인행사 전담 매니저 일을 하면서 나머지 시간에는 식당에서 발레파킹(대리주차) 일을 했다. 사실 세 살 때부터 드러머였던 그는 알리샤 키스, 시로 그린, 제니퍼 허드슨, 고스트페이스 킬라와 같은 아티스트들과 함께한 음반에 드러머로 참여한 바 있다. 하지만 그의 생계수단은 음악이 아닌 발레파킹이었다. 그의 장래는 밝아 보이지 않았으며, 그가 처한 상황도 좋지 않았다.

그러던 어느 날, 정신을 쏙 빼놓을 정도로 장난꾸러기인 강아지와 함께 인생의 전환점이 찾아왔다. 차우 믹스 종인 주니어와 핏로데시안 종인 오클리는 두 마리 다 깨물어주고 싶을 정도로 귀여웠다. 생후 6개월 된 두 마리의 개는 사람들이 강아지에게 바라는 모든 조건을 다 갖추고 있었다. 하지만 당시 숀은 강아지를 키운다는 게 어떤 건지에 대해 상황 파악을 제대로 못한 상황에서 강아지를 키우게 되다 보니 정신이 없었다. 처음에 강아지들은 좀 까칠하고 버릇없는 정도였다. 하지만 두 살 반이 되자 위험할 정도로 다른 개들에게 공격적인 성향을 보였다.

"우리는 이웃들에게 위협적인 존재였어요. 일단 녀석들 몸집이 큰 데다, 공원에서 다른 개를 보면 그야말로 미친 듯이 달려나가서 제가 끌려가기 일쑤였거든요. 그럴 때면 전 공원에서 수상스키를 타는 사람 같았죠. 물론 수상스키가 아닌 제 엉덩이로 공원을 가로질렀지만요. 어느 날 저는 제 개가 다른 사람의 개를 따라가 위협했다는 이유로 법정에까지 서게 되었어요."

숀은 개들을 탓하지 않았다. 그는 그것이 자신의 무지 때문이라는 것을 알았다. 아울러 계속 동물들을 돌보려면 개선할 방법을 찾아야 한다는 것도 알았다.

그는 개 심리치료사 시저 밀란이 진행하는 〈도그 위스퍼러 Dog Whihsperer〉를 보면서 개 훈련 기술을 연구하기 시작했다.

"솔직히 전 엉망진창이었어요. 그만큼 치열하게 공부했죠. 기존의 책들이 아닌 개인적인 노력으로 신념도 바꾸고, 가치관도 바꾸고, 인품도 길러 나갔죠. 사실 아이 때든 청소년 때든 저는 이런 교육을 받아본 적이 없거든요."

몇 년이 걸렸지만, 그의 '균형 잡힌 훈련' 기술과 방법은 개들을 변화시키고 잘 길들여주는 모범사례로 자리매김했으며 이웃들에게도 안도감을 선사했다. 그는 2006년경 '이웃 개 산책사업'을 시작할 수 있을 정도로 눈에 띄는 변화를 이끌어 냈다. 사람들은 그에게 자기 개를 훈련시켜줄 수 있는지 물었고, 그는 열네 마리를 한꺼번에 산책시킬 수 있을 정도로 역량을 갖추었다. 그렇게 발레파킹과 뮤지션으로 약 2만 달러를 벌던 그가, 개를 훈련시키고 산책을 해주던 첫 해에만 무려 65,000달러를 벌어들였다. 이 숫자는 다음 해엔 두 배가 되었다.

그런데 숀은 개와 소통할 수 있는 자신의 능력을 발견했지만, 그는 타고난 사업가가 아니었다.

"저는 사업에 관해 문외한이었어요. 브랜드나 마케팅 같은 기본단어조차 아무것도 몰랐죠."

숀은 기본적인 것을 알기 위해 집요하게 책들을 읽어나갔고, 그 과정에서 『크러쉬 잇!』을 만나게 되었다. 그는 『크러쉬 잇!』에서 말한 모든 것을 그대로 따랐다.

"저는 책을 읽고 엄청나게 몰두했어요. 그리고 수많은 동영상과 엄청난 양의 페이스북 게시물을 만들기 시작했죠. 당시 저 자신과 나누던 질문과 답이 떠오르네요. '내가 소비자라면 나를 다시 페이스북 페이지나 유튜브 채널로 이끌 요소는 무엇일까?' 이 질문에 대해 제가 생각할 수 있는 유일한 답은 '삶의 개선에 도움이 되든가 가치가 있든가'였어요. 그리고 이건 제가 일을 추진하는 데 있어 중요한 기준이 되었죠."

숀은 카메라에 익숙하지 않았지만, 캠코더로 동영상도 찍기 시작했다. 그렇게 DIY 동영상을 비롯해 수많은 교육 동영상과 '비포 앤 애프터' 동영상도 찍었다. 또 그가 하는 일을 보여주는 동영상과 고객들이 스스로 할 수 있는 방법을 알려주는 동영상을 찍었다.

숀은 치열한 노력을 기울이고 남들보다 일찍 플랫폼에 발을 들인 덕분에 다른 경쟁자들과 차별화될 수 있었고, 가장 돋보이는 프로필을 보유할 수 있었다.

그 당시 트레이너들은 소셜미디어에서든 어디에서든 "전 재능을 타고 났습니다"라고 하면서 호언장담을 잘했죠. 하지만 전 오히려 이렇게 말했어요.

"알고보니 제가 모든 일을 망쳤더군요. 저나 걔들이나 다 만신창이였어요. 제가 그 상황을 어떻게 극복했는지 과정을 보여드릴게요."

전 정말 제 모습을 있는 그대로 보여주었고 제가 습득한 정보와 기술, 그리고 문제를 극복하는 비결 등 나만의 노하우를 사람들과 공유하려고 최선을 다했어요. 개인적으로 개발한 도구들과 추천 서적도 포함되었죠.

저는 치열하게 일했어요. 공부도 마찬가지였죠. 일과 공부밖에 몰랐어요. 당시 전 뭔가 특별한 일을 하고 싶었는데 마침내 피난처를 찾은 느낌이었어요. 저의 가장 큰 목표는 사람들에게 좋은 영향력을 미칠 수 있는 일을 하는 거였어요. 위선적인 말처럼 들릴 수도 있지만, 제 진심이었죠. 전 오랫동안 그런 일을 찾아 몸부림쳐 왔고, 때마침 기회를 발견했고, 그 목표만을 향해 제 전부를 걸었어요. 당시 전 모든 의문에 대한 해답을 스스로 찾고, 그에 따른 기술을 개발하고 연마하기로 마음먹었기 때문에 앞으로 나아갈 수 있었어요. 물론 보완해야 할 것도 산더미였죠. 목표에 비해 제 실력은 턱없이 부족했으니까요.

숀의 팬은 빠르게 늘어났다. 숀이 발레파킹 일을 그만둔 건 고객들이 차고 넘칠 정도로 많아진 후였다.

"전 발레파킹 일을 11년간 했어요. 사람들이 그 일 그만두고 뭐 할 거냐고 물으면 따로 계획이 있다고 말했어요."

그로부터 몇 년 후에 숀은 국제적 프로필을 갖추게 되었다(스코틀랜드 의회 앞에서 균형 잡힌 훈련과 동물훈련 관련 규제에 관한 연설을 한 후 스코틀랜드 측으로부터 인터뷰 요청을 받았다). 그리하여 2012년에 숀은 뉴올리언즈에 두 번째 사업장을 열었다. 그는 할리우드에서 유명인사들과 함께 일했던 파트너 로라를 기용하고, 더 많은 강사를 갖춰 서비스 수요 증가에 발빠르게 대응했다.

이제 49세인 숀은 아주 위험한 동물이 들어올 때를 제외하고는 직접 동물들을 훈련시키지 않는다. 다만 많이 위험한 동물의 경우 함께 일하는 팀에 위협이 되지 않을 때까지 그가 맡아서 훈련시킨다. 고객들은 이제 전국 방방곡곡에서 비행기를 타고 와서 숀에게 자신의 개를 맡긴다. 또 전 세계의 트레이너들도 숀에게 와서 함께 공부하며, 트레이닝 기술과 소셜미디어를 비즈니스에 활용하는 방법을 배운다. 숀은 콘텐츠를 제작하고 지역사회와 소통하는 일에 보통 하루 6시간을 쓴다. 그러면서 그는 집필도 하고, 온라인 교육 동영상도 만들고, Q&A 팟캐스트도 운영한다.

"전문가들의 도움을 꼭 받고 싶은데 우리에게 연락을 취할 수도 없고, 다른 트레이너들의 도움도 받을 수 없는 사람들이 많아요. 그래서 우리는 되도록 많은 사람들에게 권한을 부여하려고 노력하고 있죠. 우리는 다른 나라 사람들에게서도 질문을 받고, 그들은 우리의 무료 동영상을 이용해 자신들의 말썽꾸러기 개가 훈련을 받고 완전히 달라진 사진을 보내오죠. 이건 정말로 굉장한 일이에요."

손은 소셜미디어와 자신의 퍼스널 브랜드를 통해 비즈니스를 구축해 2016년에는 수입이 무려 600만 달러를 넘어섰다.

약간의 쉬는 시간이 있긴 해요. 인스타그램과 페이스북, 유튜브 활동을 하며 비즈니스 이슈들에 대응하고 교육하고 운영하느라 시간이 많지는 않지만, 지금은 그래도 괜찮아요. 저는 즐길 준비가 돼 있어요. 이 일을 시작했던 마흔 살 이후로 저에겐 그냥 흘려보내도 무방한 시간 같은 건 없었어요. 그렇다고 뭐 강박관념이 있는 것도 아니고요. 저는 뭘 하든 전전긍긍하지도 않아요.

우리에겐 시간이 많지 않아요. 이제는 우리 모두 열정을 다해 주어진 시간에 무엇을 이룰 수 있을지 생각해 봤으면 좋겠어요.

타인의
시선

『크러쉬 잇!』이 출간되었을 때 '나르시시즘의 칭송자'라고 나를 칭한 비평가들 때문에 나는 적잖이 괴로웠다.

하지만 이제 그런 말을 입에 올리는 사람들은 없다. '인터넷과 SNS를 통해 강력한 퍼스널 브랜드를 구축하고 열정을 다하면 비즈니스를 성공으로 이끌 수 있다'는 책 속의 내 말이 대부분 맞는 말로 판명 났기 때문이다.

내가 하는 일이 남들 눈에 허무맹랑해 보일까봐 지레 겁먹지 말자. 그 일을 마음으로 받아들이자. '끝내주는 성과'를 낸 사람들은 하나같이 그렇게 했다.

현명한 사람은 남들의 시선이나 생각에 신경 쓸 겨를이 없다. 나에게 집중하기에도 시간과 에너지가 모자라기 때문이다.

블로그에 올릴 사진이나 동영상을 찍느라 카메라로 자신의 얼굴을 촬

영하며 걸어다니면 이상한 시선으로 바라보는 사람들이 많았지만 이제
는 모두 자기 길 가느라 바쁘다. 이제껏 없던 새로운 것을 시도하는 사
람은 타인의 눈에 다소 이상하게 보일 수 있다. 하지만 그것도 감수해야
할 부분이다.

　기억하는가? 리얼리티 프로그램은 한때 사람들에게 조롱거리였다. 그
러나 지금은 지상파방송뿐만 아니라 케이블방송 및 TV광고에 이르기까
지 리얼리티 방송 스타가 안 보이는 분야가 없다.

Crushing it

미미 굿윈
〈Mimi G Style〉
— IG : @MIMIGSTYLE —

고난만 있는 인생은 없다. 그런데 어떤 이에게는 인생이라는 학교가 그렇게 느껴질 때가 있다.

미미 굿윈Mimi Goodwin은 이 사실을 너무 잘 알고 있었다. 부모의 이혼으로 엄마는 두 개의 일터를 바쁘게 오가며 겨우 먹고 살 만큼 벌었다.

미미는 매년 한 번씩 푸에르토리코에서 휴식을 취하며 친아버지와 시간을 보냈다. 그때 그녀는 재봉사인 숙모가 야회복과 웨딩드레스를 만들 때 옆에 앉아 바비인형의 옷을 만드는 걸 좋아했다. 미미는 친아버지가 사준 재봉틀을 들고 시카고로 돌아왔고, 엄마는 미미에게 옷감을 사다 주었다.

열세 살 무렵, 미미는 엄마가 재혼할 때 입을 드레스를 직접 만들겠다고 제안했다. 하지만 결과는 끔찍했다. 드레스의 단 끝이 너덜너덜 떨어져 나간 데다, 뭐가 잘못됐는지 옷도 잘 맞지 않았다. 그래도 미미의 엄마는 딸이 선물한 드레스를 자랑스럽게 입었다. 미미는 감격했고, 디자이너가 되겠다는 희망의 씨앗을 키우기 시작했다.

하지만 계부의 학대와 엄마와의 불화로 그 생활은 오래 가지 못했고, 미미는 도망치듯 집을 나와야 했다. 재봉틀을 남겨두고…. 그녀는 엄마에게서 훔친 돈으로 캘리포니아 행 기차표를 샀다. 친한 친구가 한 달 전 가족과 함께 그곳으로 이사를 갔기 때문이다.

"저는 캘리포니아가 전부 할리우드로 이루어진 줄 알았어요."

안내원의 방송은 뭐라고 하는지 알아듣기 어려웠다.

"승무원이 '어쩌고, 어쩌고, 캘리포니아'라고 말하던 게 기억나요. 그래서 전 서둘러 기차에서 내렸어요."

미미가 내린 곳은 포모나라는 도시였다. 미미는 중얼거렸다.

"이게 뭐야! 영화에서 본 할리우드와는 완전 딴판이잖아!"

8~9개월 동안 미미는 포모나 시의 공원에서 노숙을 했다. 날이 저물면 벤치에서 자거나, 돈이나 음식을 구걸하기도 했다. 그리고 우연히 한 남자와 사귀게 되어 그의 집으로 들어갔지만 미미는 그에게 폭행을 당했고, 열여섯 번째 생일이 되기 바로 전 임신 사실을 알게 되었다. 미미의 엄마는 소식을 듣고 딸을 찾아왔다.

"엄마가 제게 사과했고, 저도 엄마에게 사과했어요. 저는 부모가 된 후 엄마에 대해 더 잘 이해하게 된 것 같아요. 제가 엄마와 아주 비슷한 상황에 처했다는 걸 깨달았죠."

미미는 딸을 낳았고 어린 딸 채스터디에게 하루라도 빨리 안락한 가정을 선물하고 싶어 결국 남자친구의 집에서 나왔다. 하지만 수돗물도 안 나오는 버려진 아파트에서 불법으로 거주하는 신세가 되었다. 그녀의 엄마는 미미가 안정될 때까지 자신이 아기를 데려가 돌보겠다고 미미를 설득했다. 미미는 엄마의 말에 동의했다.

미미는 얼마 후 자신을 이해해 주는 남자를 만나 재혼을 했고, 곧 집을 얻어 딸을 데려올 수 있었다. 하지만 다시금 학대받는 관계로 내몰렸다. 1998년에 둘째 딸 렉시를 낳은 미미는 어떻게든 가정을 지키려고 노력했다. 하지만 불과 몇 달 지나지 않아 친구들에게 신세를 져야 하는 상황이 되었다. 다행히 일자리를 구해 방 한 개짜리 아파트로 이사했다. 간신히 먹고는 살았지만, 겨우 입에 풀칠이나 할 정도였다.

감자든 라면이든, 끼니로 때울 수 있는 건 뭐든 닥치는 대로 먹던 나날이었어요. 직장에서 돌아오면 침대에 몸을 던지고 울었죠. 이 삶이 뭐든 물에 빠져 허우적대며 죽어가는 느낌이었어요. 어린 자매는 "엄마! 엄마! 엄마!" 하며 울어댔죠. 그러면 전 마음을 가다듬고 아이들과 함께 먹을 저녁을 준비했어요. 엄마라면 어쨌든 그렇게 해야 하니까요.

조금씩 상황이 나아졌다. 미미는 3D디지털미디어회사에서 일하는 스티브라는 남자의 비서로 일하게 되었다. 스티브는 자신의 사업과 관련해 미미를 교육하고 그녀의 멘토가 되어주었다.

그 후 미미는 새로운 남자를 만나 결혼해 두 명의 자녀를 두었고, 옛날에 취미로 하던 재봉도 다시 시작했다. 그녀의 남편은 차고를 그녀만의 작업실로 꾸며주었다.

미미는 가끔 자신이 직접 만든 옷을 입고 출근했는데 그때마다 좋은 반응을 얻었다. 그녀의 상사인 스티브는 사무실을 가로질러 다가오며 "직접 만든 옷이래!"라고 큰 목소리로 찬사를 보내곤 했다. 스티브는 종종 미미와 함께 그녀의 야망과 목표에 관해 이야기를 나누었다.

어느 날 대화 중 무엇이 되고 싶은지 스티브가 묻자 미미는 패션 디자이너가 되고 싶다고 대답했다.

"그 일을 하려면 자금이 얼마나 필요하죠?"

스티브가 물었다. 미미는 자신의 꿈을 이루기 위해서는 어떤 과정이 필요한지 이야기를 나누다가 집으로 돌아왔다.

다음 날 미미의 책상 위에는 3만 달러의 수표가 놓여 있었다.

미미는 컬렉션 작업을 시작하고 로스엔젤레스의 패션비즈니스연구소에서 런웨이 쇼를 가졌다. 하지만 곧 자신이 디자인은 사랑하지만 그 외의 것들은 싫어한다는 사실을 깨달았다. 스티브는 그 말을 듣고도 화내지 않았다. 오히려 다른 방법을 찾으면 된다고 미미를 안심시켰다.

2012년에 미미는 많은 사람들이 블로그를 통해 집에서 직접 만든 판매용 견본과 의상들을 소개하고 있다는 사실을 알게 되었다. 미미는 자신감을 가지고 의류 블로그인 '미미 지 스타일Mimi G Style'을 시작했다. 당시에는 퀼트나 앞치마를 만들기 위한 온라인 지침서는 찾아볼 수 있어도, 어떤 잡지에도 옷을 만드는 법은 나와 있지 않았다.

"저는 런웨이에서 마음에 드는 옷, 그러니까 당연히 제가 처음부터 디자인할 수 없는 옷을 선택해 그 옷을 변형, 새로운 옷을 만들곤 했어요."

어느 날 미미는 패션 디자이너 오스카 데 라 렌다Oscar de la Renta의 옷을 하나 보고 영감을 받아 스커트를 만들었다. 그녀가 그 스커트를 사진으로 찍어 블로그에 올리자 사람들의 반응은 대단했다. 한 벌 만들어 달라는 간청이 쇄도한 것이다. 미미는 옷을 만들어 파는 일에는 관심이 없던 터라 블로그에 그 스커트 만드는 방법을 자세히 게시했다. 그래도 사람들의 스커트 제작 요청은 끊이지 않았다. 딸들에게 근사한 크리스마스 선물을 주고 싶었던 그녀는 문득 아이디어 하나를 떠올렸다.

'스커트 몇 개만 주문을 받아볼까?'

미미는 24시간 동안만 주문을 받겠다고 블로그에 공지했다. 많은 주문을 원치 않았기에 스커트 가격을 198달러로 높게 책정하고 제작기간은 4주라고 알리고 잠자리에 들었다.

다음 날 아침 미미에게는 수천 달러 상당의 주문이 들어와 있었다. 미미는 흥분했다. 딸들은 본을 따라 옷감을 자르고, 남편은 완성된 스커트를 다림질하는 등 도움을 아끼지 않았다. 그녀는 쉴 새 없이 재봉질과 바느질을 해서 스커트를 만들었다. 얼마나 힘들었는지 이런 방식의 판매는 앞으로 다시는 하지 않겠다고 결심했다.

'원하는 사람은 각자 스스로 옷을 만들 수 있도록 내가 가르쳐주면 어떨까?'

그녀는 당장 학습 동영상을 촬영했다. 즉, 맨 첫 단계인 치수를 재는 일에서부터 옷 만드는 방법을 단계별로 보여주었다. 그녀는 한 달에 하나씩 유료 학습 동영상을 만들었고, 수입은 빠르게 증가해 2년 만에 직장을 그만두고, 패션 디자이너라는 자신의 새로운 일에 집중할 수 있었다.

세계 각지의 수많은 여성에게서 이메일이 왔다.

"미미 씨 블로그를 보고 새로운 취미를 갖게 되었어요."

"미미 씨는 제가 더 멋진 옷을 만들도록 영감을 주었어요."

"저는 방금 직장을 잃었어요."

"저는 이혼 직전 단계예요."

"저는 죽을까 생각 중이에요."

"저는 재활시설에 있어요."

가끔은 이런 이메일도 들어왔다.

"어떤 이유에선지는 몰라도 전 미미 씨의 블로그를 보고 인생의 어려움을 헤쳐 나갈 수 있게 되었어요."

미미는 이렇게 말했다.

"그 순간 저는 제 블로그가 패션과 바느질 정보뿐 아니라 소통을 통해 소중한 동기를 부여하기도 한다는 사실을 깨달았어요."

2015년 무렵, 책을 많이 읽던 친구 한 명이 미미에게 『크러쉬 잇!』을 선물했다. 미미는 책을 읽고 앞으로 자신이 해야 할 일이 아주 많음을 깨달았다.

당시 미미의 블로그는 꽤 유명했으며 옷 제작과정 동영상으로 벌어들이는 수입도 만만치 않았다. 그녀는 소셜미디어의 역할에 대해 이미 잘 알고 있는 상태였다.

"아시다시피 저는 취미를 직업으로 바꿨어요. 열정이 있기에 가능한 일이었죠. 게다가 정말 열심히 일하고 있어요. 그런데 이젠 더 많은 일을 해야 해요. 소통도 더 많이 하고, 고객 서비스에도 힘써야 하죠. 앞으로는 이런 문제들을 하나하나 자문해 보고, 팔로워들과 팬들의 참여를 자연스럽게 구축해야죠. 커뮤니티가 형성된 거예요, 이미!"

어느 날 미미가 옷감을 사러 가겠다고 글을 올리자 한 팔로워가 탬파에서 비행기를 타고 와 함께 옷감을 사러 가겠다고 댓글을 남겼다.

"문득 미친 짓이란 생각이 들었죠. 하지만 결국 저는 옷감 사러 가는 날을 30일이나 미루고, 그 내용을 블로그에 올렸어요. 그런데 사람들이 정말로 모여들었죠! 그리고 마지막 날, 사람들이 묻더군요. '내년엔 뭘 할까요?'라고."

그 다음 해 미미는 호텔을 예약해 수업을 했는데 현장에는 약 80명의 인원이 모였다. 2017년에는 '미미 지 스타일 패션 제작 및 스타일 콘퍼런스Mimi G Style Fashion Sewing & Style Conference'의 6주년을 축하하는 행사가 열리기도 했다.

의류 커뮤니티에서 전 모든 경계를 넘을 수 있었어요. 제 얼굴이 모든 의류 잡지에 도배가 돼 있더군요. 운이 아주 좋았죠. 그런데 그 잡지를 들여다보니 아프리카계 미국인이나 라틴계 남성이 중심이고, 저와 같은 라틴계 여성의 비주류 입장을 대변하는 사람이 없더라구요. 그래서 전 제 모습이 이 잡지에 더 많이 노출되면 좋겠다는 생각이 들었어요. 그러고는 생각했죠. '그래, 직접 해보는 거야!' 저는 저를 돕는 사람들과 함께 남녀 모두에 초점을 맞추고, 사회 각계각층의 옷 만드는 사람들에 관한 내용을 다루는 온라인 다문화 의류잡지, 〈소우 소우 데프Sew Sew Def〉를 론칭했어요.

잡지가 나오자마자 엄청 많은 리뷰가 쏟아져 나왔어요. 많은 사람들이 이 잡지를 읽고 리뷰를 쓰고 공유했어요. 이런 잡지는 처음이니까요.

그리고 저는 더 많이 도울수록, 더 많이 얻을 거라고 생각해요. 제 경우는 정말 행운이었죠. 이 많은 브랜드와 함께 일하게 되었으니까요. 더구나 저와 뜻을 같이하는 제작자들과 말이죠. 전 그런 제작자가 많다는 걸 알아요. 왜냐하면 그들은 저를 따라오고, 저는 그들을 따라가며 서로가 지켜보고 있기 때문이죠.

제가 그들을 대중에게 알리고, 더 많은 브랜드와 일하며 의류 커뮤니티의 일부가 아닌 전체의 뜻을 잘 대변할 수 있다면 제 소임은 다하는 거예요.

미미의 페이스북과 인스타그램, 그리고 블로그에는 지금도 수천 명의 사람들이 댓글을 남기며 미미를 응원하고 있다.

당신의 직관을
믿어라

오늘날 인플루언서가 되려고 할 때 흥미로운
점은 아직도 대부분의 사람들이 시작 단계에 머물러 있다는 것이다. 인플
루언서들이 많기는 하지만 아직은 여유가 많다. 할 수 있을 때 도전하자!

〃〃〃

아이디어를 수집하고 전략을 가동할 때에는 의기충천이 중요하다. 원
하는 만큼 용감해질 때까지 단전에 힘을 넣고 자신감을 끌어올리자. 그
런 다음 우리의 용기와 자신감을 사람들에게 보여주자.

이 책을 위해 인터뷰한 사람 중 몇 명은 내게 『크러쉬 잇!』을 읽고 엄청
난 영감을 받았지만, 실제로 이 책이 자신의 퍼스널 브랜드의 성장이나
운영방법에 큰 영향을 미치지는 않았다고 말했다. 품질과 가치, 고객 경
험을 챙기는 부분에서 이미 그들은 자신만의 방식을 갖추고 있었기 때문

이다.

우리는 너무 빨리 변하고, 무심하며 냉소적인 세상에 살고 있다 보니 자신을 도와주겠다는 열정적인 사람을 만나면 어리둥절해진다. 하지만 곧이어 즐거움이 샘솟으면서 우리는 열정적인 그들에게 빠져들게 된다. 사실 『크러쉬 잇!』은 뛰어난 기업가들이 마음속 깊이 느껴오던 사실을 확인해 주었고, 그들의 직관이 옳았다는 만족감을 안겨주었다.

우리는 모두 자신의 꿈을 달성할 수 있는 힘을 가지고 있다. 우리가 성공한 기업가 및 인플루언서가 되지 못할 이유는 없다. 당신도 성공한 기업가 및 인플루언서가 될 수 있다. 마음만 먹으면!

팻 플린
〈Smart Passive Income〉
— IG : @PATFLYNN —

팻 플린Pat Flynn은 전 과목 A학점을 받던 고등학생 때부터 건축가가 될 계획이었다. UC버클리에서 우등생으로 졸업한 그는 샌프란시스코 연안의 유명 건축회사에 자리를 잡았고, 최연소 팀장 중 한 명이 되었다. 그렇게 앞날은 창창하고 연봉도 오르던 어느 날, 팻은 여자친구에게 청혼했고 그녀는 승낙했다. 때는 바야흐로 2008년 3월이었다.

하지만 3개월 후 팻은 그 해에 들이닥친 글로벌 금융위기로 인해 2,500만 명의 사람들과 함께 일자리를 잃었다. 이 일은 그에게 큰 충격을 주었다. 사실 이 일이 있기 전까지만 해도 팻은 친환경건축 전문 자격증 '리드LEED' 인증을 받기 위해 쉬지 않고 달렸다. 리드 AP시험은 고난도여서 합격률이 30% 정도에 불과했다. 하지만 팻의 상사는 리드 자격증이 그의 커리어에 도움이 되고, 인사고과에도 필요하다고 그를 독려했다. 팻은 그렇게 2007년과 2008년에 걸쳐 리드 시험 준비에 매진했다. 이때 팻은 어려운 공부를 체계적으로 하고, 어디서든 쉽게 공부할 수 있도록 웹사이트를 만들었다. 2008년 3월, 팻은 시험에 응시해 높은 점수로 합격했다. 그가 팀장으로 승진하던 때였다.

하지만 금융위기로 직장을 잃자 팻과 그의 약혼자는 일단 각자 부모의 집으로 돌아갔다. 아울러 주변의 아는 사람 모두에게 빠짐없이 전화를 해 일자리를 찾았다. 하지만 아무 성과가 없었다.

팻은 어느 날 팟캐스트 목록을 뒤적이다가 우연히 제레미 프랜슨과 제이슨 밴 오든의 '인터넷 비즈니스 마스터리 쇼'를 듣게 되었다. 그날 쇼에서는 프로젝트 매니지먼트 시험을 통과하도록 도우면서 1년에 십만 달러 이상을 버는 사람과 인터뷰하고 있었다. 문득 팻은 잊고 있던 자신의 웹사이트를 떠올렸다.

2008년 초 몇 명의 동료와 잠시 사이트를 공유했는데 그 사실을 까맣게 잊고 있었다. 그는 생각했다.

'난 그 어려운 리드 시험에 합격했잖아. 사람들에게 도움이 될 수 있는 뭔가를 만들 수 있을 거야.'

팻은 오랜만에 자신의 사이트를 방문했다. 팻의 사이트에는 수천 명의 사람들이 정보를 얻고자 방문하고 있었다. 지금 당장은 이 사이트로 어떻게 돈을 벌지 몰랐지만, 나중에 어떤 마케팅을 하든 필요할 것 같아 트래픽 분석도구를 설치했다. 또 댓글을 달 수 있는 섹션을 활성화하자 많은 사람들이 질문을 하기 시작했다. 팻은 당연히 그 답들을 알고 있었다.

사이트 방문객과 소통하는 동시에 다른 건축 포럼, 리드 포럼, 친환경 건물 포럼의 사람들과도 교류하면서 팻은 그들의 재방문을 적극적으로 이끌었다. 또 7월 말에는 웹사이트에 구글 애드센스AdSense를 추가했다. 그리고 첫날, 팻은 1달러 18센트를 벌었다.

"얼마나 놀랐는지 몰라요! 살다보니 이런 일이 실제로 가능하더라고요! 그 정도 동전이야 소파 쿠션만 뒤져도 나올지 모르지만 1달러 18센트는 경이로움 그 자체였어요. 이건 저더러 계속 노력하라는 일종의 신호로 받아들여졌어요. 누가 또 이런 일을 해주겠으며, 어디서 이런 조언을 얻겠어요?"

팻이 웹사이트로 수익을 창출하도록 영감을 불어넣은 팟캐스트의 운영자들은 당시 공식 '마스터 마인드master-mind' 프로그램을 론칭해 청취자들이 온라인 비즈니스를 단계적으로 구축하도록 돕고 있었다. 이 프로그램의 토대가 된 책은 자기계발 전문가 나폴레온 힐이 1937년에 출간해 베스트셀러가 된 『놓치고 싶지 않은 나의 꿈 나의 인생Think and Grow Rich』이었다.

때마침 팻이 부모님과 함께 살고 있는 샌디에이고로 이사 온 운영자 중 한 명은 사람들이 자신의 비즈니스 구축과정에 관해 이야기하는 모임을 열고 있었다. 팻은 당연히 참석했다.

"제가 보태거나 도움이 되어줄 만한 내용은 아무것도 없어 보였어요. 전 가만히 듣고만 있었죠. 참석자들은 자신이 누군지 소개한 후 자신이 하고 있는 사업에 대해 이야기했고, 전 그들의 이야기에 감동받았어요. 시간이 흐르는 게 아까울 정도였어요."

하지만 팻에게는 정말 곤욕스러운 시간이 다가오고 있었다. 자기 차례가 다가오자 너무 긴장한 팻은 진땀이 흐르며 숨도 쉬기 어려울 지경이었다. 팻은 솔직하게 자신은 얼마 전 정리해고가 되었으며, 지금은 사람들이 리드 시험에 합격하도록 도와주는 웹사이트를 운영하고 있다고 말했다. 사람들은 팻이 무슨 말을 하는지 이해하지 못하는 눈치였다.

> 그래서 전 실망감을 감추지 않고 되물었어요.
> "자, 보세요! 이 분야에 대해 아무도 모르시잖아요?"
> 그러자 누군가 질문했어요.
> "아주 흥미로운데요. 틈새시장 느낌도 나고! 트래픽은 얼마나 되죠?'
> "한 2,000명쯤 될 거예요."
> "꽤 좋은데요. 한 달에 2,000명이요? 그걸로 시작해 보면 되겠네요."
> 그의 말이 의아했어요.
> "아뇨, 하루에!"
> "뭐라고요?"
> 사람들이 놀라서 나자빠지더군요.
> "그런데도 수입을 못 내고 있다고요? 아직 전자책도 없는 건가요?"
> 저는 어리둥절해서 혼잣말로 중얼거렸습니다.
> "그게 무슨 말인지 모르겠어요."

모임 사람들은 30분 동안 앞으로 그가 '할 수 있는 일'과 '해야만 할 일'을 설명해 주었다.

그렇게 해서 밤낮으로 전자책을 쓰는 데 약 한 달 반이 걸렸다. 전자책은 웹사이트에 저장된 것과 비슷한 내용의 편집본이었지만, 차트를 곁들여 더 깔끔하고 읽기 쉬웠다. 팻의 멘토는 그가 정리한 내용을 PDF로 변환해서 온라인으로 판매할 수 있도록 도와주었다.

그는 사이트의 사이드바에 자신의 전자책에 대한 간략한 설명과 함께 배너 이미지, 그리고 페이팔PayPal 버튼을 달았으며, 책의 가격은 19.99달러로 책정했다.

그 날은 팻이 실업 상태에서 벗어난 지 일주일이 지난 날이었다. 전자책 판매에 크게 희망을 품지 않은 상태여서 그의 유일한 방패는 당분간 집에서 지내게 해주겠다고 한 부모님의 약속뿐이었다.

팻이 웹사이트에 전자책을 올린 시간은 새벽 2시! 그는 잠자리에 들었고 4시간 후 기상, 판매량을 확인했다. 한 권도 팔리지 않았다.

'맙소사, 내가 또 쓸데없는 짓을 했구나. 시간낭비만 했어!'

팻은 마음을 가다듬었다.

'너무 이른 시간이잖아. 새벽 3시에 누가 책을 사겠어?'

팻은 전철을 타고 출근했고, 회사에는 8시 30분에 도착했다. 그는 자리에 앉자마자 이메일을 확인했다. 이메일 통은 비어 있었다.

절망감이 밀려오기 시작했어요. 그런데 15분 후 페이팔에서 이메일 하나가 도착했어요. 19.99달러에서 수수료를 제한 금액이 입금되었다는 공지였죠. 그것은 이제껏 제가 받은 것들 중 가장 멋진 이메일이었요. 흥분이 채 가시기도 전에 전 생각했죠.

'그런데 잠깐! 만약에 그 사람이 반품이라도 하면 어쩌지? 내용이 마음에 안 들면 어쩌지? 정보가 엉터리라고 환불을 요구하면 어떡하지?'

마음이 불안하니 온갖 부정적인 생각이 떠오르더군요. 그래서 전 산책을 나갔어요. 너무 떨려서 앉아 있을 수가 없었어요.. 15분 후 돌아와 보니, 또 한 권이 팔렸다는 페이팔 이메일 공지가 와 있었어요.

내가 산책하는 시간에 책이 팔렸다니 다시 흥분이 되었어요. 이 말은 앞으로 24시간, 일주일 내내, 365일 동안, 내 책이 팔릴 수 있으며 그러니 마냥 기다리며 죽치고 있으면 된다는 얘기였죠.

첫 한 달 동안 전자책 판매와 광고로 제가 벌어들인 수입은 7,908.55 달러였고, 이는 제 건축 관련 소득보다 2.5배 더 많은 금액이었어요.

약간의 기복이 있긴 했지만, 그달부터 팻의 소득은 매월 꾸준히 증가했다. 팻의 전자책 출간이 이 분야에서는 거의 처음이라 팻은 리드 전문가로 통했다. 그가 자신의 웹사이트에 어떤 노력을 쏟든 그 노력은 고스란히 수입으로 이어졌다. 2009년 3월까지 그는 월 25,000~35,000달러를 벌어들였다.

팻은 리드 시험뿐 아니라, 자신의 사이트와 비즈니스 구축방법에 관한 질문을 받기 시작했다. 그는 사업 시작 전에 자신이 찾았던 모든 비즈니스 전문가와 사이트, 그리고 구독했던 뉴스레터를 떠올렸다. 상술로 사람을 꾀어서는 아무 짝에도 쓸모없는 정보만 제공하는 곳이 얼마나 많았던지….

팻은 '스마트패시브인컴닷컴SmartPassiveIncome.com'이라는 사이트를 만들어 온라인 비즈니스를 시작하며 배운 모든 내용을 사이트에 담았다. 사람들에게 구체적인 도움을 주고 싶었다.

그의 진정성이 보답을 받은 걸까? 예상치 못한 일들이 벌어졌다.

첫 번째 일은 한 통의 전화였다. 팻이 스마트패시브인컴을 시작한지 약 2개월 후에 예전에 다니던 직장의 상사가 전화를 걸어온 것이다. 그 상사는 퇴직 후 자신의 회사를 설립한 상태였다. 그는 함께 일했던 사람들을 불러 모으고 있었고, 팻에게도 함께 일할 것을 제안했다. 그는 같이 일하는 조건으로 예전보다 더 높은 연봉과 개인 사무실, 그리고 1년간의 임대료 부담을 제시했다.

"내 입에서 '고맙지만 사양하겠습니다'라는 답변이 나오기까지는 2, 3초도 걸리지 않았어요. 전화를 끊고 그 제안에 대해 생각해 보았죠. 그렇게 빨리 거절했다는 사실이 놀라웠어요. 내가 지금 가고 싶은 길을 가고 있다는 마음속 신호로 받아들였어요. 이제는 나의 사업을 하는 기업가가 되고 싶었거든요."

두 번째 일은 『크러쉬 잇!』을 발견한 일이다. 이 책은 팻이 앞으로 무엇을 어떻게 해야 할지 길을 제시했다.

"이 책에선 이렇게 말해요. '당신이 벌레를 팔아 돈을 벌고 싶다면 벌레 파는 일을 하고, 벌레 파는 일과 혼연일체가 되고, 벌레 파는 일의 달인이 되라고요.' 리드 시험이요? 그게 제 벌레였던 거죠. 제가 바로 리드 시험의 달인이거든요."

팻이 자신의 비즈니스를 운영하도록 영향을 준 것은 『크러쉬 잇!』 책만이 아니었다. 이 책의 아마존 페이지를 방문했을 때 팻은 흥미로운 글을 발견했다.

게리는 자신의 책에 대해 가혹한 별점을 남긴 부정적인 리뷰어에게도 회신을 하더군요.

'안녕하세요? 이 책이 독자분에게 도움이 안 되었다니 죄송하네요. 저랑 전화로 대화를 한번 나눠보시죠.'

저는 저자가 이렇게 관심을 기울이고, 댓글에 응답하고, 전화나 스카이프 번호를 제공한다는 사실을 믿을 수가 없었어요. 그러자 책을 읽고 야박하게 별점을 한두 개 남겼던 독자들이 게리에게 다시 댓글을 달더라고요. 게리의 책에 대한 견해는 안 바뀌었을지 몰라도 이런 댓글은 남기더군요.

"게리 씨, 전 여전히 당신의 의견에 동의하지 않지만, 제게 연락해서 대화를 나누려고 하신 부분에 대해서는 고맙게 생각합니다."

저는 책의 내용보다 저자의 이런 노력이 너무 인상적이었어요. '별점한 개짜리 리뷰에 응답하는 데 대한 투자수익은 얼마일까?' 저는 그때 게리가 ⓐ 시간을 들였고, ⓑ 연락처를 남길 정도로 충분히 관심을 기울였고, ⓒ 자신이 개선할 수 있는 사항이 있는지 끝까지 살피는 모습을 보았어요.

그 후 팻은 자신이 받은 부정적인 의견에 대해 게리와 동일한 대응전략을 택했는데 그 전략에 대한 투자수익률, 즉 투자결과는 명확했다.

"때때로 (저의 책에 부정적인 의견을 지닌) 사람들과 대화를 해보면 오해를 하고 있는 부분이 많았고, 나중에는 그들이 저의 열혈 팬들이 되었죠. 『크러쉬 잇!』을 읽은 덕분에 전 분명히 더 많은 것을 알고 확장할 수 있었어요. 저는 온실 속 화초처럼 자기 분야에만 머물지 않고 일개 블로거를 뛰어넘기 위해 새로운 방법들을 모색한 거죠."

팻은 2009년 유튜브 채널을 시작했으며, 2010년에는 4,000만 건 이상의 다운로드를 기록한 스마트패시브인컴 Smart Passive Income이라는 팟캐스트를 시작했다. 또 2011년부터는 강연 제안에도 응했다. 팔로워들에게서 쏟아지는 질문의 홍수에 답하는 장을 마련하기 위해 매일 진행하는 애스크팻 팟캐스트Ask Pat podcast를 론칭했을 뿐 아니라, 틈새시장에 대해 다루는 몇 개 다른 팟캐스트도 론칭했다. 그가 출간한 책은 월스트리트저널 베스트셀러가 되었다.

팻은 자신이 온라인 비즈니스 개발을 위한 충돌실험용 모형인형과 같은 역할을 하겠다는 약속을 지켜 나갔다. 그는 푸드트럭 일에 관심 있는 사람들을 위한 사이트와 보안 경비 일에 관심 있는 사람들을 위한 사이트를 개설하는 등 사람들이 필요로 하는 생생하고 새로운 비즈니스를 창출하고, 그렇게 벌어들인 수입도 게시하기 시작했다.

다만 한 가지 아쉬운 점이 있다면 그가 그 일을 공개적으로 했다는 것이다. 팻은 그 모든 단계와 과정을 낱낱이 설명했다. 사람들을 돕고자 하는 그의 열정은 건축 및 디자인에 관한 열정을 넘어선지 오래다.

저는 여러분들에게게서 장문의 이메일을 받고 있어요. 어떤 일을 함에 있어 시간과 노력을 줄여주어 고맙다거나, 취직이나 승진을 할 수 있게 해주어 감사하다는 내용들이죠. 또 시험에 합격한 분들은 감사의 손편지를 보내주시기도 하고요. 흥미로운 건요, 2009년 10월에 제 전자책을 구입한 이유에 대해 구매자들에게 물어본 적이 있어요. 그분들이 인정하시는 게 무엇이든 일단 그 말대로 밀고 나가면 된다 싶어서였죠. 그런데 제 질문에 답한 사람 네 분 중 한 분이 이렇게 말하더군요.

"팻(또 하나 근사한 건, 그분들은 제 이름을 스스럼없이 부르더라고요. 마치 저를 오랫동안 알아온 것처럼!), 제가 그 책을 산 건 팻이 제게 되갚을 기회를 주었기 때문이에요. 사실 전 그 책이 필요하지 않아요. 이미 시험에 통과했거든요. 하지만 전 이미 너무 많은 정보를 받았고, 보상할 길을 찾고 있던 차였어요."

전 결국 서로 돕고 나누고자 하는 마음이 인간의 본성이라는 사실을 깨달았어요. 그래서 상호 의사소통과 거래를 위한 저의 시스템을 구축하게 되었죠.

팻의 성공이 대단한 건 경제적인 범주를 넘어섰다는 것이다. 그는 자신의 철학적 범위를 넓혀 왔으며, 지금은 교육 비영리단체에서 활동하면서 올바른 교육정책 수립에 적극적으로 관여하고 있다.

나는 많은 사람들이 틈새시장을 파고들 수 있는 재능이나 기술을 보유하고 있다는 걸 알고 있다. 하지만 대부분의 그 기술이 실제 비즈니스가 될 가능성이 있다고 생각하지 않는다.

하지만 생각해 보자! 리드 시험은 어땠는가? 그게 말이 되는 일이었는가? 리드 시험은 관심 있는 소수의 사람들만 알고 있는 시험이었다.

그런데 시험을 준비하는 이들을 돕는 웹사이트의 개설로 팻 플린은 엄청난 수입을 올릴 수 있었다. 그렇다면 축구에 대한 잡동사니 정보나 직접 만든 스무디 한 잔의 레시피로도 그렇게 할 수 있다.

자신이 가장 잘 알거나 제일 애착을 갖는 내용을 더 깊이 파고들어 가보자. 그것으로 콘텐츠를 만들면 더욱 좋다. 팻의 이야기가 선사하는 청사진을 따라가 보자. 즉, 깊이 있게 틈새로 파고들어 사람들에게 구체적인 정보 형태의 가치를 제공하는 것이다.

몇 년 동안 수많은 인플루언서들이 다양한 플랫폼을 사용해 브랜드를 구축해 왔지만, 실제로 엄청나게 성장한 브랜드는 손에 꼽히는 정도에 불과하다.

이 책에 소개된 개별 케이스는 이미 성장해서 무시할 수 없는 존재가 되었거나, 또는 무서운 속도로 성장할 것이 확실한 경우들이다. 그러니 나의 퍼스널 브랜드를 어떤 채널에 어떻게 구축할 것인지가 또 하나의 관건일 것이다.

그럼, 나와 가장 잘 어울리는 플랫폼은 무엇일까? Part 2에서 꼼꼼하게 살펴보자.

나에게 맞는
플랫폼을 찾아라

1장

핵심채널을
만들어라

Crushing It!

우선 페이스북 페이지부터
만들어라

어떤 유형의 인플루언서가 되고 싶든지 간에 누구나 이 단계에서부터 시작하는 것이 좋다. 바로 페이스북에서 비즈니스 페이지를 만드는 일이다.

페이스북은 퍼스널 브랜드를 구축할 때 제일 먼저 밟아야 할 관문 같은 곳이다. 자신의 타깃 층이 페이스북을 잘 이용하지 않는 22세 이하의 연령대라는 이유로 고개를 내젓는 사람도 분명 있을 것이다.

그런데 인스타그램에서 광고를 하기 위해서도 페이스북 페이지는 필수이고, 라이브방송 등 동영상에서 페이스북은 꾸준히 영향력을 넓히고 있어 젊은 뷰어들에게 더욱 호소력 있게 다가가고 있다. 앞으로도 페이스북은 젊은이들의 사랑을 계속 받을 것이고, 많은 젊은 뷰어가 페이스북 계정을 개설할 것이다. 마크 저커버그를 과소평가하지 말고, 섣불리 비관적인 미래를 짐치지도 말자.

SNS 성공에 꼭 필요한
비장의 무기

우리가 맨땅에서 뭔가를 시작할 때 다음의 두 가지는 아주 쉬워 보이지만 믿을 수 없을 정도로 오래 걸리고 힘든 전략이라는 것을 알고 있어야 한다.

첫째, 해시태그를 똑똑하게 사용하는 방법

둘째, 다이렉트 메시지를 보내는 방법 : 사람들에게 직접 연락을 취해 그들의 관심에 대한 답례로 가치 있는 것을 제공하는 방법

여기서 특히 내가 효과적이라고 생각하는 건 두 번째의 다이렉트 메시지이다. 물론 낯선 사람이 다이렉트 메시지를 보내는 것에 불편해 하는 사람들도 있다. 하지만 이렇게 대입시켜 생각해 보면 어떨까?

한 친구가 레스토랑을 예약해 나를 저녁식사에 초대했는데, 그 자리에 처음 보는 부부도 동석했다. 그 부부와 식사를 하며 즐거운 시간을 보내는데 대화 중에 부부가 집을 수리하려 한다는 걸 알게 되었다. 그럴

때 내가 인테리어 디자이너라는 사실을 숨길까? 당연히 아니다. 직업은 물론, 공통 관심사까지 알게 된 터라 자연스럽게 인테리어에 대한 이야기를 나눌 것이다.

식사를 마치고 헤어질 때 명함을 건네며 "이건 제 웹사이트예요. 혹시 도움이 필요하시면 언제든 연락주세요."라고 말한다. 이것은 지극히 자연스러운 일이다. 공통 관심사가 있는 가운데 그들은 전문가의 서비스가 필요하고, 나에게는 그 서비스를 제공할 능력이 있다. 의견이 맞으면 함께 손을 잡을 수도 있는 것이다.

이처럼 소셜미디어 플랫폼은 인테리어 디자인에 대한 관심을 공유하는 수백만 명과 인테리어 디자이너를 연결해 주는 쌍방향 친구와 같은 존재이다. 그렇다면 우리가 할 일은 조사하고 제안하여 새로운 일과 사례를 적극적으로 만들어 나가는 것이다. 그러니 거절할 수 없는 제안이어야 하고, 후회가 남지 않는 만족한 결과를 이루어내야 한다.

나 역시 지금 이 순간에도 내게 무언가를 원하는 사람들에게서 약 500개 이상의 다이렉트 메시지를 받고 있다. 그리고 나의 대답은 대부분 정해져 있다.

'행운을 빕니다만, 저는 지금 바쁩니다.'

다이렉트 메시지를 보내라고 권장하면서 나는 왜 우호적인 태도를 보이지 않는 걸까? 메시지의 내용에 문제가 있기 때문이다. 그들이 나를 이용하려는 게 아니라 도와주려는 것이고, 나의 문제점을 발견해 적절한 조언을 해줄 지식과 전문성을 가지고 있다면 나는 기꺼이 그들과 이야기를 나눌 것이다.

나를 알릴 방도도 없고 주머니도 텅텅 비었다면 당신에게 있는 것은 무엇인가? 바로 지식과 전문성이다.

피자 가게 주인인가? 당신은 6개월 동안 피자를 무료로 제공할 수 있다. 그래픽 디자이너인가? 600개의 고객 맞춤 필터를 만들어 제공할 수 있다. 주류 판매점을 하는가? 와인을 즐기는 모습을 찍어 SNS에 올리는 미래의 고객에게 1년 동안 매달 1회에 걸쳐 와인을 선사하는 다이렉트 메시지를 보낼 수 있다.

사람들은 흔히 '자신을 싸게 팔지 말라'는 원칙에 대해 말한다. 하지만 그 원칙을 적용하는 것은 적어도 나의 상품(서비스와 기술 포함)을 사람들이 사려고 할 때나 가능한 얘기다.

유명한 인플루언서들의 경우도 DM을 받으면 함께 작업하며 콜라보레이션의 효과를 기대할 수 있을 때 연락을 취해 올 것이다. 그렇지 않다면 내가 평소에 하는 것처럼 '고맙지만 됐어요'라는 의사만 내비칠 것이다.

따라서 우리가 철저한 조사와 준비를 마친 후 연락을 취한다면 결과는 달라지지 않을까? 결국 새로운 것을 시도하려는 사람들을 만나게 될 것이다. 나라는 존재를 모르던 사람들에게 나를 알리고 심도 있는 대화를 나눌 수도 있다.

이처럼 나에게도 상대에게도 가치 있는 것을 주는 것이 중요하다. 원하는 것이 아니면 이 복잡하고 바쁜 세상에 내동댕이쳐질 게 뻔하다. 다이렉트 메시지 한 통도 허투루 보내면 안 되는 이유가 여기에 있다.

﹌﹌﹌

그렇다. 세상에 만만한 일은 없다. 사실 이런 방식으로 비즈니스를 키우는 것은 지루하고 어려운 일이다. 다행히 나는 대부분의 사람들이 지루한 일을 싫어한다는 걸 너무 잘 알고 있다. 그래서 내가 유리한 것이다. 내가 그 일을 나서서 한다면? 역발상의 승리가 점쳐지지 않는가!

관심 가는 플랫폼들에 광고를 싣고 인플루언서들에게 대가를 지불하고 홍보를 맡기면 좋겠지만, 그렇게 할 수 있는 경제적인 여유가 있는 사람은 많지 않다. 그러니 다른 방도를 연구해야 한다. 나에게 가장 잘 맞는 것으로…. 이 책의 사례가 그래서 소중한 것이다.

코스타 카포타나시스
〈Costa Oil – 10 Minute Oil Change〉
— IG : @COSTAKAPO —

코스타 카포타나시스_{Costa Kapothanasis}의 이야기를 들어보면 그는 무척 현실적인 사람처럼 보인다.

포틀랜드 출신의 1세대 그리스계 미국인인 그는 메릴랜드 주립대학에서 야구 특기생이 받을 수 있는 최고의 장학금을 받았다. 하지만 어깨 부상으로 스포츠를 포기할 수밖에 없게 되면서 그는 금융과학 석사를 취득하는 쪽으로 인생의 방향을 선회했다. 졸업 후 여러 대형 금융회사에 몸담았지만 그 어디에도 진득하니 붙어 있지 못했다.

"전 옮겨 다니는 직장마다 해고를 당하거나 해고를 당한 것과 진배없는 직장생활을 했어요."

코스타는 관료주의에 신물이 났다. 은행은 그에게 비효율적이고 비생산적으로 보이는 엄격하고 성가신 규율을 강요했다. 또 직원들의 소셜 미디어 활동까지 법적으로 제한해 '수제 야구방망이'를 주문받아 만들어 팔던 코스타의 부업을 방해했다. 은행의 거래시간이 오전 9시 30분에서 오후 4시까지이다 보니 그 시간에 SNS를 통한 주문 요청에 바로 응답할 수 없었던 것이다. 좋은 기회를 놓치게 되자 코스타는 뿔이 났다. 같이 야구를 했던 동료들은 메이저리그에서 수백만 달러를 벌고 있는데, 그는 고작 좁은 은행 사무실에 죽치고 있는 신세였다. 수년 동안 그는 야구는커녕 야구 중계방송에도 눈길 한번 주지 않았다.

코스타는 이 상황을 벗어나야 했다. 고심 끝에 그는 수제 야구방망이 사업을 그만두고, 퇴근 후에 눈치 안 보고 할 수 있는 오일교체 사업을 시작했다. 물론 이 사업도 특별히 매력적이라거나 흥미진진하진 않았다. 하지만 그는 오일교체 사업을 전기나 물과 흡사한 '준 유틸리티' 사업으로 보고 투자했다. 즉, 대중교통 수단이 발달되지 않은 자동차 의존국 미국에서는 좋든 싫든 오일교환을 할 수밖에 없다는 판단에서였다.

그때 코스타는 운명처럼 또다시 해고를 당했다. 하지만 그야말로 환상적인 타이밍이었다!

"사실 해고를 당한 일이 제겐 전화위복이 되었어요. 덕분에 삶의 질이 달라졌죠. 저는 제가 그동안 얼마나 많은 삶의 무게에 짓눌리고 있었는지 깨닫지 못했어요. 하지만 이제 그 무게는 온데간데없이 사라졌습니다. 그때의 실직은 제가 새로운 일을 마음껏 할 수 있도록 날개를 달아준 격이 되었어요."

코스타는 '퀵 체인지 오일Quick Change Oil'이라고 이름붙인 자신의 회사에 올인했지만, 처음에 그의 홍보전략은 하나같이 별 효과를 내지 못했다. 그는 다이렉트 메일, 검색엔진 최적화, 그리고 한창때의 인터넷 라디오 광고 등으로 많은 돈을 허비했다.

그로부터 8개월 후인 2016년 새해 첫날, 직원들의 휴가로 코스타는 혼자 가게를 지켰다. 판매실적은 고만고만했고, 갈 길은 멀기만 했다. 문득 책 한 권이 눈에 띄어 펼쳤다가 코스타는 몇 분도 안 되어 책에 빠져들었다. 『크러쉬 잇!』이었다.

　　"그래, 내가 해야 할 일은 이거야!"

　　다이렉트 메일이나 검색엔진 최적화나 뻔한 광고에 더이상 목을 맬 필요가 없었다. 그는 그때부터 유튜브와 페이스북에 관심을 갖고, 대중교통으로 이동하는 시간과 퇴근 후부터 새벽 2시까지 페이스북 광고를 공부했다.

　　"전 거짓으로 제 삶을 꾸며대고 싶지도 않았고, 기회를 놓치고 싶지도 않았어요."

　　코스타는 2월까지 마케팅 예산의 100%를 페이스북 광고에 쏟았고, 소셜미디어상의 참여와 소통, 그리고 콘텐츠 제작에 몰두했다. 그리고 그는 시보레 코발트에서부터 포르쉐에 이르기까지 페이스북과 인스타그램 게시용으로 고객들의 자동차를 촬영하고, 세련되고 선명한 이미지를 얻기 위해 사진을 필터로 매만졌다(고객들은 자신의 차가 온라인에 올라와 있는 모습을 좋아했기 때문에 그 이후로는 사진 게시에 대해 따로 허락을 구할 필요도 없었다. 오히려 고객들이 먼저 요청할 정도였다). 또 그는 고객들에게 자동차에 대한 상세한 정보를 제공하는 교육용 비디오를 내놓았다.

　　서로 다른 종류의 오일에 관한 동영상을 유튜브에 올렸어요. 이를테면 엔진 세척시 완전 합성오일과 종래 오일 간의 차이점을 말해주는 동영상이었죠. 이 동영상엔 많은 댓글이 달렸어요. 그리고 이런 메시지를 남긴 사람도 있어요. '누군가가 에어필터의 용도에 대해 실제로 설명해준 건 처음이에요.' 전 이 교육의 혜택을 더 많은 사람들이 누릴수록 더 많은 고객이 찾아올 것을 믿어요.

새해 첫날, 텅 빈 가게에 앉아 고민하다가 『크러쉬 잇!』을 읽은지 채 1년도 지나지 않아 코스타는 여섯 개의 지점을 확보했고, 두 군데 더 계약을 맺었으며, 여러 개의 주에 사업을 확장했다. 오늘날 그는 사업을 운영하느라 눈코 뜰 새 없이 바쁜 나날을 보내고 있으면서도 소셜미디어 상의 소통을 확대하고 있으며, 다양한 금융 관련 TV 방송과 라디오 쇼에 출연하며 입담을 뽐내고 있다. 그는 대학에서 주최하는 기업가정신 프로그램 강사로도 초청되었고, 아내와 2세 계획도 세우고 있다.

또 그는 퍼스널 브랜드 구축에도 공을 들여, 2017년에는 모든 비즈니스 명을 '코스타 오일 Costa Oil -10 Minute Oil Change'로 통일했다.

2장

*

틱톡

Crushing It!

젊은 플랫폼,
틱톡

나는 핵심채널에 대해 틱톡_{TikTok}부터 설명을
시작해 보려고 한다. 틱톡은 10~20세(Z세대)가 아니라면 익숙지 않은
플랫폼일 것이기 때문이다. 혹 들어본 적이 있다 해도 관심을 가져본 적
은 없을 것이다.

하지만 틱톡은 그 앱의 많은 사용자와 마찬가지로, 아주 재미있고 젊
고 창조적이며 빠르게 성장하고 있는 플랫폼이다.

젊은층을 주축으로 활기차게 시작한 이 플랫폼은 나이가 있는 청중과
도 성공적으로 교류할 수 있다는 증거와 재미를 선사한다. 틱톡 사용자
들은 틱톡 앱을 창의력이 넘치는 비범한 앱으로 바꾸어 놓은 것이다. 즉,
이전 세대가 전신거울 앞에서 뽐내며 하던 록스타 흉내나 멋진 포즈를
15초의 립싱크 동영상으로 만들 수 있도록 해준 게 바로 틱톡이다. 이
앱은 오리지널 뮤직은 물론 코미디 스케치, 그리고 심지어 미니 교육용

동영상도 만들 수 있는 플랫폼으로 진화했다.

현재 포메라니안 견종인 지프폼@jiffpom을 비롯해 발레리나, 메이크업 아티스트, 체조선수, 개그맨, 래퍼 그리고 일반 블로거 등 다양한 분야의 사람들이 이 앱을 사용해 자신의 재능과 스타일을 자랑하고 있다. 또 이 앱으로 우리는 15초 길이의 콘텐츠를 만들고, 동영상 클립들을 스토리로 엮어 다른 유저들과 함께 듀엣으로 콜라보레이션을 할 수도 있다.

틱톡은 2018년 8월, 10대 초반과 청소년층의 폭발적인 관심을 받았던 뮤지컬리Musical.ly를 통합하며 글로벌 SNS의 최강자로 우뚝 섰다. 현재 5억 명에 달하는 사용자 중 30%는 하루에 30분 이상을 틱톡에서 보내며, 적극적으로 소통하고 있다.

특히 신흥 뮤지션들은 틱톡에서 자신을 알릴 좋은 기회를 얻고 있다. 대어가 될 수 있는 가장 좋은 방법 중 하나는 자그마한 연못에서 헤엄치면서 나의 필요에 맞게 플랫폼을 창의적으로 맞춰 나가는 것이다. 이것이 내가 틱톡에서 브랜드 인지도를 구축하며 쓴 전술이다.

독자들은 음악계와 어떤 연고도 없는 40대의 비즈니스맨이 왜 Z세대에 초점을 맞추고 있는 플랫폼에서 노닐며 제일 먼저 소개하는지 궁금할 것이다. 이유는 간단하다. 이들 Z세대가 자라서 결국 20대 기업가가 되고 25세의 마케팅 관리자가 될 것이기 때문이다.

이런 상황이라면 그 아이들이 원하는 목표를 향해 더 빨리 전진하도록 내가 영감을 불어넣고 도움을 줄 수 있을지도 모른다. 또 어쩌면 그 아이들이 기업가 또는 마케터가 되어 나와 함께 사업을 할 날이 올지도 모른다.

나는 아이들이 힙합 아티스트 팻 조_{Fat Joe}*에게서 현명한 말을 듣고 가치를 얻기를 원했다. 그래서 나는 아이들이 팻 조의 쇼를 검색할 만큼 관심을 갖도록 하기 위해 마치 천장을 뚫을 기세로 펄쩍 뛰며 팻 조의 〈All the Way Up〉을 듣고 있는 내 동영상 클립을 올려놓았다. 아이들의 시선을 끌고 싶었던 것이다. 또 이런 내 바람이 적중한다면 아이들은 리아나의 노래 〈Work〉를 틀어 놓고 열심히 일하는 내 모습을 담은 동영상 클립이나, 콜드플레이의 〈A Sky Fulll of Stars〉를 배경음악으로 스타들의 성공 발자취를 따라가도록 영감을 불어넣는 동영상을 통해 나라는 사람을 알게 될 것이었다. 그리하여 내가 만든 밈**을 파악하게 될 것이다.

내가 만든 또 다른 밈은 내가 과거에 얼마나 학교 가기를 싫어했는지, 또 나를 조롱하는 선생님과 친구들에게 실패자가 아니란 걸 증명해 보이겠노라고 내가 얼마나 마음속으로 되뇌었는지를 떠올리는 밈이었다. 그런 나의 메시지가 혹시 오늘날 같은 처지에 놓여 있는 아이들에게 얼마나 의미가 있을지 생각해 보자. 그 아이들 중 몇 명, 아니 단 한 명만이라도 저 바깥에는 누군가 자기를 알아줄 사람이 있다는 것을 깨닫는다면 어떨까? 아울러 틱톡에서 어떤 아저씨가 성취한 것들을 발견하고, '그래, 나라고 못할 이유는 없잖아!'라고 용기를 가진다면 어떨까?

---

* 팻 조 : 13살부터 마약 딜러로 이름을 날리던 범죄자였으나 지금은 유명한 래퍼이자 이발소와 옷가게를 운영하는 사업가가 되었다. - 옮긴이
** 밈(Meme) : 리처드 도킨스가 1976년 『이기적 유전자』에서 언급한 것으로, 생물학적 복제인 유전자와 마찬가지로 모방 등의 방식으로 다음 세대로 전달되는 문화적 행동양식이나 지식을 지칭. 이와 함께 인터넷상의 이미지 혹은 텍스트를 부르는 '짤방'도 밈이라고 말하기는 하지만, 이 경우 대중적 인지도가 따라와야 '밈'이라고 지칭할 수 있음 - 옮긴이

음악과는 아무 관련 없는 내가, 다른 사람들과의 차별화나 새로운 팬층을 만나기 위해 비즈니스와 기업가정신을 '틱톡'이라는 플랫폼과 연결하는 나만의 방식인 것이다.

〃〃〃

하지만 나는 이런 콘텐츠 전략을 펼쳐 나가기 전, 틱톡의 인기스타 두 명에게 나의 유튜브 채널 애스크개리비@AskGaryVee에 게스트로 출연을 부탁했다. 그리고 에피소드 198화에서 나는 두 명의 소녀 아리엘 마틴과 아리아나 트레요스와 나란히 앉아 방송을 진행했다. 15세의 두 소녀 게스트와 함께 진행한 그날 방송은 한마디로 끝내줬다. 즉, 내 청중들과 나는 어린 소녀들의 통찰력을 지켜보았고, 두 소녀는 나의 유튜브 채널에서 많은 사람들에게 자신들의 재능과 매력을 알렸다.

사실 내 쇼는 피플스 초이스 어워즈의 레드카펫과 같이 웅장한 장소의 행사와 비교하면 땅콩만큼 작다. 하지만 두 소녀의 출연을 계기로 내가 얻은 건 어마어마했다. 팬들이 그 소녀들을 검색하면 그녀들이 출연한 애스크개리비 쇼를 알게 될 것이고, 그러면 함께 검색되는 내 이름을 통해 내 브랜드 인지도도 올라갈 것이라는 나의 예측은 정확했다.

그렇게 어린 소녀였던 아리엘*은 유명 스타가 되었고, 그로부터 몇 년 지나지 않아 세상이 그녀의 어린 시절 모습을 찾기에 혈안이 되어 있을 때, 그 콘텐츠를 갖고 있는 사람은 바로 내가 될 것이다.

---

* 아리엘 마틴(Ariel Martin) : 2017년에 그녀는 인터넷에서 가장 영향력 있는 사람들을 담은 〈Time〉지의 세 번째 연례 목록에 이름을 올렸다

〃 〃 〃

　물론 틱톡은 일시적인 유행으로 끝날 수도 있겠지만 우리가 기억해야할 것이 있다. 매 시즌 많은 기업과 브랜드가 파일럿 쇼˚에 대한 광고비로 수백만 달러를 소비하고 있으며, 그 파일럿 쇼의 대부분이 9개월 후에는 사실상 사라져 버린다는 사실이다. 여기서 중요한 것은 특정 플랫폼이 얼마나 오래 지속되느냐가 아니라 다른 플랫폼이 등장하든 어떻든 플랫폼에서 살아남느냐 하는 것이다. 따라서 우리가 청중을 얻고 싶으면 청중이 있는 곳, 청중이 이끄는 곳이면 어디든 가야 하는 것이다.

　사용자들에게 호감을 주는 콘텐츠를 파악하기 위해 처음 몇 주 동안은 그 플랫폼의 콘텐츠를 소비해 보자. 그런 다음 그 시장을 성공적으로 꿰뚫을 콘텐츠를 만들어 그곳에 우리의 리소스를 투입하자. 이때의 핵심은 전부가 아닌 일부만 투입하는 것이다. 그리고 플랫폼에 익숙해지면 좀 더 투입하고, 나와 잘 안 맞다고 생각되면 적게 투입하자. 그러나 어떤 플랫폼이든 나에게 부적절한 것으로 여겨진다면 이는 내 상상력과 비전이 부족한 것이다. 플랫폼의 설계자들은 우리가 지금 뭘 보고 있든 그것보다 더 큰 비전을 지니고 있다는 사실을 의심하지 말자.

　플랫폼은 소비자의 니즈에 맞춰 꾸준히 진화한다. 우리가 특정한 플랫폼에 일찌감치 진입한 경우라면 그 플랫폼과 함께 진화할 수도 있다. 이때 우리는 플랫폼 사용자로서의 존재감을 보여주어야 한다. 그러면 언젠가 그 플랫폼 설계자들이 우리에게 협업을 요청할지도 모른다.

---

* 파일럿(pilot) : 텔레비전 방송국 등이 스폰서 획득 등을 위해 데먼스트레이션(demonstration) 용으로 만든 견본 프로그램 - 옮긴이

이를테면 초기 베타 프로그램을 이용할 권한이나 앞으로 나올 새로운 기능을 시범적으로 사용할 권한을 주면서 피드백을 원할 수도 있다. 또 아무도 본 적 없는 포맷이나 스타일로 신선한 콘텐츠를 생성할 도구를 처음 사용할 기회를 얻을 수도 있다. 그렇게 되면 내 브랜드와 플랫폼 간의 공생관계를 끈끈하게 만들어 나갈 수 있는 것이다.

적절한 훈련도 없이 마라톤을 단번에 마칠 수 있는 사람은 아무도 없다. 러닝머신 위에서 뛰든 운동장 트랙에서 뛰든 우리는 자신의 신체 상태를 정확히 알아야 하고, 참을성도 길러야 한다. 나의 신체에 필요한 것이 무엇인지, 그리고 심리적인 측면에서는 어떤 준비를 해야 최상의 성과를 끌어낼지 파악해야 한다.

소셜미디어 플랫폼에서도 마찬가지다. 2012년, 몰락하기 전 약 9개월 동안 성공적인 행보를 보이던 소셜캠이라는 앱을 나는 아주 낙관적으로 바라봤다. 그러나 9개월 후 내게 맞는 전략은 유튜브와 인스타그램을 함께 적용하는 것이라는 걸 깨달았다.

이처럼 우리가 신생 플랫폼에서 도약하고자 할 때 감수해야 할 가장 큰 위험요소는 '시간'이다. 마이스페이스나 바인과 같이 한때 잘나가다 몰락한 곳을 선택했다면 사용자로서 실망도 크고 그곳에서 공들인 시간도 아까울 것이다. 물론 그 시간은 또 하나의 경험으로 남겠지만 말이다.

모든 새로운 소셜 플랫폼을 하나하나 경험해 보고 별로여서 그만두는 것도 어찌 보면 자연스러운 일이지만, 플랫폼을 충분히 익히기도 전에 몰락함으로써 강제적으로 무산되는 일은 없어야 할 것이다(이는 우리 인생에서도 다른 무언가를 선택할 때 꼭 적용해볼 만하다).

틱톡
활용하기

내가『크러쉬 잇!』에서 해시태그에 관한 이야
기를 한번도 꺼내지 않았다는 게 믿기지 않는다. 사실 나는 내 세 번째
책을 출간하기 전까지는 인쇄물에서 해시태그에 관해 언급한 적이 없었
다. 해시태그의 사용은 소셜미디어의 토대이고, 눈에 띨 가능성을 높이
는 핵심인 데도 말이다.

틱톡에서 영향력을 키우는 가장 빠른 방법 중 하나는, 예를 들어 틱
톡을 열어 #TikTok_kr 페이지에서 트렌드에 맞는 해시태그를 조사한 후
이 해시태그를 활용한 콘텐츠 제작에 공을 들이는 것이다. 이때 그 해시
태그가 아니라면 우리의 콘텐츠를 거들떠보지도 않을 아이들이 관심을
가지게 될 것이다. 아울러 이렇게 찾아오는 방문자 중에는 틱톡의 큐레
이터들도 있을 것이다. 그들은 양질의 콘텐츠를 선정해 사람들이 앱을
켤 때 자동으로 그 콘텐츠가 노출되도록 하는 방식으로 보상해 주곤 한

다. 즉, 다른 플랫폼에 비해 틱톡에서는 이 수동식 큐레이션을 통해 더 많은 노출 기회를 무작위로 얻을 수 있다.

그렇다고 이 가상복권과도 같은 지름길에 의지해 스타의 위치에 오르기를 기대하지는 말자. 우리의 성공은 콘텐츠 제작에 얼마나 많은 노력을 들이고 창의력을 발휘하느냐에 달려 있다. 또 지혜롭고 독창적인 해시태그를 결합해 깜짝 놀랄 만한 콘텐츠를 만들 수도 있다.

해시태그 문화에 대해 잘 아는 것은, 마치 콘텐츠에 튼튼한 다리를 달아주는 것과 같이 현명한 일이다.

〃 〃 〃

스타들이 지닌 재능이나 매력은 저 하늘의 별처럼 도저히 손에 닿지 않아 보인다. 그런 선입관이 스타들에게 신비감과 함께 명성을 선사했으며, 우리는 그들을 멀리서 동경했다.

그러나 오늘날 많은 것이 변했다. 팬들이 얼마나 가까이 다가갈 수 있는지가 인기의 중요한 요소가 되었으며, 신비감을 앞세우며 너무 고고한 척했다가는 심각한 대가를 치르게 될 수도 있다.

틱톡에서는 이런 분위기와 트렌드를 십분 활용해야 한다. 작사가나 작곡가가 자신들의 작품을 업로드하고, 상위 유저들에게 메시지를 보내어 립싱크를 하게 하거나, 심지어 공연까지 하게 하고 있다. 그렇다면 우리도 무언가 풍자적인 촌극이나 시를 쓰거나 다른 작업을 통해 다양한 활동을 시도할 수 있다.

커뮤니티에 다가가는 가장 좋은 방법은 커뮤니티의 일부가 되는 것이라고 반복하여 말한 바 있다. 누군가에게 아무것도 요구하지 않은 채, 참여하고 의견을 말하고 공유하고 창출해 나가 보자. 또 커뮤니티의 일원이 되어 보자. 그러면 내 콘텐츠로 자신의 밈을 창출하는 누군가를 얻게 될 기회가 많아지고, 남들이 깊은 애착을 갖고 공유하는 우리만의 밈도 만들 수 있게 될 것이다.

여기서 잠깐 홍보비 집행에 대해 생각해 보자. 이건 그저 내 생각인데, 어떤 플랫폼이든 영향력을 행사하는 상위 1, 2%의 인플루언서들은 종종 지나치게 비싼 비용을 요구하기도 한다('종종'이라고 표현했다. 항상 그렇지는 않다). 운이 좋으면 적은 비용으로 아주 좋은 거래를 할 수도 있다. 상대를 배려해 아주 적은 비용만 받는 파워 인플루언서들도 있다. 그러나 그런 경우는 드물기 때문에 너무 기대하지는 말자. 꼭 최상위의 인플루언서가 아니더라도 어느 정도의 영향력을 지닌 인플루언서들이나 보통의 인플루언서들을 공략해도 좋은 마케팅 기회를 얻을 수 있다.

만일 내 브랜드가 10대 초반이나 청소년에게 정말로 매력적이라면 나는 틱톡에 전체 마케팅 예산의 40%를 집행하고, 그 금액의 40~70%를 틱톡의 유명인들과 거래를 맺는 데 쓸 것이다. 그 나머지는 프로그래밍 방식의 경매 광고를 실험하는 데 쓸 것이다. 그런 다음 상황을 지켜보며 효과적인 예산 집행비율을 조정해 나갈 것이다.

⁄⁄ ⁄ ⁄

틱톡은 퍼포먼스 지향의 크리에이터가 자신의 퍼포먼스를 알리기에 완벽한 장소일 뿐 아니라, 옷이나 화장품, 운동기구와 같은 것들을 홍보할 수 있는 장소이다. 아티스트는 그림을 그리고 소묘를 창작하는 과정을 배경음악과 함께 동영상으로 만들 수 있으며, 작가는 그날 자신의 느낌을 동영상으로 만들어 표현할 수 있다.

나의 경우는 핵심 콘텐츠의 큰 덩어리에서 영감을 줄 만한 밈을 이끌어 낸다. 나의 히트작은 내가 호언장담하며 소리치는 장면 일부를 발췌해 거기에 배경음악을 입혀 만든 동영상이다. 러시아어로 말하는 내 목소리를 듣고 싶은가? 틱톡에서 Garyvee로 검색하면 들을 수 있다. 또 그웬 스테파니의 〈The Sweet Escape〉 노래에 맞춰 아이스버킷 챌린지에 도전하는 나의 모습을 보라. 거기서 내 인생 최고의 노래를 들을 수 있을 것이다.

자신과 같은 관심을 가진 청중을 위해 콘텐츠를 만드는 사람이 청중과 격차가 있는 콘텐츠를 만드는 사람보다 더 좋은 성과를 낼 때가 많다. 무용수는 직감적으로 다른 무용수를 위해 어떻게 콘텐츠를 제작해야 하는지 알고 있다. 또 자기계발을 통해 자신의 삶을 변화시킨 사람은 비슷한 직관과 통찰을 얻으려는 사람들에게 어떻게 접근해야 하는지 잘 알고 있다.

창의적인 사람들은 어디에서든 창의적이며, 가장 창의적인 사람은 아무도 시도하지 않는 바로 그것에 도전한다. 무엇보다 우리의 창의성은, 틱톡을 비롯한 다른 플랫폼에서도 성공을 가져다줄 변수가 될 것이다.

도전,
틱톡!

나는 가수 겸 배우로 수년간 활동한 후에 어느 날 인기와 돈 등 모든 걸 내려놓고 고향으로 내려왔다. 그리고 나와 가족은 마을과 인접한 숲속 여름 캠핑장을 가족사업으로 운영하기로 했다고 가정해 보자.

우리 가족은 어울리는 가구도 갖추고 개도 사서 키울 만큼 캠프 내 숙소에 정이 흠뻑 들었다. 그렇다고 내가 업계를 완전히 떠난 것은 아니다. 우리는 열정과 전문성을 갖추기 위해 더 많은 연기수업과 뮤지컬을 캠프에 추가할 계획이다. 그렇게 여름 시즌이 끝날 무렵 열리는 캠프의 버라이어티 쇼를 떠올리면 절로 미소가 지어진다.

그런데 불행히도 이 사업은 번창하지 못하고 있다. 지난 10년 동안 우리 캠프 주변에 경쟁업체가 여러 군데 생기면서 사업은 하향세를 면치 못하고 있다. 한번은 등록한 아이들 수가 너무 작아 프로그램을 취소한 적도 있었다. 우리는 이 사업을 되살리기 위해 할 수 있는 모든 것을 시도해 봤지만, 결과는 신통치 않았다. 새로 생겨난 훌륭한 캠프들에 비하면 우리 캠프는 왠지 초라하고 구닥다리 같아 보였다.

그러던 어느 날, 열한 살짜리 조카와 노는데 조카가 자신이 찍은 립싱크 동영상을 보여준다. 그 동영상은 여태 본 것 중 가장 기묘했다. 그 15초짜리 근접 촬영 동영상에서 조카는 여기저기 돌아다니며 춤을 추다가 갑자기 뒤로 걷기도 하고 오리 같은 우스꽝스러운 표정을 짓기도 한다. 또 가수 케샤의 〈Praying〉이 흘러나올 때는 손가락으로 권총 모양을 만들어 쏘는 시늉도 한다. 마치 뮤직비디오의 일부를 발췌해온 듯한 동영상이다.

우리는 누구나 볼 수 있는 이런 사이트에서 놀고 있는 조카의 모습을 아이 엄마가 알고 있는지 물었다. "당연하죠." 조카는 대답했다. "제 친구들 모두 거기 있는 걸요. 이곳은 노래하고 춤추는 곳이에요."

노래하고 춤추는 것에 열광하는 열한 살짜리 아이들이 인정하는 소셜미디어 플랫폼이라는 거였다. 도대체 이런 트렌드를 뭐라고 설명해야 할까?

◊ ◊ ◊

이제 우리 가족은 틱톡에 계정을 개설하고 가장 좋아하는 노래를 부르는 자신의 모습을 촬영하기 시작한다. 그러면서 캠핑객들에게 노래 고르는 것을 도와달라고 요청한다.

캠핑객들은 자신이 고른 노래를 우리가 부르는 모습에 감동 받는다.

특히 나이가 꽤 든 캠핑객들에게 우리는 노래를 무척 잘 부르는 것처럼 보인다(참고로 나는 서른다섯 살쯤 먹었다). 심지어 우리는 립싱크도 안 한 채 리얼 자체의 모습을 보여준다.

우리는 캠프의 이모저모를 보여주는 뮤직비디오도 제작한다. 캠프 내 보트 창고에서부터 탑, 양궁장, 미술 및 공예전시회 건물, 원형극장에 이르기까지 매일 다른 장소에서 촬영해 나간다.

캠프에 온 소녀 중 한 명은 우리의 휴대전화로 자신을 촬영해 줄 수 있는지 묻는다. 우리는 아이들의 부모에게 자녀들과 함께 캠프 계정의 틱톡에 올릴 동영상을 만드는 것에 동의를 구한다. 부모들은 자녀들이 캠프에 와 있다는 것을 알기 때문에 대부분 동의한다.

그때부터 우리는 캠프의 틱톡 계정에 매일 네 가지의 콘텐츠를 만들어낸다. 보통 아이들은 '오늘의 유저 User of the Day'가 될 수 있는 기회를 호시탐탐 노린다. 오늘의 유저는 아이들이 얻을 수 있는 가장 큰 보상이기에 너나 할 것 없이 열심히 콘텐츠를 만든다.

우리의 플랫폼을 아이들이 주도하도록 하는 데는 이유가 있다. 이는 훌륭한 학습전략이다. 틱톡에서 아이들이 보고 싶어 하는 콘텐츠가 뭔지 머리를 싸매고 고민하는 대신, 9~11세 아이들이 주도하게 하면 멋진 결과물들이 나온다. 아이들이 만든 것이기 때문이다.

아이들을 관찰하고 그들의 행동에 주목하면, 틱톡의 구성원인 아이들이 해시태그와 트렌딩 주제를 어떻게 다루는지 알 수 있다.

부모님들의 허락 하에 캠프 올림픽, 폐품 사냥, 마지막 날 캠프파이어를 아이들이 직접 동영상으로 기록하도록 한다.

틱톡 동영상을 만든 아이들은 즉시 친구들을 태그하여 지금 만든 동영상을 보게 한다. 아이들은 그 동영상을 부모님과 친지들에게도 보여준다. 가을 학기가 시작되면 학교에서도 그 동영상을 보는 친구들이 늘어난다. 그렇게 되면 우리의 틱톡 페이지와 캠프의 인지도는 서서히 올라간다.

봄이 되어 부모들이 자녀를 어떤 캠프에 보낼지 고심할 때, 문득 아이가 만든 동영상으로 깊은 인상을 남긴 여름캠프의 이름이 떠오른다. 아이들이 우리 캠프에 참석하겠다고 말하는 순간, 여름캠프 모집은 끝이 나는 것이다.

우리는 가장 알차고 멋진 아이들 캠프의 매니저로 자리매김하고, 캠프의 인지도와 함께 우리의 인기도 고공행진한다. 등록률은 두 배로 늘고, 대중예술 관련 수업도 꽤 인기를 끌어 연중 남은 기간 동안 계속해서 수업을 제공한다. 뮤직비디오 수업도 시작된다. 아이들은 너무 즐겁다. 우리 역시 아이들과 함께 그 어느 때보다도 행복하다.

결국 캠프는 5~8년 이내에 새로운 도시 기반의 대중예술학교를 내세워 아이들의 여름을 책임지는 곳 중 하나가 된다.

시트라 덜점
〈Aesthetic Dental〉
— IG : @DRDURGAM —

시트라 덜점 박사Dr. Chithra Durgam는 사람들이 생각하는 거의 불가능한 일, 즉 치과에 가는 두려움을 즐거운 일로 바꾸어 놓았다. 특히 그녀의 첫 번째 고객 상당수가 그들의 자녀들 요청으로 연결되었다는 사실은 굉장히 놀랍다.

치과병원을 개원했을 때 그녀는 대부분의 의사들이 병원을 홍보하는 방식을 따랐다. 북부 뉴저지의 이웃들이 그녀가 병원을 개업했다는 걸 알 수 있도록 광고메일을 발송했다. 그녀 생각에 소셜미디어는 별 게 아니라 그저 개인적인 선택사항에 불과했다.

하지만 그 후 한 소셜미디어 전문가를 팔로잉하다가 그가 쓴 『크러쉬 잇!』을 읽고 깜짝 놀랐다. SNS에서의 퍼스널 브랜드 구축이 비즈니스 성장에 크게 도움이 된다는 걸 깨닫게 된 것이다. 그녀는 호기심을 느꼈지만 바로 시작하기에는 조금 망설여졌다. 의사와 치과의사는 많은 HIPAA(환자의 개인정보 보호 관련 법) 규칙에 제약을 받고 있었기 때문이다.

"의사들은 마케팅에 대해 다른 의사들이 어떻게 생각하는지 지나치게 주변을 의식하고 염려하는 경향이 있어요."

그러나 그녀는 고심 끝에 이런 결론을 내렸다.

"자유시간에 골프를 치는 대신 그 시간에 환자들과 소통하며 치과 치료에 관한 교육을 한다면 모두 만족할 거야. 나도 시작해 볼까?"

그 후 수년 동안 시트라는 점심시간과 자신의 두 아들이 잠든 후에 하루 4, 5시간을 소셜미디어 활동에 할애했다. 참여와 소통과 교육이 목적이었다.

그녀는 유튜브, 페이스북, 인스타그램 등 유력 소셜미디어에서 활동하고, 블로그에도 활발하게 글을 썼다. 그런데 최근 25세를 넘은 대부분의 사람들과 멀어지게 된 계기가 생겼는데 바로 틱톡 활동을 시작하면서부터다. 그리고 이는 많은 아이들이 부모에게 자신을 시트라에게 데려가 달라고 조르게 된 경위이기도 하다.

그녀는 '치아미백'과 같은 소재를 가지고 색다른 방식으로 립싱크 뮤직비디오를 만들었다. 또한 에드 시런의 〈Shape of You〉를 패러디하며 소리는 내지 않고 입으로만 말하며 건강한 식습관에 관한 공익비디오를 만들기도 한다.

그녀는 영상을 만들며 춤을 추기도 하고 코미디 연기도 하는데, 이때는 종종 흰 재킷을 입고 칫솔을 휘두르기도 한다. 물론 너무 어색해서 바보 같고, '뭐야, 저게 전부야?'라는 느낌을 줄지도 모른다. 하지만 마흔네 살의 치과의사라는 사실은 그녀의 동영상을 보는 사람들을 웃겨 나

자빠지게 했다. 어린 청취자들의 댓글과 응답은 가히 폭발적이었으며, 그녀의 동영상 클립 중 두 개는 틱톡 플랫폼에서 크게 다뤄지기도 했다.

현재 시트라의 어린 환자들, 즉 틱톡의 주 연령층인 그들은 그녀를 팔로우하며, 친구들에게 시트라의 동영상을 보여준다. 그러면 친구들은 집에 가자마자 "엄마, 이 동영상 좀 봐. 나 이 치과에 가고 싶어!"라고 말한다.

시트라는 스냅챗에서도 비슷한 반응을 얻었다. 스냅챗에서는 좀 더 나이가 지긋한 연령층에 맞춘 콘텐츠를 제작한다. 이곳에서 그녀와 그녀의 직원들은 영화 〈미녀 삼총사Charlie's Angels〉의 장면을 각색하고, 비트 모지스 음악 등을 사용해 스냅과 스토리를 만들었다.

틱톡과 스냅챗 외에도 병원 부근의 사람들을 타깃으로 정할 수 있는 인스타그램에서는 온라인 청중이 병원 고객으로 전환되는 전환율이 매우 높다. 사람들은 인스타그램의 다이렉트 메시지를 통해 치과 예약을 한다.

1년 동안 그녀는 다른 플랫폼은 물론, 이 3가지 플랫폼(틱톡, 스냅챗, 인스타그램)에서 일관성 있는 양질의 콘텐츠를 제공하기 위해 노력을 기울였다. 그러는 동안 새로운 환자는 30%나 증가했고, 교정기와 미백 절차에 대해서도 하루에 3, 4건에 이르는 다이렉트 메시지 문의를 받고 있다.

그뿐만이 아니다. WNYW-FOX5의 부회장이자 총책임자인 류 리온이 스냅챗에서 시트라를 보고 치실질에 관해 이야기를 나누자며 〈Good Day New York〉에 초청했다. 마침 그때는 '어소시에이티드 프레스Associated Press'가 보고서를 통해 치실질은 불필요하다고 발표한 직후였다. 참고로 시트라는 치실질 사용에 찬성하는 쪽이다.

방송 출연 이후 시트라는 더욱 유명해져 여러 브랜드와 함께 일하면서 그들이 소셜미디어를 통해 제품을 홍보하는 일을 돕고 있으며, 치과는 물론 다른 분야 의사들의 소셜미디어 관련 컨설팅 문의도 받고 있다.

"저는 이 일을 하기 전부터 퍼스널 브랜드 개발에 관한 것을 배우는데 많은 시간을 투자했어요. 그렇기 때문에 사람들이 기대하는 중요한 정보들을 제가 잘 알고 있다는 자신감이 있었죠."

그러나 그녀 주변의 의사들은 대부분 퍼스널 브랜드 개발에 대해 이해하지 못하고 있었다.

실제로 제게 반발하는 이들도 많아요. 그들은 자신이 쏟은 노력에 대한 즉각적인 보상을 원하죠. 그러니만큼 제가 왜 SNS에 많은 시간을 투자하는지 이해하지 못해요. 소셜미디어 자체가 일종의 기나긴 게임이며, 이는 상품판매 못지않게 중요한 브랜드 개발이란 사실을 알지 못하는 거죠. 우리는 비즈니스에 관련된 사람들과 좋은 관계를 형성해야 해요. 그런데 이게 사람들 눈에는 잘 보이지 않나 봐요. 주변 사람들이 제 방식에 동의하지 않는데 혼자 해나가야 하는 게 좀 외롭기는 했어요.

시트라의 고객 중 몇몇은 대체 그녀가 언제 그렇게 많은 동영상을 찍는 것인지 궁금해 한다.

그럴 때 전 이렇게 말해요. "저희 직원들과 저는 우리 업무에 관해 매우 진지하게 임하고 있어요. 다만 근무시간이 아닌 자유시간에는 환자들과 소통하고 환자들을 위한 교육 프로그램을 동영상으로 제작하며 보내죠." 지금 전 사람들과 반대 방향으로 가고 있는 듯 보이지만, 시간이 지나면 사람들도 소셜미디어가 비즈니스에 매우 유용한 것이란 걸 알게 될 거예요.

『크러쉬 잇!』을 썼을 당시에는 나의 방식대로 플랫폼을 사용하는 사례가 많지 않았다. 그래서 지금 시트라의 사례를 소개하며 흥분을 숨길수 없다. 시트라의 사례는 얼마나 매혹적인가!

불과 몇 분 전까지만 해도 틱톡에 대해 들어보지 못한 사람도 분명 있을 것이다. 시트라와 같은 능력 있는 치과의사가 틱톡 등 여러 플랫폼을 사용해 환자들과 소통하고, 자신이 가진 지식을 다양한 영상으로 제작해 필요한 이들과 공유하는 건 정말 멋진 일이다.

교육과 실행은 이 새로운 세계의 핵심요소임에 틀림없다.

Crushing It!

유튜브,
전 세계를 사로잡다

유튜브 덕분에 나는 너무 행복하다. 빠르게 삶을 변화시키는 데 유튜브만큼 유익한 플랫폼은 없기 때문이다.

2009년, 세계적인 경제위기 이후 수백만 명이 직장을 잃고 이 플랫폼에서 생계를 꾸려 나가기 시작했다. 『크러쉬 잇!』이 나오게 된 것도 이와 무관하지 않다.

그런데 아이러니한 것은 내 커리어에 있어서 가장 커다란 실수를 저지른 곳이 바로 유튜브이다. 2006년에 나는 유튜브에서 단연 눈에 띄는 스타였다. 하지만 『크러쉬 잇!』을 쓰기 시작할 무렵까지 나는 유튜브의 경쟁사인 비들러*를 고집했다. 내 콘텐츠에 잘 맞는 태그 시스템과 관리 팀을 보유해서 우수한 플랫폼이라고 생각했기 때문이다. 당시 내가 단

---

* 비들러(Viddler) : 대화형 온라인 동영상 플랫폼 – 옮긴이

기적인 경제 이득에 현혹되었다는 점도 인정한다. 비들러는 내게 상당한 주식지분을 제공했다. 나는 이 플랫폼을 모든 사람을 위한 공간으로 삼으려 했고, 나의 지지와 능력으로 이 플랫폼은 곧 두각을 나타내리라고 확신했다. 하지만 내 생각은 틀렸다. 그런데 다행인 것은 내가 비들러를 말했든 유튜브를 말했든 결국 동영상에서 좋은 성과를 내는 방법에 관한 내 조언은 똑같을 거라는 것이다.

아마도 '크러쉬 잇!' 모델에서 지금껏 가장 많은 기회와 부를 창출한 플랫폼은 유튜브가 아닌가 싶다. 물론 인스타그램이 이 격차를 점점 좁히고 있긴 하지만 분명히 유튜브가 퍼스널 브랜드를 구축하기 위한 가장 중요한 플랫폼인 것은 확실하다.

이미 유튜브는 TV의 자리도 넘보고 있다. 많은 사람들이 TV 화면에서 유튜브를 스트리밍으로 보고 있으며, 미국의 평일 황금시간 동안 모바일만 따져도 18~49세의 연령층이 TV보다 유튜브를 더 많이 방문하고 있다니 놀라운 소식이 아닐 수 없다.

나는 이 책을 읽는 사람들이 전부 동영상 제작을 즐긴다거나 또 소질이 있을 거라고는 생각하지 않는다. 그래서 글쓰기, 스틸 이미지 및 오디오 등 각자의 재능에 따라 아름답게 보여줄 수 있는 다른 대안이 존재한다는 사실에 감사한다.

---

* 단기적인 경제 이득을 얻기 위해 장기적인 전망을 희생하면 안 된다고 생각하는데 이것은 내 경험에서 나온 말이다. 비들러를 선택한 것이 실수라는 것을 깨닫고 2015년, 유튜브 채널을 다시 구축하게 되었을 때 내 구독자 수는 겨우 4만 명이었다. 비들러의 수익성 높은 제안에 고개를 돌리지만 않았다면, 그 시간 동안 내가 과연 얼마나 많은 사람과 소통할 수 있었겠는가!

그러나 좀 더 현실적으로 생각해 보자. 아마도 지난 30년 동안 『해리 포터』 시리즈의 저자인 J. K. 롤링과 일부 유명 저자를 제외하면 유튜버들만큼 엄청난 수입을 올린 사람은 보기 어려울 것이다.

그렇다. 지금 유튜브 스타들은 다른 어떤 매체의 스타들보다 수입 면에서 월등한 성과를 보여주고 있다.

CRUSHING IT **02**

유튜브
활용하기

평소 동영상에 관심이 없는 사람이라도, 유튜브에 업로드할 동영상 제작을 직접 한번 시도해 보자.

너무나도 많은 사람들이 자신을 카메라 앵글에 담을 만한 존재로 여기지 않는다. 하지만 브이로그 열풍이 몰아닥친 지금, 브이로깅 Vlogging은 아주 평범한 사람들이 참여해 두각을 나타내고 있다. 머리가 특별히 좋거나 아름답거나 뛰어난 재능을 요구하지 않는 것이 유튜버의 세계.

실제 유튜브의 동영상을 보면 뷰티 브이로거나 보디빌더, 그리고 인기 급상승 아이돌들을 제외하고, 즉 외모와 신체조건이 중요한 관련업계의 사람들을 제외하고는 대부분 평범한 모습을 하고 있다.

브이로깅은 만들어 내는 게 아니라 기록이다. 기록은 누구나 할 수 있다. 즉, 말 그대로 누구나 브이로깅을 할 수 있다. 이 플랫폼에 진출하기 위해 뛰어난 재주 같은 건 필요 없다(아무리 그렇게 말해도 이 책을 읽는 99%는 이를 재주로 본다). 만들어 내는 게 아니라 기록을 할 때는, 그 일을 해나가면서 배우면 되기 때문이다.

우리는 (아직) 전문가가 될 필요가 없다. 우리는 (아직) 성공할 필요가 없다. 우리가 해야 할 유일한 일은 나의 브이로그를 흥미롭게 만드는 것뿐이다.

흥미롭다는 건 주관적인 것이다. 내가 정말로 흥미롭게 본 동영상이 뭔지 아는가? 자기 집 차고에서 중고물품 파는 일을 홍보하는 동영상이었다. 이 동영상을 흥미롭게 본 건 나뿐만이 아니다. 유튜브를 검색해 보면 이 주제만을 다룬 동영상 조회 수가 5만 회부터 100만 회를 넘길 정도로 많다는 것을 알 수 있다. 그러니 내가 만든 동영상이 누군가의 눈길을 끌 가능성이 없다고 미리 단정 짓지 말자. 이는 시장이 결정할 몫이다. 안 쓰는 중고물품 몇 점을 차고에 벌여놓고 동영상을 찍은 사람들이 기록한 저 엄청난 조회 수를 기억하라.

브이로그는 누구나 덤벼들 수 있는 분야이고, 유튜브는 이러한 브이로그의 멋진 놀이터이다. 유튜브는 가장 평범한 사람이 자기만의 것으로 뭔가를 성취해 내는 장소이자 우리가 지닌 최고의 장점을 찾아내는 도구다.

관심 가는 것이 너무 많은가? 어디에 소질이 있는지 확신이 잘 안 서는가? 나에게 사람들을 끌어들일 만한 매력과 카리스마가 있는지 잘 모르겠는가?

책에 특별히 관심이 많은 사람이라면 책 전문 브이로거로 나설 것인지, 아니면 최근 즐겨 마시게 된 보이차의 전문가로 나서는 게 나은지 갈피를 못 잡겠는가? 그렇다면 일단 스마트폰을 집어들고 자신의 하루 일상을 촬영해 보자. 그런 다음 그 영상을 매일 유튜브 브이로그로 올려 보자. 어떤 게시물이 더 많은 호응을 끌어냈는지 확인하고, 주목을 많이 받은 부분에 전념해 보자. 내가 가진 물건이 괜찮은지 아닌지 알려면 우선 이 물건을 사람들에게 선보여야 한다는 사실을 잊지 말자.

*   *   *

와인 라이브러리를 시작할 당시 나는 추호도 망설임이 없었다. 내가 유튜브에서 인기 있는 유튜버가 될지 어떨지도 몰랐다.

'와인 리뷰 쇼'를 촬영하는 게 좋겠다는 생각이 든 바로 그 순간, 직원에게 베스트바이에서 캠코더를 사오라고 하여 첫 번째 에피소드를 바로 촬영해서 올렸다.

물론 그렇게 올린 첫 번째 에피소드는 불과 4개월 후에 만든 에피소드와는 완전히 딴판이었다. 에피소드를 만들어 나가면서 어떻게 찍어야 더 멋지게 나오는지 알게 되었기 때문이다.

첫 번째 에피소드를 찍을 때 사실 조금 불안했다. 세상이 나를 어떻게 볼지 걱정해서가 아니라, 내 멋대로 만든 에피소드가 와인 매장에서 매달 1만 달러어치의 와인을 구입하는 오래된 단골 고객들과 맺은 관계를 위험에 빠뜨리지는 않을까 하는 걱정에서였다.

첫 번째 에피소드의 내 모습을 보면 지금의 나와는 정말 다르다. 당시 내가 10년 이상이나 어렸고 몸무게가 7kg이나 더 나갔기 때문이 아니라,

내 성격이 너무 가라앉아 있었기 때문이다.

그때 나는 와인 전문가처럼 이렇게 말했다.

"이 와인 향으로 보아하니 끌리네 아니면 VCC 같군요."

"페트루스 와인은 별로 권하고 싶지 않군요."

에피소드 11화에서는 내 뒷배경으로 1971년 벌어졌던 무하마드 알리와 조 프레이저의 세기의 대결을 담은 흑백사진이 걸려 있었다. 여기에는 간접적으로나마 복싱을 사랑하는 내 모습이 드러나 있었다.

에피소드 40화에서 나는 기쁨과 열정에 관해 말했고, 한 TV 방송에 나온 내 모습을 클립 동영상으로 싣고 있었다. 2006년 TV로 생중계된 NFL 선수 선정 행사에서 나와 친구들 그리고 형 에이제이가 함께 흥분해서 목이 터져라 환호성을 지르는 모습이 방송을 탔던 것이다.

이때부터 나는 에피소드 말미에 다음과 같은 말을 덧붙이며 또 다른 내 모습을 드러내기 시작했다.

"우리는 와인 외에 다른 일에도 열정을 가져야 해요."

급변하는 세상에서 앞으로 어쩌면 유튜브 채널의 파워가 훨씬 더 커질 것이라는 생각이 들었다. 그리고 와인 사업에서 조금 손해를 보더라도 진정한 나를 찾는 여정을 유튜브를 통해 적극적으로 도전해 보는 건 어떨까 하는 생각을 한 것도 바로 이맘때였다.

에피소드 58화에서는 〈난 열 받지 않았어요〉라는 제목에서도 엿볼 수 있듯이 전보다 훨씬 더 날것 그대로의 모습을 보여주고 있었다. 특히 회를 거듭할수록 내 에너지는 상승하고 있고, 목소리는 빨라지고 있으며, 말은 직설적으로 변해갔다. 자신감이 하늘을 찔렀다. "우리는 와인 사업에서 최고의 마케터예요. 와인을 파는 블로그 같은 건 필요하지 않죠." 나는 마치 선홍빛 석류 씨앗을 입에 머금고 독백하듯 "그건 허튼 소리예요!"나 "이 빌어먹을 와인을 맛보세요!"와 같은 거친 표현을 뿜어내기 시작했다.

이렇게 와인 라이브러리 TV가 보여주는 영상의 질과 전달력 그리고 콘텐츠는 날이 갈수록 달라졌다. 나는 쇼가 점점 진화하도록 시간과 공을 들였다. 또 내가 편안하게 쇼의 포맷에 녹아들도록, 청중의 말에 더 귀기울일 수 있도록 신경을 썼다. 이렇게 하다 보니 청중의 반응도 나날이 뜨거워졌다.

하지만 당시 나는 동영상에 전혀 익숙하지 않은 상황이었다. 그런데 만약 이런 이유로 내가 '와인 쇼' 아이디어를 마음속에 꽁꽁 숨겨두고 이런저런 걱정으로 망설이기만 했다면 영원히 쇼를 시작할 수 없었을 것이다. 시작하지 않는 이유를 말하라고 하면 100가지도 더 댈 수 있었다.

그런데 감사하게도 나는 하고 싶은 일 중 어떤 것도 포기하지 않았고 내 직감을 따랐으며 그 결과 오늘에 이르렀다.

* * *

유튜브가 우리를 하루아침에 카리스마 넘치고 재미있는 사람으로 만들어 주지는 않는다. 하지만 내 속에 그런 것이 있다면 그런 모습은 언젠가 드러날 것이다. 자신을 솔직하게 드러내지 않는 사람에게 유튜브가 해줄 수 있는 건 아무것도 없다.

만약 당신이 유튜브라는 플랫폼을 거점으로 정했다면, 하나하나 천천히 시도해 보고 접근방법을 배워 나가고 청중의 반응이 어떤지 살피는 데 1년 정도 할애해 보자. 그리고 청중이 하는 말에 귀기울여보자.

여기서 내가 하고 싶은 말은 '완벽함이 우리의 적이 되게 하지 말자'는 것이다. 겨우 10회 정도 에피소드를 올려놓고 조회 수가 너무 적다거나 청중에게 무시당했다는 이유로 채널을 내려버리는 우를 범하지 말자는 당부이다. 나 자신에게 꼭 성공할 기회를 부여하자.

TV에서 일어나는 모든 일들이 유튜브에서 일어날 수 있다. 팝스타로 뜰 수도 있고, 영화제작자가 될 수도 있으며, 유명 강사가 될 수도 있다.

아침을 여는 TV 스타가 되고 싶은가? 유튜브에서 아침 TV 프로그램을 시작해 보자. 제2의 드류 박사가 되고 싶은가? Q&A 쇼를 시작해 보자. 제2의 레이첼 레이, 오프라 윈프리, 트래비스 스마일리 또는 크리스 하드윅이 되고 싶은가? 유튜브에서 자신이 좋아하는 요리나 멘토링이나 인터뷰나 팝 문화에 대한 이야기를 시작해 보자. 내일 당장 그렇게 해보자.

늦게 시작하면 그만큼 어려움도 더 클 것이다. 가령 10년 전만 해도 동영상을 보는 사람은 많았지만 오늘날처럼 동영상을 만드는 사람은 많지 않았다. 하지만 다른 사람들보다 늦게 출발점에 섰더라도 좋은 콘텐츠에 열정과 성실과 창의력이 있다면 결국 성공할 것이다.

만약 고심 끝에 선택한 내 콘텐츠가 대중의 시선을 끌지 못한다면 다른 콘텐츠로 다시 시작하면 된다. 혹, 누가 아는가? 당신이 올린 총 200회의 카메라 사용법 에피소드 중 94번째 에피소드를 본 여섯 명 중 한 명이 때마침 우리가 선호하는 카메라 회사의 CEO여서 함께 일해보지 않겠느냐는 이메일을 보내올지? 그렇게 되면 괜히 공영방송 채널의 스타와 같은 헛된 꿈을 버리고, 전화를 걸어 그 회사 웹사이트에 올릴 교육용 동영상 제작 건으로 거래를 터볼 수도 있다. 그 회사가 대기업이면 한 에피소드당 40만 건의 조회 수는 확보되므로 이를 통해 브랜드도 구축할 수 있고 광고수익도 기대할 수 있을 것이다.

또 설령 야심차게 시작한 수제맥주 브이로그가 대중의 큰 관심을 얻지 못한다 해도 소프트웨어 개발자로서의 본래 일상보다는 수제맥주 브이로그로서의 일상이 훨씬 흥미롭다는 사실을 발견하게 될 것이다. 그렇게 되면 맥주회사 잉링*에 연락해 직원들을 위한 교육훈련 동영상을 제작해 준다는 제안을 할 수도 있다. 그러면 잉링이 이를 수락하고 1만 달러의 대가를 지급할 수도 있다. 물론 이런 수익이 예전에 벌던 수입과 크게 차이가 없을 수도 있다. 하지만 일요일 밤에 행복하게 잠들고, 월요일을 기쁜 마음으로 맞이할 수 있게 될 것이다.

혹 이런 일로 백만장자가 될 수 있을까? 아니다! 극히 일부만이 그렇게 될 것이다. 중요한 건 우리가 계속 꿈을 꾸며 산다는 것이고 자신의 잠재력을 발견하고 성장시킬 수 있다는 것이다. 그러나 아예 시도조차 하지 않으면 잠재력이 있는지 없는지도 알 수 없다. 장담하건대 그 잠재력은 우리가 생각하는 것보다 훨씬 클 것이다.

---

* 잉링(Yuengling) : 미국 펜실베이니아주 포츠빌에 위치한 미국에서 가장 오래된 맥주회사 – 옮긴이

" " "

새로운 기술 트렌드에 관심이 많은 사람들부터 시작해 이제는 보통
사람들도 TV가 아닌 유튜브로 방송을 시청하고 있다.

이런 추세면 우리의 다음 세대는 TV와 유튜브 사이에 어떤 차이점도
발견하지 못하게 될 것이다. 즉, 유튜브가 곧 TV이며 TV가 곧 유튜브가
되는 시대가 올 것이다.

이쯤 되면 유튜브는 괴물이다. 그런데 페이스북도 유튜브처럼 더 많
은 기능을 추가할 계획을 세우고 있다. 최고의 동영상 플랫폼이라는 10
년간의 아성을 지키고 있는 유튜브와 경쟁하려면 페이스북은 더 열심히
뛰어야 할 것이다.

" " "

유튜브 채널에 올리는 모든 동영상의 시청시간을 전반적으로 늘리고
싶다면 다음 질문들에 확실히 답할 수 있도록 하자.

우선 동영상이 최적화되어 있는가?

- 제목 : 동영상의 제목도 중요하다. 일단 사람들의 시선을 끌어야 하
  기 때문이다. 제목이 동영상의 콘텐츠를 명확하게 나타내고 있는
  가? 제목이 모바일에서도 잘 검색될 만한가? 제목이 짧고 간결할
  뿐 아니라, 마음이 끌리고 최적화된 키워드를 사용하고 있는가?

- 동영상 설명 : 동영상 설명의 상단 두 줄에 최적화 키워드를 사용하
  고 있는가? 동영상 설명에 다른 관련 동영상이나 재생목록에 대한

링크가 있는가? 구독 링크가 있는가? 다른 소셜미디어 계정에 대한 링크가 있는가? 모든 링크를 클릭할 수 있고 추적할 수 있는가?

- 태그 : 설명에 최소한 10개의 태그가 있는가? 단어 하나로 된 태그와 구절로 된 태그가 모두 들어 있는가? 태그가 동영상의 콘텐츠를 정확하게 나타내고 있는가? 태그들이 가치가 있는가? 즉, 다른 경쟁 태그에 묻히지 않고 많은 검색을 유도하고 있는가? 우리는 이 것을 비드큐VidIQ, 구글 애드워즈 키워드 플래너Google Adwords Keyword Planner 및 키워드툴KeywordTool.io과 같은 도구를 통해 확인할 수 있다.

- 미리보기 : 미리보기 이미지가 동영상의 콘텐츠를 정확하게 나타내고 있는가? 미리보기에 텍스트가 있는 경우 모든 기기에서 쉽게 읽을 수 있는가? 텍스트가 있는 경우 제목을 잘 나타내고 있는가?

- 유튜브 카드* : 나의 채널을 좀 더 오래 시청하게 하기 위해, 즉 내가 올린 관련 동영상으로 트래픽을 유도하기 위해 동영상 안에 유튜브 카드가 포함되어 있는가?

다음은 채널의 최적화에 대한 질문이다.

- 배너 : 배너가 채널의 콘텐츠와 장르를 정확히 나타내고 있는가? 배너의 그래픽이 모든 기기에서 깨지지 않고 잘 보이는가?

- 섹션 및 채널 설명 : 최적화 키워드를 사용하고 있는가? 첫 번째 단락에 채널의 개요를 담고 있는가? 업로드 일정이 들어 있는가? 모

---

* 유튜브 카드 : 다른 동영상이나 다른 채널을 소개할 목적으로 유튜브 동영상 우측 상단에 추가하는 카드 - 옮긴이

든 소셜미디어 링크를 클릭할 수 있는가?

- 재생목록 : 채널에 꼭 맞는 재생목록이 있는가? 재생목록의 설명에 최적화 키워드가 들어 있는가? 재생목록이 채널에 접속하는 랜딩 페이지(첫 페이지)에 표시되고 있는가?

- 채널 트레일러(예고) : 방문하는 첫 페이지에 채널 트레일러가 표시되고 있는가? 채널 트레일러는 채널의 콘텐츠와 장르를 정확하게 나타내고 있는가? 최단 시간에 최고의 이야기를 전하고 있는가?

도전,
유튜브!

내 이름을 샘이라고 가정해 보자. 나는 앨라배마주에서 일하는 52세의 보험 영업사원이다. 나의 곁에는 지금 배우자 외에 쌍둥이 자녀가 막 대학에 진학하면서 남겨둔 두 마리의 개만 남은 상태다. 개들은 아이들이 어릴 때부터 가족의 일원으로 함께 살았다.

나는 인생의 새로운 장을 열게 되어 열정이 넘치지만 아이들이 없는 생활에 적응한다는 게 그리 쉽지 않은 것도 사실이다. 아이들은 심심하고 잔잔한 중년부부의 일상에 말썽을 일으키고, 드라마를 선사하고, 불꽃 튀기는 생동감과 어디로 튈지 모를 긴장감을 더하던 존재였다.

우리 부부는 한 회사에서 20년간 일해 왔으며, 은퇴하려면 아직 10~15년이 남았다. 꾸준히 저축하고 현명하게 투자하여 빚도 거의 없고 집을 살 때 받은 대출도 대부분 갚은 상태다. 이 정도면 괜찮은 인생 아닌가? 뭐, 그럭저럭 괜찮다!

우리 부부는 앞으로 대략 30~40년 남은 삶이 '그럭저럭 괜찮은 삶' 이상이기를 바란다. 우리는 이 삶이 '멋들어진 삶'이 되기를 바란다. 마침 아이들도 대학 진학으로 집을 떠나면서 예전보다 활용할 시간이 두 배나 된다.

어느 날, 나의 가장 친한 친구가 〈다음 60년간의 삶을 위한 6분 6 Mins for the Next 60 Years of Your Life〉이라는 긴 제목의 동영상을 보내온다(유튜브에서 한번 찾아보자).

이를 보고 우리 부부는 그동안 사느라 바빠서 내려놓았던 각자의 취미와 관심사를 떠올려 본다. 우리는 춤이라면 사족을 못 썼다. 어릴 적 어머니의 강요로 볼룸댄스를 배웠지만, 놀랍게도 우리는 살사와 메링게, 스윙의 리듬에 맞춰 흔드는 걸 즐겼을 뿐 아니라 그런 춤들을 기막히게 잘 추었다. 이후 춤은 데이트에 빠트릴 수 없는 프로그램이었고, 아내를 만나게 된 것도 다 춤 덕분이었다. 하지만 결혼생활에 정착하면서 우리는 이 취미를 내려놓았다. 체육관에 마지막으로 들린 지도 어언 6년이 지나서, 천근 같은 다리로 스텝을 두 발짝만 떼어도 무릎이 휘청거릴지 모른다. 어쩌면 기본실력이 있으니 괜찮을지도 모른다. 그리고 설령 무릎이 휘청여도 어쩌겠는가! 웃으며 다시 스텝을 밟는 수밖에….

나는 춤을 추자고 아내를 설득한다.

"이제 몸도 좀 만들어야 하니, 다시 춤을 춥시다. 그리고 한참 연습해야 하니 전 과정을 촬영해 볼까?"

아내는 흥분의 빛을 감추지 않고 허리의 지방 덩어리를 꼬집으며 동의해올 것이다.

우리 부부는 YMCA 체육관 멤버십 카드가 여전히 쓸 수 있는 상태라는 사실을 알게 된다. 지난 6년 동안 발길을 끊었는데도 말이다.

첫날, 러닝머신에서 충분히 뛰니 기분도 산뜻하고 몸이 가볍다. 이 장면만으로 3분짜리 첫 동영상을 만든다. 하지만 우리의 갑작스러운 육체활동으로 근육이 놀라 그 다음 이틀 동안은 침대에서 일어나지도 못한다. 이제 우리는 침대에서 단 두 명의 팬에게 보여주기 위해 어제와 오늘 있었던 일, 그리고 춤을 다시 추려는 계기를 설명하는 동영상을 촬영한다(참고로 두 명의 팬은 쌍둥이 형제다!).

우리 부부는 식습관을 바꾸고 체육관 운동에 매진하며 일주일에 두 번 댄스 레슨을 받는다. 우리는 매일 그 과정을 촬영해 브이로그로 올리면서 우리가 좋아하는 것과 좋아하지 않는 것, 다이어트 비법, 수업에서 배운 내용, 그리고 흥미로울 만한 내용들을 공유한다. 한 달 후, 구독자는 네 명이 된다. 우리는 새로운 두 명이 아이들의 친구라는 것을 확신한다. 그래도 괜찮다.

6개월 동안의 결과는 너무 놀랍다. 우리가 이 여정에 쓴 비용은 1달러에 불과한데, 새로운 경험을 통해 결혼생활에 지쳐 사라졌던 불꽃들이 다시 스파크를 내기 시작한 것이다.

우리 부부는 즐거운 시간을 함께 하며, 중요한 장면은 동영상으로 기록한다. 조금씩 늘어나는 구독자들이 누구인지는 몰라도, 댓글을 남기는 사람들과 소통하며 그중 일부는 아들 형제 기숙사 친구들의 친지라는 사실을 알아낸다.

우리 부부는 지역에서 열리는 댄스경연대회의 초보급 경연부문에 참가할 용기를 낸다. 생각해 보니 어차피 정상에 서려는 것이 아닌 이상 경연에 별 부담을 느낄 필요는 없다. 동영상 에피소드 489화는 우리 부부가 6시간 동안 경연에 참가하여 초보급 부문 동상을 수상하는 장면을 보여준다. 이어지는 동영상들은 챔피언십 경연에 이르는 여정뿐 아니라, 지루한 일상이 활력 있는 삶으로 바뀌어 가는 마술 같은 변화를 담아낸다.

상황은 계속 좋아진다. 2년 동안 춤 연습과 함께 브이로깅을 하면서 우리는 수천 명에 달하는 사람들에게서 관심을 받는다. 그들은 '젊은층과 날씬한 사람들의 전유물'로 여겨지던 댄스를 중년에도 얼마든지 다시 시작할 수 있다는 걸 몸소 보여준 우리 부부에게 엄청난 감동을 받았다고 말한다.

우리 부부는 아주 평범한 사람들인데 이상하게 그들은 우리를 보며 즐거워한다. 팬들은 우리가 의상 고르는 것을 도와주기도 하고, 건강에 좋은 특정 운동을 제안하기도 하고, 춤에 관한 이야기를 공유한다. 우리는 그들이 취미생활뿐 아니라 부부관계를 활력 있게 하는 비결에 대해서도 함께 소통하고 있다는 사실을 깨닫는다.

우리의 청중이 점점 늘어나면서 우리는 팬 중 일부를 직접 만난다. 우리 부부가 스타라도 되는 것처럼 만나고 싶어 하고 같이 사진을 찍고 싶어 하는 사람이 얼마나 많은지 알게 되며 정신이 멍해진다. 우리의 팔로워들은 이제 다른 유튜브 댄스 채널에 연락해 우리 페이지에 콘텐츠를 올리거나, 인터뷰에 관심이 있는지 물어봐도 될 만큼 규모가 커진다.

또 댄스 학교와 교사들, 그리고 〈유캔댄스〉 〈댄싱 위드 더 스타〉의 팬 페이지들과 댄스 의상 브랜드, 댄스 콘퍼런스, 경연 등에서도 우리 쇼에 자신들의 브랜드를 게시하거나 출연할 수 있는지 등을 묻기 위해 연락을 취해오기 시작한다.

아울러 우리는 운동복 브랜드, 공연장, 그리고 스포츠음료 회사들에 게서 스폰서십 제안을 받기 시작한다. 주간에 우리 부부는 여전히 보험 판매 일을 하지만, 동트기 전과 늦은 밤에 동영상을 편집하고 팔로워들과 소통하고 새로운 비즈니스를 개발한다. 그리고 주말에는 춤을 춘다. 그렇게 둘이서 함께 삶의 황금기를 보낸다.

우리 부부가 이 프로젝트를 시작한 지도 어언 6년이 지났다. 지금 우리는 58세이고, 댄스와 건강한 라이프스타일, 그리고 자기계발 관련 브랜드 수입으로 인해 예전에 비해 소득이 두 배로 늘었다. 우리 부부는 몇 년 안에 아이들 학비 대출금을 다 갚을 것이고 그때가 되면 보험 일에서도 은퇴할 수 있을 것이라 생각한다. 하지만 앞으로 아무리 힘들어도 브이로그에서 은퇴할 생각은 추호도 없다.

변화는 늘 두려운 것이었는데 유튜버가 되면서 일어난 삶의 변화는 너무나 즐거운 것이었다. 이런 변화라면 얼마든지 환영이다!

""

중년의 유튜버 춤꾼 부부 이야기는 내가 지어낸 것이지만, 충분히 일어날 법한 내용이다. 나도 이 일을 할 수 있고, 우리의 부모도 할 수 있다. 심지어 우리의 할아버지와 할머니도 할 수 있다.

다니엘 마크햄
〈What's Inside?〉
— IG : @WHATSINSIDE —

아들의 학교 숙제(과학 과제) 때문에 인생이 바뀐 사람이 있다. 바로 제약회사 판매 대리인에서 아들과 듀오를 이뤄 세계의 절반을 누비며 물건을 반으로 자르는 일에 전념하게 된 다니엘 마크햄Daniel Markham을 두고 하는 말이다. 수십 년간의 시험과 실험 그리고 생활상의 경험을 통해 다니엘과 그의 아들은 '벼락성공'을 거머쥐었다.

다니엘은 자라면서 항상 기업가가 되고 싶었다. 하지만 어린 자녀 때문에 대학을 졸업하자마자 글로벌 비즈니스 및 금융 전공을 살려 제약회사 영업담당자로 들어갔다. 수입은 쏠쏠했다. 또 다니엘은 웹사이트를 만들어 부업(그의 말마따나 '완전히 실패한 자질구레한 이런저런 사업')에 손을 댔다. 여기서 대박이 나면 직장을 그만두려는 속셈이었다.

유튜브가 생겨났을 때 다니엘은 자신이 사는 유타에서 멀리 떨어져 살고 있는 부모님에게 보여줄 요량으로 자신과 아이들, 그리고 아내가 함께 찍은 동영상을 유튜브에 올리곤 했다. 또 그는 자신의 웹사이트에 작은 팝업 광고를 내걸어 구글 애드센스Google AdSense를 통해 수입을 얻기도 했다. 하지만 같은 방식으로 시도한 유튜브 채널에서는 전혀 재미를 보지 못했다. 그의 동영상을 시청하는 사람이 아무도 없었기 때문이다.

그러던 어느 날, 아들 링컨이 학교에서 내준 2학년 과학 과제로 아빠에게 도움을 청해왔다. 과제는 '자신이 질문할 거리를 하나씩 골라 스스로 묻고 답하기'였다.

지난해 링컨은 '우리는 왜 코딱지가 있는가?'라는 질문을 고른 후, 자신이 발표할 포스터 보드에 초록색 찐득이로 속이 가득 찬 거대한 코를 붙여 놓았다.

올해는 '우리는 왜 귀지가 있는가?'라는 질문에 관심이 있었지만, 다니엘이 볼 때 그것은 지난번 것과 너무 흡사했다. 그래서 링컨은 자기가 좋아하는 스포츠와 관련된 질문, 즉 '스포츠 공 안에는 무엇이 있는가?'를 알아내기로 했다.

링컨은 아빠의 도움으로 공을 반으로 자르는 과제를 시작했다. 다니엘은 그 과정을 촬영하기로 마음먹고, 자신의 유튜브 채널 중 하나에 링컨의 과제 결과를 올렸다. 다니엘은 이 과정에서 눈에 잘 띄도록 채널의 이름을 〈링컨 마크햄Lincoln Markham〉으로 바꿨다. 이는 발표를 마친 링컨이 이 채널을 공유해 선생님과 급우들이 원하는 시간에 그 동영상을 볼 수 있도록 하려는 것이었다. 그때까지 다니엘은 작년에 만든 그 코딱지 동영상을 비롯해 그간 만들어온 약 80편의 동영상을 올렸는데, 이번 것을 올리며 기발한 제목과 태그를 활용해 그 동영상들을 더욱 매력적으로 포장했다. 그때가 2014년 1월이었다.

그로부터 약 1년 후인 2014년 12월의 어느 날, 다니엘은 구글 애드센스를 통해 4달러를 벌었다는 알림을 받았다. 출처를 확인해 보니 이 수입은 웹사이트에서 나온 것이 아니었다. 그는 유튜브를 확인했다. 소득을 창출하기에 충분한 인원이 동영상을 시청하고 있었다. 설명할 순 없지만, 유튜브가 이제 그의 동영상을 좋아하기로 마음먹은 모양이었다.

어느새 사람들은 다니엘의 동영상을 클릭하고 있었고, 어떤 사람들은 댓글을 통해 링컨이 다른 종류의 공도 잘라보도록 제안했다. 다니엘은 '이게 바로 그 기회일지도 모르겠군!'이라는 생각이 들었다. 그래서 링컨에게 지금 일어나고 있는 일을 보여주며 링컨이 더 많은 동영상을 만드는 데 관심이 있는지 물었다. 두 사람은 함께 그 일에 올인을 하기로 결정했다.

다니엘 부자는 채널 목록에서 다른 동영상들을 보이지 않게 설정하고 채널 이름을 〈What's Inside?〉로 바꾼 후 공들을 자르기 시작했다. 매주 토요일, 두 사람은 4~5시간을 할애해 다니엘의 스마트폰으로 여러 종류의 공을 자르는 동영상을 촬영하고, 이 동영상들을 유튜브에 올렸다. 유튜브 플랫폼 사용법을 더 많이 알게 되면서 다니엘 부자는 매주 토요일에, 그리고 심지어 여행을 하는 중에도 계속해서 동영상을 촬영했다. 동영상은 한 주에 하나만 올렸다.

이후 다니엘이 영상편집 앱인 파이널 컷 프로의 사용법을 익히고 스토리텔링 요소를 강화하면서, 동영상은 더 나아지고 세련되어졌다. 예를 들면 그들은 이제 축구공을 자를 때 축구공을 던지는 모습을 담은 화면으로 시작한다. 또한 그들은 화상 콘퍼런스에 참석하고, 다른 유튜버들과 네트워킹을 하면서 훨씬 많은 것을 배웠다.

어드벤처 및 익스트림 스포츠 비디오그래퍼인 데빈 그래햄IG : @ devinsupertramp이 유튜브에서 번 돈이 애드센스에서 10%, 라이센싱 콘텐츠에서 20%, 스폰서 비디오에서 70%였다고 공표한 것을 듣게 된 것도 바로 이 이벤트 중 하나인 첫 번째 CVX 라이브에서였다.

"전 완전 깜짝 놀랐어요. 이내 이런 생각이 들더군요. '아, 세상에! 동영상에 자사 제품이 노출되기를 바라는 브랜드들로부터도 돈을 벌 수 있구나.' 이는 제게 완전히 새로운 세계였죠."

때는 2015년 여름이었고, 다니엘은 제품 홍보에 도움이 될 만한 창의적인 제작물에 브랜드 기업들이 돈을 지급하는 마케팅 웹사이트 페임빗FameBit을 통해 첫 번째 브랜드 계약을 체결했다. 그는 정육면체 퍼즐인 루빅스 큐브를 자르고 250달러를 벌었고, 매트리스를 자르고 1,000달러를 벌었다.

"아, 이제 뭔가 되는구나 싶었어요. 1,000달러라니! 저와 링컨은 공 대신 그저 매트리스를 잘랐을 뿐인데 말이죠!"

몇 달 후 다니엘은 숀 맥브라이드IG : @SHONDURAS를 만났다. 숀은 100만 구독자에 이르기까지 다니엘과 링컨이 이뤄낸 채널의 규모를 보며, 이제 그들이 할 일은 거대한 인플루언서 마케팅 캠페인을 다루는 광고 에이전시를 찾아 홍보사업을 제안하는 것이라고 말했다.

"다시 눈코 뜰 새 없이 바쁜 삶이 시작되었어요. 우선 전 약을 팔면서 여덟 개의 다른 주로 출장을 다니는 본업에 충실해야 했죠. 아울러 전국 최고의 비디오 콘퍼런스인 비드콘에서 강연하는 사람들을 만나기 위해 그들이 묵는 호텔에 가서 밤이 될 때까지 죽치고 있어야 했어요. 당시 저는 광고에이전시 소속의 모든 사람에 관해 구글링을 했고, 그들이 어떤 고객들을 위해 일하는지 알아냈으며, 이메일이나 게시판을 통해 연락을 취했어요."

마침내 그중 한 에이전시가 다니엘에게 응답해왔다. 다니엘은 에이전시 측이 브랜드에 대한 독창적인 아이디어를 찾고 있다면 아들과 함께 기꺼이 일하고 싶다고 말했다.

"우리 부자는 어떤 물건이든 잘라 안에 있는 것을 보여주는 일을 하고 있다고, 이는 마치 개봉되지 않은 제품을 열어서 보여주는 것과 같은 일이라고 말했더니 이렇게 대답하더군요. '우선 이 기밀유지협약NDA에 날인부터 하시고, 이야기를 나눠보시죠.'라고."

알고 보니 빌 게이츠와 멜린다 게이츠 부부가 운영하는 재단이었다. 게이츠 부부는 현 글로벌 문제에 대한 자신들의 입장을 정리하여 보여주고, 세계의 긍정적인 변화를 위해 사람들이 일하도록 북돋우는 연간 서한을 보내고 있었다. 〈What's Inside?〉와 일부 다른 채널들은 바로 이 연간 서한에 대한 관심을 끌어모으기 위해 선정된 채널들이었다. 그해 서한의 주제는 '우리가 갖고 싶은 초능력 두 가지Two Superpowers We Wish We Had'였다.

필리핀에서 태어난 다니엘은 필리핀의 공용어인 타갈로그어로 말할 수 있었고, 거기서 2년 동안 예수 그리스도의 후기성도교회LDS 선교사로 일했다.

그는 깨끗하게 마실 수 있는 물을 개발도상국에 공급하는 것을 자신의 초능력으로 정했다. 즉, 링컨을 필리핀으로 데려가 식수 부족이 왜 그토록 심각한 문제인지 보여줄 생각이었다. 이는 첫 번째 '대형 브랜드' 거래일 뿐 아니라 그의 삶에서도 아주 중요한 순간이었다.

"아들과 저는 평소 우리가 좋아하고, 채널에도 잘 맞고, 그래서 함께 일하고 싶은 브랜드를 찾아 바쁘게 뛰었어요. 우리가 좋아하지 않는 브랜드에 군이 맞춰가며 일을 하고 싶지는 않았거든요."

이 말은 브랜드 거래 자체를 거절할 수도 있고, 때로는 수익성이 좋은 거래도 거절할 수 있다는 뜻이다. 다니엘은 장난감을 자르는 비디오를 만들 경우 3~5만 달러를 지불하겠다고 한 어느 에이전시의 제안을 거절할 당시를 떠올리며, 자신이 정신을 차리도록 도와준 아들에 대해 뿌듯한 마음을 감추지 않는다. 당시 그 제안에는 문제가 있었다.

아이디어가 그다지 흥미롭지는 않았어요. 우리가 그 장난감을 자르기 시작하면 사람들은 생각하겠죠. '내가 왜 이걸 보고 있지?' 하지만 솔직히 전 그 일을 어떻게든 해볼 방법을 찾고 있었어요. 제 연봉의 무려 4분의 1에 달하는 금액이었으니까요. 그런데 그때 링컨이 말했어요. "아뇨, 아빠 이건 절대로 안 돼요. 이 일을 하면 우린 완전 배신자가 될 거예요. 사람들은 우리를 미워할 거예요!" 전 링컨의 말을 듣자마자 이렇게 말했어요. "네 말이 맞아!" 당시 링컨은 열 살이었죠.

두 사람은 그 일을 포기하고 다른 동영상을 진행했다. 하지만 시청자를 실망시킬 것 같다는 느낌이 또 강하게 들었다.

그 동영상은 방울뱀의 꼬리를 자르는 일이었다. 다니엘 부자는 휴가 겸 동영상의 앞부분을 촬영하기 위해 피닉스동물원을 방문했다. 그런데 애써 촬영한 것을 올릴 엄두가 나지 않았다. 다니엘의 눈에도 너무 김빠지는 동영상이었기 때문이다. 잘라낸 방울뱀의 꼬리 안은 텅텅 비어 있었다.

하지만 휴가 중이던 두 사람에게는 그 주에 올릴 다른 동영상이 없었다. 그래서 다니엘 부자는 촬영한 영상의 끝부분을 편집해 올리기로 했다. 장거리 자동차 여행으로 피곤이 가시지 않은 상태였지만 말이다. 다니엘은 장장 일곱 시간의 편집 끝에 다음날 아침 교회로 출발하기 직전, 겨우 동영상을 올릴 수 있었다.

그런데 이 게시물은 2016년 유튜브에서 '최고인기 동영상' 순위 3위에 올랐고, 첫 한 주 동안 무려 4,200만 회의 조회 수를 기록했다.

다니엘과 링컨에게는 완전히 새로운, 또 엄청난 수의 구독자가 생겼다. 이들 중 상당수는 기존 구독자보다 상당히 연령이 높았다. 또 그중에는 광고대행사 및 관련 브랜드에서 일하는 사람들도 있었다. 이때부터 대형 마케팅 담당자들이 먼저 다니엘에게 연락을 취해오기 시작했다.

그리고 2016년 7월, 다니엘은 오래도록 해온 영업자 일을 그만뒀다.

제 나이대의 사람들도 소셜미디어를 이해하지 못하는 사람이 많은데 하물며 나이 많은 부모님은 어떻겠어요? 제가 유튜브 동영상 때문에 오래도록 일한 꽤 괜찮은 직장을 떠난다고 말씀드렸을 때, 부모님은 걱정을 많이 하셨어요. 제가 유튜브에서 얻은 성과를 자세히 말씀드렸는데도 말이죠.

항상 그를 지지하던 다니엘의 아내는 〈Fortune〉이 선정한 100대 기업에 다니며 자신의 일을 좋아했지만, 그렇게 일만 했다가는 자녀들에게 소홀할 수도 있고 생활의 균형이 깨질 수도 있다는 우려가 분명해지자 회사를 그만두었다.

링컨은 어떨까? 링컨은 여전히 아빠와 함께 동영상을 만들지만, 학교에 다니면서 골프도 치고 친구들과도 잘 어울리고 있다. 다니엘은 가족 채널을 운영하고 있는 만큼, 자녀들의 어린 시절을 보호해야 한다는 생각이 확고하다. 그는 가족이 함께하는 환상적인 여정에 관해 건전한 시각을 견지하고 있다.

저는 링컨이 아직 어린만큼 친구들처럼 평범한 생활을 하며 자랐으면 좋겠어요. 물론 전 지금도 자르기를 포함해서 아주 멋진 스무 개 정도의 아이템을 살펴보고 있어요. 하지만 링컨이 방과후에는 친구들과 놀러도 가고 즐겁게 지냈으면 좋겠어요. 그래서 오늘은 링컨과 동영상 작업을 하지 않을 거예요. 이건 아주 중요하고도 까다로운, 균형에 관한 문제죠.

나이키는 이메일을 보내며 이런 말을 하더군요. "우리는 링컨이 이 캠페인으로 세계 최고의 인플루언서 중 한 명이 되었으면 해요." 하지만 저는 링컨이 세계 최고의 인플루언서가 되는 일에 대해 그다지 깊이 생각해 보지 않았어요. 나이키가 기대하는 그 커리어가 꼬리표처럼 평생 링컨을 따라다닐 거라는 생각은 언뜻 해봤지만!

브랜드 거래 문제로 바쁘고 정신없었지만 제 생각에 그건 그리 중요하지 않아요. 우리에게 중요한 건 첫 번째 동영상을 계기로 우리가 빌 게이츠를 만나게 되었다는 사실이에요. 돈이 아니에요! 빌 게이츠와의 만남은 우리 가족에게 영원히 멋진 추억으로 남을 겁니다.

우리는 사는 동안 내가 어떤 분야에서 끝내주는 성과를 낼 수 있을지는 알 수 없잖아요? 열정적으로 그리고 성실히 꾸준하게 하다보면 그 일이 뭔지 알게 될 겁니다.

저는 제가 이렇게 아들과 물건을 자르는 일로 유명하게 될지 상상도 못했어요. 한 가지 확실한 건, 아무런 시도도 하지 않고 다양한 실패를 경험하지 않았다면 이런 날은 결코 오지 않았을 거예요.

다니엘 마크햄과 그의 가족은 뛰어난 전문가들이다. 그들은 치열하게 고민하며 연구했고, 작은 세부사항에도 주의를 기울였으며, 자신들에게 맡겨진 일에 충실했다. 참으로 부럽고도 흥미로운 가족이 아닐 수 없다.

4장

*

페이스북

Crushing It!

CRUSHING IT **01**

무조건
페이스북

페이스북은 2004년 2월에 개설되어, 퍼스널 브랜드의 구축과 경제적인 효과 면에서 유튜브와 어깨를 나란히 하는 소셜 네트워크 서비스이다.

그런데 페이스북은 2017년부터 접속률이 떨어지며, 항간에서는 한물 간 채널이라는 이야기까지 나오고 있다. 페이스북은 베이비붐 세대와 X세대가 가족과 함께 찍은 사진을 공유하거나, 미드 〈왕좌의 게임〉의 등장인물 중 자신이 누구와 닮았는지를 묻는 신변잡기용 채널에 불과하지, 자라나는 청소년들이 시간과 돈을 투자할 만한 곳이 아니라는 것이다.

하지만 이는 정말 오해이다. 우리가 퍼스널 브랜드를 탄탄하게 구축하고 싶다면 페이스북 페이지를 당장 개설해야 한다. 페이스북은 20억 명 이상의 월간 활동 사용자를 보유하고 있으며, 그중 절반 이상은 매일 사용하는 것으로 알려져 있다. '사생활 공개 범위'라는 민감한 문제에 있어서도 페이스북은 '조금만 알아보면 보고 싶은 만큼 보고, 보여주고 싶은 만큼만 보여주는' 데 최적화된 서비스이다. 특히 페이스북은 사용자 기반이 두터워서 가장 폭넓게 사람들과 소통할 수 있는 플랫폼이다.

✳ ✳ ✳

페이스북 이용을 권장하는 데는 몇 가지 이유가 있다. 우선 다른 플랫폼과 달리 페이스북은 탄력성과 유연성이 뛰어나기 때문이다.

글이나 사진은 유튜브에서 사용하기 어렵다. 인스타그램은 사용자의 페이지에 최대 1분짜리 동영상만 허용하고 있다(IGTV는 10분 또는 60분 가능). 또 길게 쓴 콘텐츠는 트위터에서 호응받기 어렵다. 하지만 페이스북에서는 글과 사진, 1분 이상의 동영상 그리고 블로그 포스트의 링크를 걸어도 쉽게 호응을 얻는다. 또한 페이스북에서는 사진이나 사운드클라우드 앱으로 음악만 올려도 사람들의 호응을 얻기 쉽다. 더구나 13초짜리 동영상이든 31분짜리 동영상이든 페이스북에서는 제한이 없다.

이처럼 페이스북의 유연성은 창의력을 끌어내는 데 강력한 힘을 발휘한다. 또한 페이스북은 가장 광고지향적이어서 등한시할 수 없는 플랫폼이다.

페이스북을 이때까지 잘 몰랐다면 지금 페이스북에 가서 계정을 개설하자. 왜냐하면 페이스북이 퍼스널 브랜드를 위해 핵심 콘텐츠를 창출하는 공간은 아닐지라도, 다른 플랫폼에서 이루어지는 활동이 공유되고 발전에 도움이 되는 플랫폼이기 때문이다.

페이스북은 독창적인 콘텐츠를 만들 수 있는 일종의 캔버스일 뿐 아니라 우리에게 꼭 필요한 유통 채널이다.

페이스북의 DNA는 입소문이다. 즉, 이곳은 공유의 최전선이다. 대체로 다른 플랫폼에서 열혈 사용자들은 그랜드 슬램을 달성하거나, 혹은 삼진아웃이라는 극단적인 결과를 맞는다. 하지만 페이스북에서는 그럴 일이 없다. 이 플랫폼에서는 적어도 매일 61명이 공유한다. 만일 콘텐츠 제작에 능숙하다면 200명이 공유할 수도 있다. 물론 그다음 콘텐츠들에는 공유 숫자가 13명으로 떨어지는 날도 있을 것이다. 하지만 결국 7,000명이 공유하는 날이 올 것이다. 콘텐츠를 공유할 때마다 아무리 보잘것없는 콘텐츠라도 브랜드 인지도가 자연스레 구축되는 셈이다. 한마디로 페이스북은 팔로워 수에 크게 관심 없는 사람들이 자신의 퍼스널 브랜딩 활동을 펼치기에 가장 좋은 플랫폼이라고 할 수 있다.

또 엄청나게 세분화된 페이스북의 타기팅Tagering 기능 덕분에 우리는 타깃을 내 관심사와 우편번호, 직장 등으로 분류할 수도 있다. 그리고 페이스북은 예산에 구애받지 않고 자유롭게 이용할 수 있다. 가령 최신유행을 따라 자신의 브랜드를 론칭하는 경우 타깃 선택만 잘하면 단돈 10달러로 뛰어난 포스팅 효과를 얻을 수 있을 뿐 아니라, 2,600회의 노출도 가능하다.* 1,000회 노출당 비용CPM은 시장에 따라 다르지만 페이스북은 가장 저렴하면서도 효과적인 광고제품 중 하나로, 이른바 초창기 시절 구글의 애드워즈와 견줄 만하다.

---

* 노출은 광고가 사용자의 스크린에 매번 보여질 때마다 자동으로 기록된다.

물론 장담할 일은 아니다. 페이스북의 광고가격이 앞으로 두 배 또는 그 이상 오르게 될지 어떻게 알겠는가!

페이스북은 동영상 부문에서 유튜브의 가장 치열한 경쟁자로 거론되고 있다. 설립자 마크 저커버그는 동영상을 '모바일과 동일한 자연의 메가트렌드'라고 부르며, 동영상이 페이스북의 미래라는 사실을 분명히 했다. 2016년에 그는 버즈피드˚에 "앞으로 5년 뒤의 모습을 미리 내다본다고 할 때, 사람들이 매일같이 페이스북에서 보고 공유하는 콘텐츠의 대부분이 동영상이라고 해도 전 별로 놀라지 않을 거예요."라고 말한 바 있다.

그래서 사람들은 이렇게 생각할지도 모른다.

'유튜브 동영상을 만들었으니, 이것을 페이스북에도 올려야겠다. 하나의 돌멩이로 두 마리의 새를 잡아야지!'

하지만 그렇게 우쭐댈 건 없다. 페이스북의 알고리즘은 항상 자체 플랫폼에서 먼저 만든 콘텐츠에 우선권을 부여하기 때문이다. 따라서 다른 플랫폼에서 만든 콘텐츠를 재활용하기보다 처음부터 페이스북을 위한 동영상을 만들자. 그래야 훨씬 더 효과가 크다.

동영상에 흥미를 불러일으킬 만한 멋진 제목이 달려 있는가? 첫 3초 동안 사람들의 마음을 사로잡는가? 가족 구성원이나 친구와 공유하고 싶어 하는 페이스북 주 연령층의 마음을 잘 반영하고 있는가? 동영상을 올리자마자 '댓글'과 '좋아요' 등의 반응을 이끌어내고 있는가?

˚ 버즈피드(BuzzFeed) : 미국의 뉴스 엔터테인먼트 웹사이트 - 옮긴이

페이스북에서 동영상은 여전히 미지의 영역이라 할 수 있다. 이 말은 우리가 유튜브보다는 페이스북에 동영상을 올릴 때 더 빠른 주목과 더 많은 지지를 얻을 수 있다는 의미이다.

그렇다고 페이스북에 올리는 것만이 능사라는 뜻은 아니다. 페이스북에 전념하는 일이 나의 브랜드에 가져올 수 있는 영향력을 과소평가하지 말자는 의미이다.

페이스북은 마케팅, 판매 그리고 브랜딩을 모두 한자리에서 할 수 있는 최초의 플랫폼이다. 관심을 끌어낼 수 있는 매월 20억 명의 잠재고객을 보유하고 있는데도, 그 가치가 여전히 평가절하되고 있다는 건 아쉬운 일이 아닐 수 없다.

페이스북
활용하기

페이스북은 사용자들이 친구들과 실시간으로 소통하며, 생생하고 즉각적인 경험을 할 수 있도록 모든 것을 라이브Live에 넣었다. 다만 페이스북 라이브는 파급력이 강한 반면, 가장 어려운 대중예술 방식이라는 점을 알아두자. 뉴스, 스포츠, 시상식이나 〈새러데이 나잇 라이브Saturday Night Live〉 외에 라이브 TV쇼 프로그램이 거의 없는 데는 다 이유가 있는 것이다.

우리가 원하는 순간에 청중의 일상에 지장을 줄 정도로 그들의 주목을 끌어내는 데는 엄청난 기술이 요구된다. 즉, 친구들이 스스로 원하는 시간에 동영상을 보도록 하는 것보다 라이브는 더 많은 노력이 필요하다.

달라스에 사는 캔디스 페인Candace Payne의 사례를 한번 살펴보자.

// // //

그녀에 대해 한번이라도 들어본 적이 있는가? 우리는 그녀를 '츄바카 엄마Chewbacca Mom'로 더 잘 알고 있을 것이다.

2016년 5월 19일, 페인은 자신의 페이스북 친구들에게 방금 전 콜몰에서 구입한 선물을 보여주기 위해 페이스북 라이브를 켰다. 그 물건은 으르렁거리는 표정의 츄바카 마스크였다.

페인은 너무 신이 나서 집에 갈 때까지 기다릴 수 없었다. 그래서 콜몰의 주차장에서 자신의 차 안에 앉아 촬영을 시작했다. 그녀는 이 게시물에 '삶에서 얻는 작은 기쁨It's the Simple Joys in Life'이라는 제목을 붙였다.

츄바카 마스크를 쓴 그녀의 모습은 우스꽝스러웠다. 하지만 사람들의 관심을 끈 것은 연신 '맙소사!'를 외쳐대며 웃음을 주체하지 못하는 그녀의 모습이었다. 사람들은 아마도 그때 가까이 다가온 선거 관련 콘텐츠는 물론 다른 심각한 주제의 콘텐츠에 진력이 나 있었는지도 모른다. 이유야 어찌 됐든 사람들은 페인이 올린 그 동영상에 빠져들었고 그 동영상을 공유하기 시작했으며, 공유된 동영상을 본 사람들 역시 너나 할 것 없이 그것을 공유하기 시작했다. 그 동영상은 그해에만 1억 6,200만 뷰를 기록하면서 그해의 가장 유명한 페이스북 라이브 동영상이 되었다.

물론 그 동영상을 본 대다수의 사람들은 동영상이 실시간으로 나가고 나서 오랜 시간이 지난 후에 그 동영상을 보았다. 하지만 페인의 웃음이 터진 순간을 담아낸 것은 바로 라이브 포맷이었다. 만일 페인이 후대에 길이 남을 동영상을 자신이 촬영하고 있다는 사실을 알았다면 청중을 더 의식했을 것이다. 즉, 무슨 말을 해야 할지 머릿속으로 계획하고 촬영했을 것이다. 하지만 그녀는 그날, 핸드폰을 들고 모든 내숭을 집어

던진 채 은하계의 반짝거리는 행성처럼 개성을 발산했다.

이보다 더 진정성 있는 콘텐츠는 없었으며, 사람들은 그만큼 이 동영상에 홀딱 빠져들었다. 페인은 갑자기 유명인사가 되어 토크쇼에 출연하고 언론에도 소개되었다. 그녀는 콜몰 측으로부터 몇천 달러 상당의 기프트 카드와 상품을 받았으며, 페이스북의 마크 저커버그와 만나는 자리에 초청받기도 했다.

하지만 정말 놀라운 건 사람들에게 희망과 기쁨, 낙관을 전하던 신앙심 깊은 페인이 이 15분짜리 동영상을 어떻게 자신의 브랜드 구축에 계속해서 활용했느냐이다. 우선 페인은 TLCme 동영상 시리즈를 만들었는데, 이를 통해 그녀를 초청하는 강연 일정은 갈수록 늘어났다. 또 페인은 몇 권의 책에 대한 출간 계약도 맺었다. 2017년 11월에 출간된 그녀의 첫 번째 책 『불을 밝히라Light It Up』를 탈고한 후 원고를 보내며 만든 동영상에서 그녀는 이렇게 말했다.

"기쁨을 별로 가치 없는 하찮은 것이라고 여기는 여러분들께 이 책을 바칩니다."

* * *

사실 캔디스 페인의 사례는 우리가 계획해서 얻을 수 있는 꿈의 종류는 아니다. 이런 연유로 나는 사람들에게 페이스북 라이브를 무조건 추천하지 않는다. 페이스북 라이브는 동영상 기술에 완벽을 기하고, 수년 동안 성공을 맛보고, 자신만의 게임을 시작할 준비가 돼 있는 사람들에게 적합한 것이다. 즉, 대체로 처음 시작하는 초보자들에게 이 포맷은 적합하지 않다. 초보자들이 이 라이브 포맷을 이용했다가는 마치 자전거를 처음 타는 아이가 보조바퀴도 없이 올라타는 것과 같은 경험을 하게 될 수도 있다. 하지만 준비가 돼 있는 사람들의 경우는 다르다. 페이스북 라이브가 전혀 올 거라고 예상하지 못한 1백만에 하나 올까말까 한 순간을 포착해 그들을 유명인사의 자리에 올려놓을 수도 있기 때문이다.*

'엔트러프러너 온 파이어'의 창시자인 존 리 뒤마스도 페이스북 라이브의 신봉자이다.

페이스북 라이브는 가장 유망한 차세대 플랫폼임에 틀림없습니다. 저의 경우는 와이어캐스트Wirecast와 빌리브닷티브이BeLive.tv와 같은 플랫폼들을 이용해 놀라운 성공을 거두고 있는데요. 참고로 이 도구들은 제가 제 컴퓨터에 앉아 페이스북 라이브를 즐길 수 있게 해줄 뿐 아니라, 동영상이 재생되는 동안에도 청중들이 댓글을 달 수 있어서 동영상 화면 위에서 벌이는 실시간 소통이 가능하죠. 제가 지금 하고 있는 이런 실시간 소통은 정말 차별화된 방식이에요.

모든 사람이 거기에 있어요. 그들은 '안녕하세요. 존은 지금 라이브 방송 중입니다'와 같은 작은 신호 알림을 받고 모여든 사람들이죠. 저는 실제로 이 방송을 'JLD와 함께 하는 차 한 잔Tea with JLD'이라고 불러요. 진행 방식은 이렇습니다. 우선 제가 차 한 잔을 따라 놓고 페이스북

---

* 특히 스포츠에 관심 있는 사람들에게는 더욱 그렇다. 예견하건대 페이스북 라이브 또는 아직 존재하지 않지만 앞으로 생겨날 라이브 동영상 플랫폼을 통해 어느 날 갑자기 팬층이 구축되는 스포츠가 생겨날 것이다. 이렇게 되면 기존의 TV 방송 위주의 스포츠 분야의 판도가 뒤집어질 수도 있다. 앞으로의 양상을 지켜보자.

라이브로 5~10분간 특정 주제에 관해 떠들어요. 그러면 청중들이 텍스트로 질문을 남기고, 제가 다시 그 질문에 답을 하죠. 답하는 시간은 30분이 될 수도 있고, 1시간이 될 수도 있어요. 이렇게 전 페이스북 라이브만으로 수백 개의 댓글과 수백만 개의 뷰를 얻기도 하죠. 그래서 말이죠, 제게는 이 페이스북 라이브가 가장 핫한 현장이자 청중이 있는 소중한 현장이에요.

///

우리가 유머, 요리, 자전거, 익스트림 스포츠, 책 등 어떤 주제로든 나의 브랜드를 구축하고 있다면 페이스북 페이지 상단의 검색창에서 내 비즈니스와 관련된 키워드를 검색해 보자. 그런 다음 가장 많은 팔로워를 보유한 팬 페이지를 찾아 그들에게 메시지를 보내보자. 그리고 그들의 플랫폼에 내 콘텐츠를 공유한다거나, 그 외 다른 방식을 활용해 함께 콜라보레이션을 할 수 있는 가치 있어 보이는 제안을 해보자.

가령 내가 평소 오토바이를 타는데 사고가 나서 죽을 뻔한 상황에서 헬멧 덕분에 살게 된 사례를 콘텐츠로 올리고 나서 그 이야기가 입소문을 탔다고 가정하자. 이 경우 내가 할 수 있는 최선은 이것이다.

우선 시간을 할애해 모든 유명한 오토바이 팬 페이지와 연락을 취한 후 헬멧에 관해 재치가 번뜩이는 공익광고PSA, Public Service Ads를 만들테니 그들의 페이지에 공유할 수 있는지 제안을 하는 것이다.

페이스북을 통한 이런 콜라보레이션은 팔로워를 가장 빨리 구축할 수 있는 잠재력을 지닌 전략적 행보다.

도전,
페이스북!

내가 캘리포니아주 새크라멘토에 살고 있는 샐리라고 하는 갓 이혼한 42세의 부동산 중개인이라고 가정해 보자. 이 동네에는 매우 많은 사람들이 부동산을 사고판다. 그렇다면 어떻게 나를 돋보이게 할 것인가?

우선 핵심 콘텐츠를 만든다. 이 경우 가장 이상적인 핵심채널은 사람들이 운전하면서 이웃의 근황을 들을 수 있는 주간 오디오 팟캐스트가 될 것이다. 격주도 괜찮고, 한 달에 한번도 아무것도 안 하는 것보다는 낫다. 하지만 우리는 더 많은 콘텐츠를 올릴수록, 더 많은 기회를 창출할 수 있다는 것을 안다(내 말에 집중하면 페이스북이 얼마나 중요한지 알게 될 것이다).

내 팟캐스트는 새크라멘토 안팎의 상세한 일상을 다루면서 마치 나를 이 도시의 가상 콘텐츠 시장으로 만들어준다. 지역 주민들은 자신들이 사랑하는 도시에 관한 나의 생각을 듣기 위해 내 팟캐스트에 채널을 고정한다. 나는 레스토랑과 지역 요리를 살펴보기도 하고, 도시의 역사를 파헤치기도 하고, 지역 인플루언서들을 인터뷰하기도 한다. 그때부터 새크라멘토에 관해 또는 그 지역의 미래에 관해 알고 싶은 사람은 누구든 내게 연락을 해올 것이다. 왜냐하면 나는 사람들에게 나보다 도시를 더 잘 알거나, 더 사랑하는 사람은 없다는 사실을 분명히 보여줬기 때문이다.

새크라멘토를 독특하고 활력 있는 장소로 만들 사람들, 장소들 또는 사물들에 관해 이야기를 만들 때는 팟캐스트에서 나중에 부수적인 콘텐츠로 써먹을 수 있는 내용도 적어두었다가 세부사항을 부각시킨다. 가령 팟캐스트 인터뷰를 진행하던 교육감이 최근에 권위 있는 교육상을 수상한 다섯 명의 교사를 언급한다면 나에게는 또 하나의 콘텐츠가 생긴 셈이다. 따라서 이 다섯 교사를 찾아가 사진을 찍은 후 "다섯 명의 새크라멘토 교사가 교육의 우수성을 전국적으로 인정받았다는 사실을 알고 계셨나요?"라고 묻는 페이스북 게시물을 작성해 보자. 여기에 교육감의 인터뷰가 담긴 팟캐스트 링크도 걸어보자. 이제 새크라멘토 지역의 점점 더 많은 사람들이 내 존재를 인식하면서 규칙적으로 방문하는 청취자도 생겨난다.

이때 이들 중 한 사람은 친구의 가족이 아내의 이직으로 새크라멘토 지역으로 이사 온다는 사실을 알고는 그 친구가 새크라멘토 교육에 대해 많은 정보를 얻도록 내 팟캐스트 링크를 보내준다. 또 살 집을 갑자기 구해야 하는 한 가족이 이어폰을 꽂고 있다가 나의 팟캐스트를 듣고는 나의 연락처를 손에 넣는다. 이런 선순환이 계속 반복되다 보면 5년 이내에 나는 새크라멘토의 부동산 전문가 입지를 확보하게 되어 부동산 소개 의뢰가 물밀듯이 밀려들어 온다.

이를 위해 나는 더 많은 콘텐츠를 만든다. 즉, 팟캐스트에서 이야기했던 장소에 가서 촬영을 하거나 사진을 찍어 페이스북에 올리는 것이다. 이때 사진 이미지들에 각 팟캐스트의 링크를 연결한다. 그렇게 하면 이제 새크라멘토에 살지 않는 사람들도 인터넷상에서 여기저기 검색하지 않고도 새크라멘토가 어떤 곳인지 알게 된다.

그런데 내가 사업에 초짜이고 겨우 열두 명의 팔로워밖에 없을 때, 더군다나 그 열두 명도 대부분 가족 구성원이라면 대체 누가 이 콘텐츠를 볼까?

생각보다 많은 사람들이 볼 수 있다. 왜냐하면 페이스북은 믿을 수 없는 비용 대비 효율로 스마트한 광고를 진행할 수 있는 유일한 곳이기 때문이다. 페이스북의 타기팅 능력은 그야말로 타의 추종을 불허한다. 가령 나는 단돈 50달러로 새크라멘토에 사는 25~72세의 모든 사용자를 타기팅해 그 중 잠정적으로 1만 명의 사용자에게 도달할 수 있다. 다만 플랫폼의 세부사항과 타기팅 능력은 항상 변한다. 그래서 나는 '페이스북에서 광고하기'를 구글링해 가장 최근의 광고료와 절차를 확인한 후 광고를 진행한다.

그 다음에는 사람들이 나의 페이지 또는 내 콘텐츠에 대해 의견을 말하기 시작할 때마다 매 질문에 답을 한다. 나에게 잠재고객이 없는 경우에는 모든 기회를 활용해 내게 관심을 두는 사람들과 소통해 나가야 한다. 그렇게 하지 않는 것은 미친 짓이다. 근거 없는 배짱으로 게으름만 부리는 많은 사람의 안일함에 편승하는 짓이다.

이처럼 팟캐스트는 부동산 중개인에게 어울리는 핵심채널이다. 하지만 만일 내가 팟캐스트에 익숙하지 않고 글쓰기에 소질이 있다면 '이번 주 새크라멘토 소식'이라는 제목으로 올리는 주별 블로그 게시글이 나의 핵심채널이 되어야 할 것이다. 이때 팟캐스트를 위해 내가 제안한 모든 정보뿐 아니라, 지역 부동산 뉴스의 업데이트도 블로그에 공유해 보자. 그러면 이 도시의 가상 콘텐츠 시장市場뿐 아니라 새크라멘토의 언론매체로 자리매김하게 될 것이다.

예를 들어 시내에서 가장 오래된 도넛 가게에 관한 이야기를 쓴다. 그 주인이 바로 옆에 새로 짓고 있는 월마트 때문에 걱정이 많다고 언급했기 때문이다. 이 도넛 가게에 관한 이야기를 올린 다음, 나는 도넛 가게가 있는 골목을 커다란 월마트 로고와 함께 그린다(또는 20달러쯤을 내고 그려줄 사람을 구한다). 그렇게 페이스북 피드에도 시선을 사로잡을 이미지를 올려놓는다. 눈에 충분히 띄기만 한다면 도넛 가게나 새크라멘토에 관심 있는 사람은 누구나 그 이미지에 시선을 고정하고, 결국 스크롤을 내려가며 기사 내용을 찬찬히 들여다볼 것이다. 이렇게 사람들이 블로그 포스트에 달린 링크를 클릭하면 할수록 나의 존재와 내가 하는 일에 대한 인지도도 함께 올라간다.

내가 운영하는 '데일리비'와 같은 리얼리티 쇼를 부동산 중개사업의 핵심채널로 삼을 수도 있다. 이 경우 나는 집을 보여주고 미팅을 하고 거래를 협상하고 동료들과 소통할 때뿐 아니라, 야구 경기에 출전한 아들을 응원할 때나 슈퍼마켓에서 물건을 살 때도 나를 따라다닐 인턴이나 전문 비디오그래퍼를 고용한다. 그렇게 마치 리얼리티 스타라도 된 듯 내가 거주하며 일하는 도시에 대한 일종의 러브레터 영상을 촬영하여 도시에 대한 애정을 (그리고 필요하다면 이따금 불평도 섞어) 청중에게 공유한다.

그런 다음 여기에서 계약시의 협상방법, 집 보러 갈 때의 꿀팁, 처음 집을 내놓는 사람을 위한 집 꾸미기 팁과 같은 수백 개의 미니 동영상 아이템을 뽑는다. 그리고 각 동영상을 페이스북에 올린다.

일단 이렇게 동영상에 익숙해진다면 바로 이때가 페이스북 라이브를 시도해 볼 때다. 나는 매주 목요일 저녁 8시부터 9시까지 카메라 앞에 서서 새크라멘토의 사람들과 이곳에 관심 있는 사람들이 부동산, 이웃, 학교, 의사, 문신가게 등 커뮤니티를 구성하는 모든 사람과 장소에 관해 던지는 어떤 질문에도 능숙하게 답하는 모습을 선보인다. 이렇게 사람들이 내 쇼의 일부가 되는 일을 즐기게 되면서, 나는 나의 지식을 퍼트리고 사람들을 돕고 브랜드를 구축하게 된다. 이 과정에서 모든 사람이 혜택을 누린다.

이처럼 페이스북에 콘텐츠를 게시하느라 나는 눈코 뜰 새 없이 바쁜 나날을 보내는 동시에 되도록 많은 페이스북 커뮤니티에 가입한다. 부동산 중개 관련 공식협회는 물론, 당연히 새크라멘토의 주부 커뮤니티에도 가입한다. 하지만 성급히 부동산 거래를 하려 들지는 않는다. 왜냐하면 나는 사람들에게서 얻고자 하는 것의 두 배 또는 그 이상을 베풀 때까지 사람들에게 어떤 것도 요구해서는 안 된다는 것을 잘 알기 때문이다. 커뮤니티에 가입하는 이유는 엄마이기 때문에, 또는 엄마가 되기를 바라기 때문에, 또는 조카들을 위해 엄마들이 하는 최신 이야기를 듣고 싶기 때문이다. 내가 한 가정을 이루고 있다면 가족 단위 그룹 커뮤니티에 참여해 보자. 골프를 친다면 골프 커뮤니티에 참여해 보자. 만약 '포켓몬고'를 좋아한다면 새크라멘토의 포켓몬고 커뮤니티에 참여해 보자. 이렇듯 홀가분한 마음으로 즐길 수 있는 도시의 모든 활동에 참여해 보자.

내가 열정을 다해 참여하고 퍼스널 브랜드를 구축해 나간다면 사람들은 내가 유능하고 선량한 부동산 중개인이라는 사실을 알게 될 것이며 주저하지 않고 나에게 다가올 것이다. 왜냐하면 그들은 처음부터 자연스럽게 친분을 형성한 사람처럼 나를 그렇게 대할 것이기 때문이다.

이렇게 다양한 커뮤니티에서 인플루언서의 입지를 다지게 되면 커뮤니티 구성원들은 나의 페이스북 비즈니스 페이지를 확인하게 될 것이고, 그들이 집을 팔거나 살 때 연락을 취해올 것이다.

어느 귀여운 집의 주인과 오픈 하우스* 협약을 맺으면서 그 집 앞에서 사진을 찍어 페이스북에 올리는 것에 비하면 내가 앞에서 말한 전략은 너무 많은 일을 요구하는 것처럼 들린다. 하지만 이는 동시에 훨씬 흥미로운 과정이기도 한다.

과연 어떤 전략이 더 많은 소비자의 관심과 충성도를 끌어낼 거라고 생각하는가? 나는 그 답을 알고 있다.

---

* 오픈 하우스(Open House) : 구매에 관심이 있는 사람들이 주택·아파트를 둘러볼 수 있게 하는 개방 장소 - 옮긴이

Crushing it

브리트니 캐스트로
〈Financially Wise Women〉
— IG : @BRITTNEYCASTRO —

브리트니 캐스트로Brittney Castro는 퍼스널 브랜드를 만들려고만 하면 좌절시키기 일쑤인 개인금융 분야에서 고군분투하고 있다.

그녀는 원래 이벤트 플래너가 되고 싶었다. 사교활동을 좋아하고 사람들과 일하는 것이 좋았기 때문이다. 그런데 직업상담사는 그녀에게 금융 컨설팅 일자리를 제안하며 이벤트 플래닝과 금융 컨설팅은 둘 다 사람들과 함께하는 일이므로 생각보다 공통점이 많으며, 시도도 해보지 않고 알 수 있는 일은 없다고 조언해 주었다.

브리트니는 금융회사에 입사했고, 거기서 5년 동안 주 60~70시간을 일했다. 직업상담사의 말이 옳았다. 브리트니는 그 일이 좋았다. 다만 거기서 받는 스트레스와 근무환경은 싫었다.

"그런 라이프스타일의 상당 부분은 제 본연의 모습과 동떨어져 있었어요. 내가 아닌 누군가가 되려고 노력하느라 제 내면은 항상 곪아 있었죠. 인생에서 보고 듣고 자란 대로 그 길을 따라가라는 일종의 내적인 압박이었던 것 같아요. 그리고 그런 길은 저를 행복한 삶으로 이끌어줄 수 없었죠."

경제불황이 닥쳤을 때 브리트니는 자기계발 도서를 읽기 시작했다. 자신이 앞으로도 인생의 상당한 시간 동안 일을 해야 한다면 이왕이면 즐겁게 할 수 있는 일을 찾는 게 좋을 것 같아서였다. 어느 날 그녀는 꽤 많은 여성들이 뷰티, 메이크업, 패션에 대해 주로 다루는 유튜브 채널을 시작했다는 걸 알게 되었다. 지켜보니 꽤 재미있어 보였다.

하지만 브리트니는 금융 분야에서 계속 일을 하고 싶었다.

"그럼에도 또 진정성을 느끼며 살 수 있는 자유가 제겐 더 많이 필요했어요."

그래서 그녀는 제2의 수즈 오먼*이 되겠다는 목표를 정했다.

그녀는 훌륭하지만, 나이든 층에 속해요. 저도 그녀처럼 여성이고, 금융업에 종사하고 있죠. 사실 금융 분야에는 여성이 그리 많지는 않아요. 게다가 저는 젊고, 반은 라틴계죠. 너무 오랫동안 우리는 "아냐, 당신은 안 돼!"라는 말을 많이 듣고 거기에 길들여져 왔어요. 금융과 법률 쪽이 특히 심했죠. 그러니 이 분야에서 유튜브 활동을 하는 것은 껍데기를 깨고 나와 저 자신의 목소리를 찾는 것과 다름없었어요. 온라인에서 진실하면서도 전문적인 모습을 보여주면서요. 제 경우 이렇게 편안한 상태까지 이르는 데 수년이 걸렸죠.

---

* 수즈 오먼(Suz Orman) : 개인자산관리에 관해 솔직하고 상식적인 조언을 전달하여 인지도와 국민의 신뢰를 쌓은 금융 전문가 - 옮긴이

자칭 이 '비즈니스 괴짜'는 마케팅 및 브랜딩 책들을 밥을 챙겨 먹듯 꾸준히 읽었다. 그녀가 『크러쉬 잇!』을 읽게 된 때는 개인회사로 이직하고 나서 퍼스널 브랜드를 추진해도 될 만큼 여유로운 시간을 확보한 후였다.

2011년에 그녀는 블로그, 페이스북 페이지, 유튜브 채널 및 트위터의 각 계정을 트고 활동을 시작했다.

"저의 조언이 유튜브 채널의 동영상에서 진행된다는 점만 빼면 워크숍에서 하는 강의와 별반 다르지 않다는 점을 청중에게 설명했어요. 오프라인에서 하던 일을 온라인으로 가져온 것뿐이죠."

하지만 브리트니는 모든 트윗과 스크립트에 대해 사전승인을 받아야 했다.

"꽤 골치 아픈 과정이었어요. 하지만 이를 통해 저는 아무렇게나 일을 벌이지 않고, 계획적으로 해나가는 법을 배울 수 있었죠."

2년 6개월 후 브리트니는 30대, 40대의 여성들과 커플들을 돕는 〈파이낸셜리 와이즈 우먼Financially Wise Women〉을 시작하기 위해 다니던 직장을 그만두었다.

모든 사람이 브리트니의 선택을 좋게 본 것은 아니지만 그녀는 개의치 않았다. 그녀는 자신이 하는 일에 동의하지 않는 동료가 늘어날수록 오히려 자신이 제대로 된 길을 가고 있다는 사실을 깨달았다.

2015년, 재미있게 만든 금융 동영상을 유튜브에 올린 것도 그녀의 확신을 보여주는 좋은 예였다.

많은 금융 전문가가 제게 이메일을 보내거나 이런 댓글을 남겼어요.

"이번 일은 전혀 전문가답지 않네요."

"당신은 적절치 않은 방식으로 국제재무설계사CFP 자격을 사용하고 있군요."

저는 존중받는 사람으로 남고 싶었고, 실제로 규정을 잘 준수하는 사람이었지만 이렇게 응대할 수밖에 없었어요.

"예, 말씀 한번 잘하셨네요. 그 동영상은 당신을 위해 만든 것이 아니니까요. 당신은 위스콘신에 사는 나이 든 백인 남성이고, 이것은 버즈피드의 동영상을 즐겨 보는 도시의 10대들을 위한 것이거든요. 전 그 아이들에게 재미있고 즐거운 방식으로 돈의 원리를 가르치고 있어요. 그리고 아이들은 이 동영상을 좋아하죠."

때로는 타인의 말에 귀기울이는 것도 필요하지만, 지금 저는 제 정체성과 궁극적으로는 제 삶을 위해 설정한 비전에 전력을 기울이고 싶어요.

현재 그녀는 모든 주요 채널에서 활동하고 있고, 그중 가장 좋아하는 채널은 페이스북 라이브이다.

"저는 라이브 콘텐츠를 좋아해요. 페이스북 라이브로 사람들과 소통하고 질문에 답하는 게 저는 재미있어요. 라이브 콘텐츠야말로 청중에게 최고의 가치를 전해주는 멋진 소통방식이라고 생각합니다."

그녀는 자신의 페이스북 그룹 및 커뮤니티뿐만 아니라 체이스와 엔트러프러너 같은 브랜드 파트너들과 함께 페이스북 라이브 세션을 진행했다. 그녀의 바람은 언젠가 자신이 협업하고 있는 모든 커뮤니티를 아울러 '온라인 라이브 스트림 비디오 쇼'를 제작하는 것이다.

브리트니는 자신이 몸담았던 금융업계 일각에서 비판을 받기도 한다. 하지만 마케팅과 브랜딩 기법을 배우려고 그녀에게 컨설팅을 요청하는 기업과 자문을 요청하는 이들이 더 많다.

또 그녀는 수많은 강연 요청을 수락하고 있으며, 그 외의 시간은 휴식을 취하며 보낸다.

저는 동종업계의 다른 사람들이 무엇을 하고 있는지 별로 신경 쓰지 않아요. 아예 쳐다보지도 않죠. 그만큼 저는 제 일에 빠져 있어요. 강연을 하러 컨퍼런스에 갈 때를 제외하고는, 금융 전문가들과 연락도 안 해요. 이 일을 처음 시작할 때부터 외부에서 너무 말이 많았던 터라 저는 관계 형성에도 전략적으로 임했어요. 남의 말에 신경 쓰는 것처럼 소모적인 일도 없으니까요. 전 남과 비교하거나 경쟁하지 않기 때문에 훨씬 큰 성과를 내고 있어요. 제가 해야 할 일은 저 자신이 되는 거죠.

나는 브리트니에 대해 잘 알지 못한다. 하지만 그녀는 이 책에 언급된 사람들의 사례 중에서도 가장 큰 의미를 지닌다.

사실 금융 및 법률 분야에서 일하는 사람들은 엄격한 규율 때문에 소셜미디어에서 끝내주는 성과를 내지 못하는 경우가 많다. 그러나 보다시피 뜻이 있는 곳에는 길이 있기 마련이다.

브리트니의 성공이 말해주듯이 규칙을 준수하면서 목표를 향해 침착하게 나아간다면 세상에 두려울 것이 없다.

Crushing It!

인스타그램과
스토리

        인스타그램은 유튜브를 제외하고 다른 어떤 플랫폼보다 많은 유명인을 배출해냈다. 그만큼 규모가 크고 콘텐츠 제작자든 큐레이터든 상관없이 성공할 수 있는 곳이며, 파급력과 영향력 면에서도 가장 인기 있는 소셜 네트워크다.

   인스타그램은 해시태그, 콜라보레이션, 태깅, 광고 등 브랜드 인지도를 올리기 위해 전술적으로 사용할 수 있는 강력한 도구들이 포진되어 있다. 물론 페이스북만큼 유연하지는 않지만 동영상에 대한 시간제한 등 사용자들이 불편해 하는 요소를 개선하기 위해 꾸준하게 노력하고 있다.

   나는 숙련된 사진작가, 요리사, 디자이너 및 예술가와 같은 인플루언서들이 트위터나 페이스북보다는 인스타그램에서 양질의 활동을 펼칠 수 있고 대중의 관심을 끌어낼 수 있다고 믿고 있다. 35세 이하의 청중이나 40~50대도 요즘은 인스타그램을 즐겨 이용한다. 왜냐하면 이미 익숙한 페이스북보다는 인스타그램이 더 새롭고 참신한 공간으로 다가오기 때문이다. 게다가 이 플랫폼은 2016년 8월 인스타그램 스토리 출시와 더불어 두 배 이상 활용도가 껑충 뛰었다.

인스타그램은 페이스북보다 덜 양극화되고 덜 정치화된 곳으로, 우리 일상의 가장 아름답고 돋보이는 순간을 올리기에 최적의 공간이었다. 그런데 이 점은 또 문제점이기도 했다.

스토리를 출시한 날, 당시 CEO인 케빈 시스트롬은 테크크런치와의 인터뷰에서 인터뷰 전 엿새 동안 자신은 인스타그램에 어떤 게시물도 올리지 않았다는 사실을 인정했다. '인스타그램에 올릴 정도로 특별한 순간'이 없었던 것이다. 한편 스냅챗 스토리의 성공을 통해 밝혀진 사실은 촬영된 영상이 자신들을 따라다니며 귀찮게 하지만 않는다면, 사용자들은 삶의 생생한 기록을 공유하는 것에 관심이 지대하다는 것이다. 그래서 인스타그램 역시 스냅챗 스토리처럼 언제든 기분 내키는 대로 콘텐츠를 만들어 올릴 수 있는 무한한 자유를 선사하는 스토리 기능을 선보인 것이다.

사용자들은 인스타그램에 아름답게 보정된 사진을 훌륭한 예술작품처럼 올리기도 하지만, 스토리 기능을 통해 가장 최근의 영업 판매 프레젠테이션 초안처럼 대략 만들어 쓰고 버리는 콘텐츠도 올리게 되었다.

인스타그램 스토리는 순식간에 확장되었다. 이미 스냅챗에서 금방 보고 사라지는 콘텐츠에 대해 사용자들이 익숙해진 터라, 인스타그램에서는 플랫폼이 새로운 기능을 소개할 때마다 늘 나타나는 학습곡선 현상이 보이지 않았다.

인스타그램은 또한 사용자들이 놓치지 않도록 이 새 기능을 가장 눈에 띄는 앱의 상단에 두었다. 덕분에 1년이 채 지나지 않아 스토리 기능은 완벽하게 큐레이션된 콘텐츠만 올리던 기존의 인스타그램 피드를 보완해 자유로운 콘텐츠를 만드는 다이내믹한 공간을 제공하면서 인스타그램에서 가장 유명한 기능이 되었다.

인스타그램은 SNS 초보자들도, 어떤 신예도 이 채널을 필수 플랫폼으로 삼을 만큼 다양한 기능을 제공한다. 사용자들은 이곳에서 후손에게 길이 남길 콘텐츠를 올릴 수 있고, 즉각적인 만족감을 얻기 위한 콘텐츠를 올릴 수도 있다. 또한 펜 기능을 이용해 사진에 무언가를 그릴 수도 있고, 사진 보정을 할 수 있을 뿐 아니라 캡션을 넣을 수 있고 태그를 추가할 수도 있다. 그리하여 우리는 콘텐츠가 웹사이트에 있든 블로그에 있든 다른 소셜 네트워크에 있든 상관없이, 사람들을 우리 콘텐츠로 유도할 기회의 문을 활짝 열게 될 것이다.

퍼스널 브랜드를 구축하고자 하는 사람은 인스타그램이 딱 좋다. 지금 당장 인스타그램에 프로필을 만들자. 그렇지 않으면 오랫동안 후회하게 될 것이다.

인스타그램
활용하기

인스타그램을 활용한 비즈니스 개발의 7단계를 알아보자.

1. 인스타그램이 내가 만들어 올릴 콘텐츠를 많은 사람들이 손꼽아 기다리는 그런 곳인지 확인하자.

2. 관련 키워드를 검색하자. 가령 오토바이 타는 사람과 관련된 브랜드를 만들고 있다면 관련 키워드는 '오토바이'이다.

3. 여기서 검색되는 첫 번째 해시태그를 클릭하자. 이 글을 쓰는 지금 '#오토바이'로 검색되는 글은 240만 개가 넘는다.

4. 해시태그가 달린 모든 사진을 클릭하자. 이 경우 처음 검색되는 4개의 사진은 100만 명 이상의 팔로워를 보유하고 있는 인스타그램

계정에서 올린 사진들이다.

5. 모든 계정과 연결된 웹사이트를 조사해 그 계정의 소유자들이 나의 분야에 속하는 사람인지 혹은 기업인지 확인하자. 아니라고 하더라도 그들이 내 서비스나 제품을 사용할 가능성이 있는지 확인하자.

6. 그들의 페이지의 오른쪽 위 모서리에 있는 다이렉트 메시지 단추를 클릭하고, 직접 작성한 메시지를 보내자. 잘라내기와 붙여넣기를 해서 대충 보내지 말자. 이런 게 최선이라면 실패는 불 보듯 뻔하다.

7. 다이렉트 메시지에 당신이 어떤 점에 끌리게 되었는지 설명하자('작품이 너무 근사한데요' '늘 감탄하고 있어요' '제일 재미있는 글인데요' '정말 창의적이에요' 등). 또 그들이 당신에게 주목해야 하는 이유를 설명하자('제 목표는 오토바이 타는 사람들의 안전을 증진하는 것인데요' '제가 헬멧을 쓰기 싫어하는 사람도 기꺼이 쓰고 싶을 만한 헬멧을 디자인했는데요' '오토바이를 주제로 한 가장 참신하고 흥미진진한 유튜브 채널을 론칭했는데요'). 아울러 당신이 어떤 가치를 제공할 수 있는지 설명하자('제 헬멧 중 하나를 보내드리고 싶어요' '다음에 오토바이를 타실 때 우리가 비용을 대어 촬영해 보고 싶은데 괜찮을까요?').

∥ ∥ ∥

우리는 또한 지역에 기준을 두고 검색할 수도 있다. 도시 이름(심지어 이웃의 이름)을 입력한 다음 장소를 클릭하거나, 상위 결과 목록에서 장소를 상징하는 키워드를 찾아내자. 그러면 가까운 지역에서 글을 올린 모든 사람이 보일 것이다.

이렇게 매일 6~7시간을 검색하고 클릭하고 조사하고 다이렉트 메시지를 보내보자. 이것을 점심시간마다 해보자. 화장실을 갈 때마다 해보자. 아이가 레슨을 마치고 나오기를 기다리며 해보자. 오븐에서 피자가 완성되는 20분의 짧은 시간 동안 해보자.

이때 우리에게 응답해 오는 사람은 극히 일부에 불과할 것이다. 하지만 이 정도면 충분하다. 이렇게 응답을 받으면 자신을 더 잘 어필하게 될 수 있을 뿐 아니라 남들 눈에도 더 많이 띌 수 있다.

이 과정을 충분한 기간 동안 해보자. 그러면 효과는 눈덩이처럼 불어나, 어느 날 갑자기 모르는 이들의 메시지가 늘어날 것이다.

도전,
인스타그램!

나의 이름을 릭이라고 가정해 보자. 나는 테
네시주 내슈빌에 사는 20세의 의류매장 매니저이다. 나는 야심 있는 사
람이다. 아울러 운도 좀 따라주는 것 같다. 지금 다니는 직장에서 직원들
의 소셜미디어 계정까지 간섭하지는 않아 그것도 다행이라고 생각한다.

나는 매장 안에 있는 모든 제품을 카메라로 찍는다(매장의 이름은 애너
번트라고 부르기로 하자). 그리고 매장 안에 있는 직원이나 고객도 찍는다.
물론 그들이 사진 찍는 것을 허용한 경우에만!

나는 선반에 진열되는 제품을 위에서 찍고, 매대에 걸리는 옷도 찍고,
디스플레이용 신발도 찍는다. 또 매장의 옷들로 한껏 멋을 부린 내 모습
도 찍고, 여성복을 입은 여직원의 전신 샷도 찍는다. 또 고객에게는 매장
에서 고른 옷을 입고 포즈를 취해줄 수 있는지 물어본다.

그런 다음 나는 인스타그램에 사진들을 올리고, 꼼꼼하게 준비한 관

런 해시태그를 단다. 나는 재미와 창의성을 더해 옷을 최대한 돋보이게 하면 같은 옷이라도 얼마나 달라 보이는지 잘 알고 있다. 패션에 관심이 많은 사람들은 내가 올린 사진이 눈에 띄면 잠시 보겠지만 그냥 그뿐이라면 고객 확보는 기대할 수 없다.

우리 제품을 언급해 줄 인플루언서를 찾거나 유료광고를 내는 방법 외에 맨땅에서 시작하는 나 같은 사람이 브랜드를 구축하는 가장 빠른 길은 해시태그의 달인이 되는 것이다.

봄이 오면 나는 노란색 레인코트를 입은 여성의 사진을 올리면서 #에너번트웨어, #봄패션, #봄옷차림, #레인코트, #노란색과 함께 외투 브랜드의 해시태그를 단다. 많은 사람들이 내가 단 해시태그와 콘텐츠를 보고 관심을 기울일수록 매장을 직접 찾는 고객도 늘어난다.

나는 매장 근처에 사는 사람들에게도 연락을 취한다. 그리고 매일 점심시간에 인스타그램 계정을 열어 '내슈빌' '테네시'라는 키워드를 입력한다. 그러면 그 지역에서 가장 인기 있는 글이나 콘텐츠들이 뜬다. 그중 팔로워들이 많은 계정을 클릭해 그들이 내슈빌 부근에 사는지 확인한다. 특히 이들 계정에서 우리 매장의 옷에 관심을 가질만하다고 여겨지는 사진들을 찾아본다. 그런 다음 그들에게 다이렉트 메시지를 보낸다.

"안녕하세요? 저는 에너번트의 매니저, 릭이라고 합니다. 인스타그램에 올린 사진이 너무 좋아서 연락드렸고요. 저희 매장에 오시면 20% 할인상품권을 드리려고 합니다."

이처럼 치킨샐러드를 만드는 정도의 시간으로, 인근에 사는 우리 매장의 의류에 관심을 가질만한 6명의 새로운 사람들과 관계를 맺기 시작했다. 나는 이 일을 일주일에 5일 동안 매일 한다. 그러면 내가 매주 말을 건 30명 중 일곱 명 정도는 '에너번트에서 일하는 릭이라는 남자가 연락을 취해와 사진을 봤다며 패션을 칭찬하더니 매장에서 사용할 수 있는 할인상품권을 제공해 주었다'는 글을 올린다.

어쩌면 좀 더 구체적인 활동을 벌일 수도 있다. 나는 패션 관련 인플루언서뿐 아니라, 옷과 액세서리에 관심이 많아 보이는 그 지역의 인스타그램 사용자들에게 다이렉트 메시지를 보내 우리가 주최하는 패션쇼에 초청한다. 그들에게 새로운 컬렉션도 선보이고, 매장 내 제품에 대한 30% 할인상품권도 제공하려는 의도다. 이때 패션쇼는 참석한 사람들이 알아서 사진을 찍어 올리고, 팔로워들에게 특별한 저녁시간을 자랑할 만큼 재미있고 알차야 한다.

그 다음에 벌어질 일들은 이렇다. 사람들은 인스타그램에 자신들의 사진을 올리고, 우리와 브랜드, 그리고 매장을 태깅한다. 경쟁사들은 우리가 하고 있는 마술과도 같은 일을 자신들의 매장에서도 연출해 줄 수 있는지 묻기 위해 연락을 취해온다.

한편, 에너번트의 최고경영진 중 한 사람은 나를 예의 주시하면서 테네시의 매장에 믿기 어려울 정도로 부지런하고 능력 있는 직원이 있다는 사실을 알고 흐뭇해 한다. 그리고 나를 붙들어 두기 위해 뭐든 해야 한다는 사실을 깨닫는다.

또는 에너번트가 매장을 방문하는 사람들에게 흠잡을 데 없는 서비스를 제공한다는 입소문이 삽시간에 퍼지면서 에너번트는 내슈빌에서 가장 인기 있는 의류매장 중 하나가 된다. 그리고 그곳의 매니저인 나는 패션 사진작가들과 의류 디자이너들의 관심을 한몸에 받게 된다.

또는 내가 인스타그램 게시글에서 크게 다룬 일부 브랜드가 그 사실을 알고 자신들의 소셜미디어 채널 운영을 돕는 일에 관심이 있는지 물어온다. 이것 또한 하나의 큰 성과다.

또는 나는 시각적 스토리텔링으로 내 브랜드를 공유하는 게 너무 재미있어서 이 일을 계속 하고 싶다. 그래서 나만의 디지털 패션잡지를 출시한다.

나는 이런 방식으로 비즈니스를 개발하고 오늘도 열심히 일하고 있다. 나를 위한, 그리고 회사를 위한, 그리고 누군가에게 행복을 선사할 수도 있는 일이라는 데 더 큰 의미가 있다.

〃〃〃

나의 가상 시나리오는 현실에서 얼마든지 일어날 수 있는 일이며 식당에서 일하든 편의점에서 일하든 꼭 의류매장이 아니더라도 상관없다. 이 모든 것은 결국 당신의 열정과 적절한 실행에 달려 있는 것이다.

Crushing it

브리타니 자비에르
〈Thrifts and Threads〉
— IG : @brittanyxavier —

'새 카메라를 조작해 보는 건 취미이자 조금은 창의적인 배출구일 뿐이다.'

이는 바로 2013년 12월, 브리타니 자비에르Brittany Xavier가 자신의 블로그 〈스리프츠 앤드 스레즈Thrifts and Threads〉를 론칭했을 때 마음에 품은 생각이었다. 그녀는 정치학을 전공했지만 패션을 사랑했고, 마음에 드는 디자이너들과 패션 트렌드를 공유했다.

그녀는 옷을 입을 때 고가와 저가 옷을 조합하고 기성복과 빈티지 패션을 섞어 입었으며, 친한 디자이너가 만든 옷이나 소품을 찾아 입었다. 졸업하자마자 자비에르는 로스쿨에 합격했지만 자신의 세 살배기 딸 제이든을 좀 더 잘 돌보기 위해 상대적으로 시간 여유가 있는 보험회사 마케터로 취직했다. 다행히 일도 별로 따분하지 않았다. 다만 오후 4시면 그날의 목표 업무량을 채울 때가 많아서 그런 날은 퇴근시간인 6시까지 바쁘게 할 일을 찾아나서야 했다.

그녀처럼 마케팅 분야에 몸담고 있는 남편 앤서니는 그녀와 데이트를 할 때도 부업을 했다. 이를테면 할인점에서 물건을 구매해 아마존에 되파는 것과 같은 그런 부업 말이다. 이런 일은 두 사람이 공유하며 함께 했기에 만족감을 주었다.

대학 때 웹디자인과 소셜미디어에 관심을 갖게 된 앤서니는 가족을 위한 블로그를 만들었다. 결혼 직후 앤서니는 카메라를 구입하며 자신들과 딸아이의 사진을 찍어 가족의 일상을 블로그에 올리면 광고 제휴 링크로 약간의 돈을 벌 수 있지 않을까 기대했다. 스타일과 패션에 관심이 많은 자비에르가 블로그에 창의력을 불어넣는 역할을 맡고, 앤서니는 다른 모든 일을 책임졌다.

자비에르가 인스타그램을 시작한 이유는 한 가지, 자신의 블로그를 홍보해 블로그에 트래픽을 가져오려는 것이었다. 그녀는 다른 인스타그램 사용자들의 계정들을 보면서 자신도 브랜드 페이지들을 태깅하고, 해시태그를 써야겠다고 생각했다.

그로부터 6개월 후, 1만 명의 팔로워를 모았다. 광고 제휴 링크로 한 달에 약 100달러의 수입을 벌어들이면서 그녀는 가끔 브랜드 기업의 전화를 받기 시작했다. 그들이 전화를 건 이유는 옷 몇 벌을 보내주면 자비에르가 입고 사진을 찍어 인스타그램에 올려줄 수 있는지 타진해 보려는 것이었다. 그때는 마침 자비에르가 인스타그램 계정을 키우는 데 전체적인 전략이 필요하다는 것을 알게 된 때였다.

그녀와 앤서니는 밤이 늦도록 자지 않고 온라인 마케팅에 관한 책을 읽고, 팟캐스트를 들었다. 그러던 중 『크러쉬 잇!』을 읽고, 블로그가 취미를 뛰어넘어 멋진 비즈니스가 될 수 있다는 사실을 깨달았다.

그때부터 자비에르는 자신이 올린 글에 대해 브랜드 기업들에게 청구를 하기 시작했다. 자막으로 브랜드를 언급한 인스타그램 게시글 하나를 올릴 때마다 100달러를 청구했다. 아울러 태깅만을 바라는 브랜드들에게는 50달러를 받았다. 한 번은 통화를 하던 중 브랜드 측에서 "아, 겨우 100달러예요?"라는 놀라움 섞인 반응을 보고 청구액이 너무 저렴하다는 사실을 깨달았다. 게시글 한 개당 200달러로 금액을 올렸다. 어느 날, 한 중견 보석 브랜드는 그녀에게 블로그 게시글과 인스타그램 게시글에 무려 1,000달러를 제시하기도 했다.

자비에르는 아직 노련한 인플루언서는 아니었지만, 브랜드 기업의 첫 제안 금액이 정해진 것이 아니라서 무조건 수락할 필요가 없다는 것 정도는 알게 되었다.

그녀는 적당하다고 생각되는 금액을 요구했고 자신의 본업인 보험 마케팅에서 버는 돈만큼 또는 그 이상을 벌어들였다. 그렇게 블로그를 시작한 지 1년 반 만에, 석 달 연속으로 본업의 수입에 맞먹는 안정적인 수입을 거두면서 그녀는 보험 마케팅 일을 그만두었다. 인맥을 넓히고, 더 많은 브랜드 미팅을 수락하고, 새로운 패션 컬렉션에 대한 서평을 쓰는 등 본격적으로 활동을 할 생각이었다.

또 그녀는 궁금증에 답해 주고, 자신의 가치를 산출하는 데 도움을 줄 수 있는 다른 블로그들을 만났다. 남편의 제안으로 〈나 그만둘래〉라는 제목의 블로그를 개설하여 좀 더 개인적인 이야기를 담아서 팔로워들의 압도적인 반응을 이끌어냈다. 특히 '블로그 시작방법'에 관한 조언을 구하던 사람들의 반응은 열화와 같았다. 이를 계기로 그녀는 매주 블로깅 팁을 올리기 시작했고, 첫 번째 글 '내가 블로그를 시작한 5단계 방법'은 가장 많이 읽힌 글 중 하나로 남아 있다.

현재 자비에르는 비용을 협상하고 브랜딩 작업 일을 돕는 매니저를 두고 있다. 하지만 그녀는 여전히 자신이 입는 옷의 브랜드에 대한 태깅 작업을 직접 하고 있으며, 정말 좋아하고 확신을 갖는 브랜드들에 대해서만 글을 올린다. 처음에 패션에 국한된 브랜드였던 그녀의 블로그는 이제 라이프스타일 브랜드로 확장되었다.

자비에르는 출장이 잦은 편이라 이 기회를 십분 활용해 독자들이 좋아할 만한 호텔, 리조트 및 레스토랑에서 자신의 모습을 촬영해 이동 중에도 여행 콘텐츠를 만들고 있다. 덕분에 자비에르는 호텔 브랜드와도 관계를 발전시켜 이제 그녀와 그녀의 가족이 여행을 떠날 때 호텔비는 대부분 무료이다. 그녀는 새로운 리조트나 호텔의 개장 행사에 초대받아 자신의 의견을 독자들과 나누기도 한다.

2016년 5월에는 앤서니도 다니던 직장을 그만두었다. 그는 이 행보에 대해 〈그도 그만두었다〉라는 제목으로 블로그에 공지했다. 부부는 딸이 학교에서 돌아올 때 딸과 함께 시간을 보내려고 가급적 낮에 블로그 활동에 필요한 모든 준비를 마치려고 노력한다. 딸 제이든의 생활도 바뀌었다. 아빠는 딸의 모든 학교 행사에 참석하고, 제이든은 방과후의 프로그램에 참석하지 않아도 된다.

브랜드 기업들은 때때로 제이든과 브리트니 모녀가 함께 찍은 사진을 요청한다. 특히 아동 관련 행사나 어머니의 날 행사 홍보를 위해 이런 요청을 하는 경우가 많다. 이때 자비에르가 받는 비용은 높아지며, 받은 돈의 일부는 제이든을 위해 만든 계좌에 입금한다. 이는 열 살짜리 딸에게 개인금융에 관한 기본원리를 가르치려는 것이다.

이처럼 거의 매일 많은 일을 해내고 있는 그녀로서는 짧은 휴가기간에도 마음이 편치 않다.

"저는 같은 일을 4년 동안 매일 해오고 있어요. 매일 사진을 찍고, 콘텐츠 영상을 촬영하고, 글을 쓰고, 미래의 트렌드에 관해 고민하죠."

하지만 부부에게 가장 중요한 것은 딸 제이든이다. 아이를 돌본다는 것은 다른 라이프스타일 블로거들에 비해 더 많은 일을 할 수 없고 때로는 요청을 거절해야 하는 일도 생긴다. 이런 선택이 쉬운 건 아니다.

전 유명 보석 브랜드의 정말 솔깃한 제안도 거절했어요. 그들은 제가 2시간 동안 진행되는 저녁식사에 참석하는 동안 인스타그램과 페이스북에 글을 올리기를 원했죠. 그 일은 제가 다니던 보험회사 정규직의 석 달 월급보다 많은 돈을 받을 수 있는 일이었고, 아마도 제 업무 중 가장 쉬운 일이었을 거예요. 하지만 전 새크라멘토로 가는 수학여행에 제이든과 함께하기로 결정했죠. 속은 좀 쓰렸지만, 전 그 일에 집중해야 했어요. 제이든과 함께 여행을 떠나고, 아이를 위해 그곳에 함께 있어주는 게 내 인생에 더 중요한 일이었기 때문이죠.

패션과 라이프스타일 블로그 세계의 경쟁은 치열하지만, 자비에르가 볼 때 새로 시작한 사람에게도 기회는 있다.

"지금 포화상태이긴 하지만, 독특한 포맷이나 개성 있는 스타일을 보여줄 수 있다면 가능성은 많아요."

기존의 브랜드들은 늘 새로운 것을 찾고 있고, 그들은 나날이 더 많은 돈을 '인플루언서 마케팅'에 쏟고 있다. 추적이 불가능한 라디오나 TV 광고보다 인기 블로거를 통해 더 확실한 효과를 보고 있기 때문이다. 특히 브랜드들은 블로그를 통해 링크의 출처뿐 아니라, 정확한 구매전환율을 알 수 있다.

브랜드들은 점점 세상의 트렌드를 따라가고 있으며, 블로그와 제휴나 캠페인을 하지 않던 브랜드들도 이제 어떻게 참여해야 할지 고민하고 있다. 이런 상황이라면 조만간 전 세계적으로 디지털 광고 규모가 TV 광고를 추월할 것으로 보인다.

영상으로 보는 자비에르와 그 가족의 삶은 수월하게 사는 모습으로 보일 수도 있다. 하지만 자비에르는 사람들이 블로그와 인스타그램 활동에 얼마나 많은 노력이 드는지를 모르는 것이 놀랍다.

많은 사람들이 제게 이런 메일을 보냅니다.
'글을 썼는데 아무도 읽지 않아요. 제가 뭘 어떻게 해야 하죠?'
그러면 전 이렇게 답합니다.
'꾸준하게 해보세요.'
저는 다른 일을 하면서도 블로그와 인스타그램 활동에 많은 공을 들였어요. 저와 남편은 말 그대로 집에만 콕 틀어박힌 채 딸이 잠자리에 든 후에야 컴퓨터를 켜고 작업을 했어요. 쓸 게 정말 많았죠. 조사도 정말 많이 필요했고요. 어느 날 갑자기 브랜드 거래 건이 생기진 않아요.

우린 첫해에는 한 푼도 벌지 못했어요. 그리고 다음해에는 한 달에 100~200달러 정도 벌었을까요? 수입이라고 할 수도 없는 액수였죠.

사람들은 그 부분을 이해하지 못해요.

"수입도 없는데 왜 1년 동안이나 그 일을 했어요?"

전 구독자들이 늘어나고, 언젠가는 수입이 들어올 거라고 믿고 있었 거든요. 게다가 제 팔로워가 늘어나면서 동기부여도 되었고요.

돈을 목적으로 블로그를 시작하는 사람들은 매우 고통스러울 거예 요. 불안감도 증폭되겠죠.

그런데 열정이 먼저예요! 자신이 하는 일을 사랑해야 보답을 받을 수 있어요. 잊지 마세요.

Crushing It!

CRUSHING IT **01**

140자의 혁명,
트위터

지금부터 내 이야기가 친숙하게 들린다면 『크러쉬 잇!』을 읽었기 때문일 것이다.

트위터에서 브랜드를 구축하는 전략은 10년 전이나 지금이나 거의 변하지 않았다. 하지만 사람들은 아직도 트위터의 정확하고 효과적인 사용방법에 대해 잘 모르고 있다.

트위터는 이 사회의 청량음료 같은 역할을 한다. 현재 세상에서 일어나고 있는 일이나 모든 뉴스, 대중문화 이벤트에 대한 최신 업데이트를 얻을 수 있는 공간이기 때문이다. 트위터 이전의 플랫폼과 트위터의 차이점은 바로 이것이다. 가령 기존 플랫폼에서는 직장인들이 최신 뉴스를 확보한 후 다음 날이 되어서야 의견을 나눌 수 있었는데, 트위터에서는 이것을 24시간 365일 실시간으로 나눌 수 있다는 것이다.

하지만 이 글을 쓰는 지금, 내 개인적인 견해로 볼 때 트위터는 정말로 애매한 지점에 놓여 있다. 즉, 트위터는 계속해서 사람과 콘텐츠, 사람과 사람, 사람과 이벤트가 어우러지는 공간으로 유일한 순수 소셜 네트워크로 남아 있는데, 이는 다른 플랫폼에서는 찾아볼 수 없는 양상이다. 다른 플랫폼들은 소셜 네트워크로 시작했지만 결국 콘텐츠 관리시스템으로 자리매김했다. 물론 다른 플랫폼들에서도 참여가 일어나지만 트위터에서보다는 훨씬 작은 규모로 이루어진다.

트위터에서는 요리든, 우주든, 와인이든, 운동화든, 정치든, 스케이트보드든, 탄산수든 주제와 때를 막론하고 즉시 대화에 끼어들 수 있다. 이 점을 잘 활용하면 대화에 참여하는 사람들이 트위터 밖에서도 우리 콘텐츠를 찾아오도록 유도할 수 있다. 그러나 불행히도 이런 소통의 편리성 때문에 트위터는 소비 플랫폼보다는 대화 플랫폼으로 자리를 잡은 양상이다.

사람들은 트위터에서 많은 이야기를 나눈다. 그런데 대화의 그 엄청난 양에는 문제가 있다. 보통 우리는 서로 대화를 나눌 때보다 기조연설에서 말하는 내용을 더 많이 알아듣는 편이다. 이는 우리가 이야기할 때, 특히 단체에서 말할 때, 서로 말하는 것을 가로막기도 하고 겹치기도 하고 혼선이 생기기 때문이다.

쉴 새 없이 올라오는 수다와 방대한 양의 대화는 아이디어의 확산에는 매우 긍정적이었다. 하지만 그것이 한계로 작용했으니, 소비자들에게 전하고 싶은 메시지를 정확하게 전달하는 데는 어려움이 있었다.

/ // //

가령 떠오르는 여성 스포츠 캐스터라면 트위터에서 소통이 가능한 모든 사람을 샅샅이 찾아 콜튼 웡, 애덤 웨인라이트, 카디널스 또는 카디널스의 최대 라이벌인 시카고 컵스에 관해 이야기하고, 그들과 유대감을 쌓으며 친근하고 흥미로운 소통에 주력할 수 있다.

다음 날에도 그녀는 같은 방식으로 뉴욕 제츠 팬들과 제츠와 관련된 온갖 주제에 관해 이야기 나눌 수 있다. 그리고 그녀는 이렇게 사귄 트위터 청중의 어깨를 잡아끌어 바로 자신의 블로그, 유튜브 채널 또는 팟캐스트로 데려다 놓을 수 있다.

문제는 이 일에 상당한 인내가 필요하다는 것이다. 신참내기 캐스터가 제2의 린다 콘이 되고 싶다면 하루 4시간, 아니 5시간, 심지어 6시간을 소통에 할애해야 한다. 반면 마을 술집의 단골들이 모여 앉아 지역연고 팀에 관해 이야기하는 자리에서 스포츠 캐스터인 자신의 이름이 살짝 나오는 정도만 원한다면 하루에 20~40분이면 충분할 것이다.

그렇다면 이제 이 신참내기 스포츠 캐스터가 소비자들의 주의를 끌고, 가입자나 충성도가 높은 팬을 붙잡아 두기 위해서는 자신의 블로그에 소비자와 팬들이 원하는 양질의 콘텐츠를 제대로 갖춰 놓아야 한다.

여기서 요점은, 트위터가 사람들을 미끼나 올가미로 유인하거나 사람들에게 잽과 라이트훅을 날려 어떤 플랫폼도 하지 못한 방식으로 사람들을 궤도 안으로 데려올 기회를 선사한다는 점이다.

이 과정은 시간이 오래 걸리고 많은 작업이 요구되지만, 확신이 있고 콘텐츠만 특별하다면 반드시 좋은 결실을 맺을 것이다.

트위터
활용하기

트위터가 아직도 사람들의 시선을 끄는 최고의 공간이라는 것은 나를 포함해 우리 모두 알고 있다. 왜냐하면 트위터 플랫폼에서의 나에 대한 언급이 다른 모든 플랫폼을 합친 것보다 아직 많기 때문이다. 이 상황은 다른 사람들도 마찬가지일 것이다.

트위터는 대화형 플랫폼으로 구축되어 브랜드를 성장시키는 시작 단계에서 비즈니스 개발 기회나 협력을 이끌어내기 좋기 때문에 우리가 관심을 가져야 할 최고의 플랫폼이다.

예를 들어 일부 인플루언서는 인스타그램에서 수십만, 심지어 수백만의 팔로워를 보유하고 있지만 트위터에서는 수천 명에 그친다. 부탁이나 협조 요청을 가장 많이 받는 플랫폼은? 인스타그램이다. 그래서 인플루언서들은 인스타그램에서 더 많은 시간을 할애한다. 하지만 상대적으로 경쟁이 덜한 트위터에서 다이렉트 메시지를 발송한다면 응답받을 확률이 더 커질 것이다.

트위터를 핵심 콘텐츠로 사용할 경우, 다음과 같은 장점이 있다.

- 트위터는 완전하고 신뢰할 수 있는 플랫폼이다. 이 플랫폼은 오랜 기간 동안 검증시스템을 완벽히 갖추면서 다른 플랫폼보다 나은 검색 기능을 제공한다. 우리는 여전히 우리가 타기팅하고 있는 인스타그램 계정이 진짜인지 아닌지 추측하느라 많은 시간을 허비하기도 한다.

- 리트윗 기능은 끊임없이 인지도를 창출하는 놀라운 기회를 제공한다. 가령 래퍼 로직Logic의 뮤직비디오를 유튜브 매시업*으로 만든다고 가정해 보자. 그런데 이 뮤직비디오에 로직의 이름을 태깅해도 로직이 이 비디오를 볼 가능성은 희박하다. 하지만 그 매시업된 뮤직비디오를 트위터를 통해 공유하면 리트윗된 비디오가 입소문을 타고 확산되어 가장 영향력 있는 인플루언서들도 주목하게 된다. 이런 종류의 입소문은 인스타그램에는 존재하지 않는 것으로, 콘텐츠 제작자들에게 대단히 유익한 요소이다.

- 또한 이런 입소문은 다른 플랫폼보다 트위터에서 훨씬 더 많이 확산된다. 내 경우 인스타그램에서는 하루 3~4회 정도 게시하지만, 트위터에서는 47회나 게시하는 날도 있다. 사진만큼이나 문자를 자유롭게 이용할 수 있다는 사실은 콘텐츠 작성자에게 풍성한 스토리텔링을 할 수 있는 유연성과 자유를 선사한다.

---

* 매시업(mash-up) : 한 화면을 여러 조각으로 쪼개 그 조각마다 서로 다른 영상을 모자이크처럼 배치한 것 - 옮긴이

트위터는 하나의 짧은 의견으로 구성되는 특성상, 주목을 끌거나 유명세를 타기가 어렵다. 따라서 될 수 있는 한 말할 기회를 많이 만들수록 좋다. 다만, 최고의 저녁식사 손님은 말을 잘할 뿐 아니라 들어주는 것도 잘하는 손님이라는 사실을 기억하자. 그러므로 우리의 지능, 재치, 솜씨 등을 대화의 장으로 가져와 주변 사람을 끊임없이 참여시키며 대화를 지속해 나가자. 그러면 영향력도 커지고, 기회도 많아지는 것을 경험하게 될 것이다.

이토록 많은 사람에게 자신을 소개할 기회를 끊임없이 제공하는 플랫폼은 트위터 외에는 없다고 해도 과언이 아니다.

도전,
트위터!

내가 안나라는 이름의 스물두 살짜리 대학생이고, 스포츠 캐스터의 꿈을 가지고 있다고 가정해 보자.

이런 학생들이 많다는 건 나도 알고 있다. 나를 포함해 많은 친구들이 거의 매달 〈ESPN〉이나 〈블리처 리포트〉, 〈바스툴 스포츠〉에 인턴십을 얻도록 도와달라는 이메일을 보내고 있기 때문이다.

그런데 이게 무슨 의미인지 알고 있는가? 소셜미디어에 푹 빠져 지내며 트위터가 없던 시절은 상상도 못하는 아이들조차 여전히 과거와 별반 다름없는 좁은 눈으로 세상을 바라보며, 자기 앞에 펼쳐진 폭넓은 커리어 기회와 퍼스널 브랜딩 기회를 놓치고 있다는 것이다.

스포츠는 많은 사람들에게 관계의 어색함을 누그러뜨릴 수 있는 가장 좋은 도구이고, 그 앞에서는 누구나 동등해진다. 스포츠는 또한 직업, 지역, 학교와 같이 사회에서 자신을 나타내는 직함과 관계없이 낯선 사람들과 소통하는 방법을 제공해 자연스럽게 관계를 맺게 해준다.

바로 이런 소통을 위해 태어난 게 트위터다. 실제로 스포츠 스타들과 열성 팬들에게 트위터보다 더 좋은 공간은 없다. 말 그대로 참여할 수 있는 스포츠 대화의 종류와 수가 무제한으로 펼쳐지기 때문이다.

이런 생각을 한번 해보자. 다음에 나오는 두 사람 중 누가 〈ESPN〉 인턴십에 합격할 가능성이 더 클까?

첫 번째 후보는 이 포지션에 대한 이력서를 보낸 4,000명의 지원자 중 한 명으로 인턴십 프로그램의 책임자가 자신의 포트폴리오를 봐주기만 기도할 뿐이다.

두 번째 후보는 실제로 평소 인턴들의 도움을 받는 〈ESPN〉의 모든 유명인과 직원의 트위터 피드에 적극적으로 참여하고 있다.

스포츠 캐스터가 자신을 차별화하려면 크든 작든 데이터를 한데 모아 파악하는 능력뿐 아니라, 다가올 스포츠 경기가 맥그리거 대 메이웨더의 경기든, 클리블랜드 캐벌리어스 대 골든스테이트 워리어의 경기든, 아니면 윔블던 테니스 결승전이든 상관없이 자신만의 견해를 보탤 특별한 역량이 있어야 한다. 이때 트위터만큼 목소리를 드높여 자신의 브랜드를 드러내기에 탁월한 플랫폼은 없다.

내가 일자리를 찾고 있거나 업계에서 이름을 떨치기 원한다면 트위터에서 펼치는 나의 활동을 삶의 가장 긴 인터뷰라고 생각하자. 아울러 길긴 하지만 유익한 인터뷰라고 생각하자.

아직 할 말이 많이 남았는데 인터뷰 자리를 떠야 할 때처럼 실망스러운 일은 없을 것이다. 하지만 트위터에서는 그럴 일이 없다. 트위터의 포럼은 내가 왜 특별하고 존중받을 자격이 있는지 끊임없이 증명할 기회를 선사한다. 그러니 트위터를 통해 세상에, 그리고 인턴이 필요할지도 모를 스포츠 분야의 모든 중요인사에게 고유한 나의 철학과 개성을 보여주자.

〃 〃 〃

우선 트렌드 주제를 살펴보는 것에서부터 시작해 보자(모바일 앱에서는 검색 버튼을 클릭할 때 해당 주제가 표시된다). 여기엔 틀림없이 스포츠와 관련된 주제가 있기 마련이다. 트렌드 주제를 클릭하고, 내 생각을 표현해 보자.

이 작업은 두 가지 방법으로 수행할 수 있다. 당장 글쓰기를 시작할 수 있다. 140자라는 글자 수의 제한이 있지만, 내가 원하는 것을 모두 말할 때까지 140자씩 11번의 트윗을 올릴 수 있으니 문제없다. 다음으로는 내가 원하는 주제에 대해 말하는 동영상(트위터의 현재 비디오 시간제한은 140초)을 찍어 게시할 수도 있다. 여기에 해시태그를 포함하면 해당 주제를 검색하는 사람들이 내 트윗을 볼 수 있다.

일단 이 트렌드에 익숙해지고 나면 다른 스포츠 주제를 검색하고 사람들의 트윗에 답장하는 식으로 주변의 대화에 의견을 달아보자. NHL, MMA, PGA, WT 세계태권도연맹 등에서 나오는 소식에 텍스트나 동영상으로 생각을 공유해 적극적으로 나를 알리자.

널리 알려진 스포츠 감독, 코치 및 운동선수 등에 대한 응답 콘텐츠를 만들어 보자. 사람들이 해시태그를 검색할 때 나의 글이 발견되도록 신경을 쓰자. 대화에는 진정성 있게 응하고 대화내용을 유심히 관찰하면 배울 점이 있다.

이 작업을 제대로 하려면 적어도 4시간에서 6시간이 걸릴 것이다. 이 것이 바로 트위터에서 첫째 날 내가 해야 할 일이다.

둘째 날에도 시간 분량을 첫째 날과 똑같이 해보자. 배팅 연습을 1분 이라도 더 많이 한 선수가 경기에서 이길 확률이 높다.

셋째 날은 토요일, 휴무일이다! 이날은 스포츠 관련 주제를 찾아 그것 에 관심 있는 사람들과 소통하는 데 10시간 넘게, 원한다면 더 많이 할 애할 수도 있다.

넷째 날 일요일, 이날은 쉬는 날이므로 한두 시간 더 잠을 자는 것도 좋다. 트위터를 하기에 시간이 조금 모자라도 상관없다.

다섯째 날은 월요일이다. 이날은 출근하거나 학교에 간다. 점심시간 과 쉬는 시간, 조금씩 비는 자투리 시간을 활용하여 트위터를 하자.

엄지손가락에 굳은살이 배기고 눈이 충혈될 때까지 반복적으로 끊임 없이 트위터를 일관되게 하다 보면 내 트윗 중 하나는 잘하면 5일 이내 에, 보통은 1년 이내에 캔자스시티나 몬트리올이나 시카고에 있는 스포 츠 채널에서 누군가의 눈을 사로잡는 콘텐츠의 일부가 될 것이다. 그 누 군가는 안나라는 여자가 어디서 일하는지 알고 싶어서, 또 그들 팀에 합 류해 달라는 제안을 하려고 연락을 해올 것이다. 또는 새로운 스포츠 채 널에서 그들의 기사에 대한 의견을 요청하려고 연락해올 것이다(뉴스 방 송국은 통상 자료를 위해 면밀하게 트위터를 모니터링 한다).

안나는 그렇게 해서 장차 유명한 스포츠 캐스터가 될 것이다. 아니면 진로를 바꿔 다른 일을 열심히 하고 있겠지! 분명한 건 손에 굳은살이 박힐 때까지 트위터를 하던 그때의 열정이 분명 꽃을 피웠을 거라는 사실이다.

보통 트위터의 콘텐츠 하나는 다른 모든 플랫폼의 100개 콘텐츠만큼의 가치가 있을 수 있다. 그만큼 트위터의 영향력은 비율이나 숫자로 설명할 수 없을 만큼 크다.

여기서 분명히 해두고 싶은 것이 있다. 이 책은 내 콘텐츠의 99%와 마찬가지로, 100% 만족하고 행복하다고 하기에는 뭔가 부족한 사람들을 위한 책이다. 살면서 불평도 더러 하고, '만약 이랬으면 어떻고, 저랬으면 어떨까?'라는 궁금증이 있는 사람들을 위한 책이다.

나는 인생에서 하루에 12시간 또는 14시간 또는 17시간 동안 일을 하는 시기도 있어야 한다고 생각한다. 왜냐하면 오늘날 성공한 사람들의 삶을 살펴보면 그만큼 많은 시간 일하고 또 일했기 때문이다. 그렇다고 건강을 해쳐가면서, 가족과의 소중한 시간을 희생하면서 일만 하라는 건 아니다. 사람들마다 각자의 생활이 있고 라이프스타일도 모두 다르다. 결국은 각자 자신에게 좋은 방식으로 알아서 선택해야 할 것이다.

건강을 위해 8시간의 수면시간은 꼭 엄수할 것을 요구하는 사람들도 있지만, 남들이 자는 시간에 깨어서 공부하고 일하는 즐거움을 선택하는 사람들도 많다. 나는 가능하면 그 성공한 자들의 대열에 합류하라고 말하고 싶은 것이다.

Crushing it

자레드 폴린
〈FroKnowsPhoto〉
– 유튜브 : @FROKNOWSPHOTO –

자레드 폴린Jared Polin의 아버지는 왜 자신이 자영업을 하고 싶었는지에 대해 한마디 말로 주변을 초토화시켰다.

"소변 보는 시간마저 눈치를 봐야 하는 일은 할 생각이 없었단다."

자레드는 정직한 사람으로 정평이 나 있었다. 그 역시 자영업을 하기로 마음먹었을 때, '정직'을 자신의 제1명함으로 삼기로 했다. 자신의 헤어픽*과 함께 말이다.

자레드가 헤어픽을 명함으로 사용하는 이유는 그가 아프로 헤어스타일**을 하고 있을 뿐 아니라, 적합한 조명기법부터 최고의 필터를 고르는 방법까지 모든 정보에 관한 '재미있고 유익한 동영상'을 올리는 유튜브 채널 〈프로노우즈포토FroKnowsPhoto〉의 운영자이기 때문이다.

그는 어린 시절을 카메라 상점에서 일하며 보냈고, 열다섯 살에 전문

---

* 헤어픽(hairpick) : 헤어스타일을 고정하는 머리빗과 유사한 것 - 옮긴이
** 1970년대에 유행했던 흑인들의 둥근 곱슬머리 모양 - 옮긴이

적인 촬영을 하기 시작했으며, 그 후 10년을 밴드와 함께 여기저기 여행하며 보냈다. 이때까지 지레드는 자신의 열정에 관해 진시하게 고민해 본 적이 없었다.

수년 동안 지레드는 자신의 사진작품을 선보이는 웹사이트를 운영했지만, 이렇다 할 비즈니스와 연결되지는 못했다. 당시 그는 스물아홉 살이었다. 일찍이 암으로 어머니를 여읜 지레드는 100세가 다 된 할머니를 수발드는 아버지를 돕기 위해 집에 머물렀다.

그는 사진작가들이 생계를 위해 으레 하는 일인 결혼식 사진을 찍어주고 1년에 2~3만 달러 정도를 벌었다. 당시 주변 사람들은 블로그 만드는 일에 푹 빠져 있었는데 지레드는 그런 건 자신과 상관없는 일이라고 여겼다. 그는 다른 사진작가들의 유튜브 채널을 보면서도 별다른 감흥을 얻지 못했다. 더 좋은 사진작품에 대한 욕심밖에 없었다.

어느 날 지레드는 사진 촬영을 제공한 대가로 티켓을 얻어 한 이벤트에 참석하게 되었다. 거기서 그는 한 와인 판매원이 자신의 가족이 하는 주류상점을 키우기 위해 어떻게 동영상을 만들고 활용했는지 큰 목소리로 이야기하는 모습을 보게 되었다.

그는 책도 썼다고 하는데, 매우 현실적일 뿐 아니라 아무것도 팔려고 하지 않았어요.

"인터넷에서 성공하는 특별한 비법 같은 건 없어요. 그저 자신이 하는 일에 능숙하고, 그 일에 대해 열정을 가지고, 거기서 끝내주는 성과를 내면 돼요."

전 그의 말에 공감했어요. 마치 10년 묵은 체증이 싹 내려가는 기분이었죠. 제 평소의 생각을 그가 그대로 말했으니까요.

저는 과거에 몇 개의 동영상을 만들어 올리기도 해봤는데 어떤 이유에선지 집중할 수가 없었어요. 그때는 아마도 준비가 안 돼 있었던 것 같아요. 그러다 『크러쉬 잇!』을 읽게 되면서 영감이 떠올랐고, 이런 생각이 들었죠.

'그래 나도 이제 준비가 됐어!'

책을 쓴 그 사람은 와인 분야를 개척했는데, 저라고 사진 쪽을 개척하지 못하란 법은 없잖아요!

자레드가 동영상을 제작한 건 더 많은 사진촬영 일을 얻기 위해서였다. 하지만 사람들은 카메라 장비 구입방법에 관한 조언을 얻기 위해 그를 찾기 시작했다. 예전에는 사진 찍는 사람들은 자레드에게 무조건 경쟁상대였기 때문에 사진 찍는 사람들을 돕는 어떤 일은 꿈에도 생각해 보지 않았다. 하지만 자레드는 이런 자세를 180도 바꾸어 자신이 가진 지식과 정보를 무료로 제공하기로 했다.

"왜냐하면 사람들은 제가 소유한 지식을 갖고 있지 않았기 때문이죠."

또 다른 동기도 있었다. 자레드는 어머니의 죽음으로 큰 충격을 받았다. 아들에게 카메라를 잘 사용하는 법을 가르쳐달라고 오래 전부터 부탁했지만, 자레드가 미적거리는 동안 시간은 기다려 주지 않았다.

"그 일은 제 인생에서 가장 큰 후회로 남아요. 어머니는 사진을 배우고 싶어 하셨거든요. 그런데 그걸 제가 못했어요."

그런 이유로 자레드는 자신의 지식과 기술을 기꺼이 다른 사람들에게 전수하게 된 것이다.

전 제가 할 수 있는 일을 찾았고, 그 일을 완전히 제 것으로 만들었어요. 그렇게 2년 동안 집에 콕 틀어박혀 날이면 날마다 동영상을 촬영했어요. 아침에 일어나서 아이디어를 짜고, 동영상을 찍고, 편집하고, 점심을 먹고 돌아와 그 동영상을 올리고, 저녁을 먹고는 새벽 1~2시까지 댓글에 답을 달았죠. 저는 프롬프터* 같은 것을 사용하지 않았어요. 동영상을 찍다가 실수를 해도 그냥 계속 진행했죠. 사실 동영상 편집방법을 몰라서 그랬던 것도 있어요. 제가 아는 거라곤 시작하고 마치는 것뿐이었죠. 때로는 그냥 좋은 게 좋잖아요.

6개월도 안 되어 조회 수가 증가했다. 100회가 되더니, 이내 200회로 증가했다. 그는 계속해서 댓글을 달고, 질문에 답하고, 시청자들과 소통했다. 누가 대화를 원하든 그 요청에 응했다.

『크러쉬 잇!』은 트위터의 검색사이트인 서치트위터닷컴search.twitter.com에서부터 비즈니스를 구축하는 방법에 관해 이야기하죠.** 저 또한 제가 받은 이메일에는 반드시 답을 했어요. 누구든 아무 때나 전화를 걸

---

* 프롬프터(prompter) : 출연자가 대사 등의 자료를 볼 수 있도록 모니터에 보여주는 장치 - 옮긴이
** 트위터 검색으로 특정 단어를 언급한 모든 트위터 사용자들의 연락처 목록을 얻어 소통해가며 비즈니스를 구축하는 방법 - 옮긴이

수 있도록 스카이프 번호도 달아놨죠. 전화를 받게 되면 발신자 동의를 얻어 통화도 녹음했어요. 거저 만들어진 무료 콘텐츠만큼 좋은 게 없거 든요. 가령 그들이 제게 어떤 질문을 하면 다른 사람도 같은 질문을 해 올 것이기 때문에 그때 써먹을 수 있는 것이죠."

그는 다른 사람들의 유튜브 채널에도 자신이 노출되도록 링크를 만들 어 놨다. 이런 노력 끝에 유튜브 조회 수가 늘어나기 시작하자, 구독자 수도 늘어났다. 머지않아 니콘과 캐논 및 기타 사진 브랜드들이 자레드 에게 사진기 부품인 '기어'에 대해 리뷰를 올려달라고 요청하기 시작했 다. 돈을 지불하겠다고 했다.

"전 아주 솔직한 성격이에요. 누군가 제게 돈을 지불하더라도 제게 이 래라저래라 요구할 순 없어요. 만약 제품에서 단점이 발견되면 전 그 단 점을 솔직히 말할 거니까요. 그들이 제게 돈을 지불하든 말든 말이죠. 이 는 신뢰의 문제거든요."

자레드는 이제 생계를 위해 사람들의 사진을 촬영하지 않아도 된다. 그는 자신이 콘텐츠로 다루기 원하는 밴드 및 뮤지션들과 바터 거래를 한다. 밴드와 뮤지션들과 일하게 되면서 그는 더 많은 콘텐츠를 세상에 공유하고 있다. 7년 만에 자레드는 다른 사람들이 더 나은 사진을 찍을 수 있도록 돕는 동영상을 2,400개나 올렸고, 유튜브에서 1억 회 이상의 조회 수를 얻었다. 처음 1, 2년에 약 8만 달러의 매출을 올리던 그는 이 제 100만 달러의 수익을 거뜬히 넘기고 있다.

노력을 기울이지 않는다면 성공 같은 건 없어요. 다르게 말하는 사람은 머리에 똥만 차 있는 사람일 기예요. 우리를 완성시키는 건 그동안 쏟은 모든 노력과 인내심이에요.

지금 하고 있는 일에 열정을 가지고 있나요? 지금 당신의 일에 능숙한가요? 그럼 그 일을 하세요.

이 책을 읽는 것과 그 일을 행동으로 옮기는 건 별개의 문제니까요.

나는 몇 년 동안 조심스럽게 자레드를 지켜봤다. 좋은 점은 그가 절대 불평하지 않는다는 것이었다. 그도 나처럼 초반에는 수백 시간을 들여 콘텐츠를 만들었으며, 거의 아무런 호응을 얻지 못했다.

하지만 자레드를 멈추게 할 수는 없었다. 그것이 그의 남다른 점이다. 자레드의 사전에 포기란 없었다. 인내와 끈기는 그의 전부였다.

7장

*

팟캐스트

Crushing It!

하늘이 준 선물,
팟캐스트

팟캐스트는 다음의 두 가지 이유만으로도 하늘이 준 뜻밖의 선물이라고 할 수 있다.

첫째, 대부분의 사람들은 카메라에 익숙하지 않다. 사람들은 카메라에 비친 자신의 모습이 낯설고 바보 같아 보인다고 느낀다. 그래서 머리 모양이나 안경, 화장에 대해 걱정하고, 조명에 대해 이러쿵저러쿵한다. 하지만 사실 이런 것들은 하나도 중요하지 않다. 오히려 시청자들에게 최상의 경험을 제공하는 데 집중하지 못하도록 한다. 그런데 팟캐스트에는 이런 거추장스러운 부분들이 훨씬 적다.

둘째, 팟캐스트는 콘텐츠를 유료로 판매하거나 광고수익을 얻을 수 있다. 따라서 카메라 앞에 서기 좋아하는 사람들도 팟캐스트를 시도해보는 것이 좋다. 모든 것이 초고속인 요즘 같은 세상에, 멀티태스킹은 필수가 아닌가! 실제로 이메일 확인이나 청구서 지불 등 회사에서 간단하게 할 수 있는 일들은 동영상을 보면서 하는 것보다 팟캐스트를 들으면서 하는 게 훨씬 수월하다.

미국의 경우 1억 3,900만 명의 통근자가 집과 직장을 오가며 296억 시간을 쓰고 있고, 상당한 시간을 차 안에서 보낸다. 그런데 운전을 하느라 동영상을 볼 수 없다. 하지만 팟캐스트는 어떤가? 얼마든지 들을 수 있다.

팟캐스트 덕분에 우리는 정보화 시대에 필요한 지식과 정보를 간편하게 얻을 수 있다.

〃〃〃

나는 2014년 10월부터 팟캐스트를 시작했다. 그때는 미국 공영방송 NPR의 라디오 쇼 〈디스 어메리칸 라이프〉가 제작한 팟캐스트 연재물이 센세이션을 일으키면서 팟캐스트가 막 주류로 떠오르던 시기였다. 하지만 나는 호감을 가졌음에도 팟캐스트에 적극적으로 뛰어들지 않았다. 팟캐스트를 위해 또 하나의 자체 원본 콘텐츠를 만든다는 게 큰 부담으로 다가왔기 때문이다.

당시 내가 팟캐스트를 위해 한 일이라고는 애스크게리비 쇼의 오디오 트랙을 그대로 팟캐스트로 옮기는 게 전부였다. 성과는 그다지 나쁘지 않았다. 팟캐스트 비즈니스 카테고리에서 늘 상위 25위 안이었다. 나는 더 집중하면 더 좋은 성과를 낼 수 있다는 것을 알았다.

2016년 12월, 마침내 나는 그 애스크게리비의 오디오 트랙을 '게리비 오디오 익스피어리언스GaryVee Audio Experience'로 리브랜딩하는 방안을 생각해 냈다. 이제 나는 이 채널에 '애스크게리비'의 콘텐츠만 올리는 것이 아니라 비행기 탑승 중 한껏 들떠 떠드는 내 녹소리를 휴대전화로 녹음해 올리기도 하고, 내 강연 중의 하나에서 뽑은 오디오 클립을 올리기도 하고, '데일리비'에서 사용되지 않은 콘텐츠를 발췌하여 올리기도 했다.

다양성과 창의성이 더해지면서 내 팟캐스트의 인기는 급상승했다. 현재 내 팟캐스트 순위는 여유 있게 애플 차트 상위 150위 안에 꾸준히 들고 있다. 내 팟캐스트를 듣는 사람들은 나를 처음 접하는 사람들도 있고, 일부는 이미 다른 채널에서 나를 팔로우하고 있는 사람들이다.

팟캐스트는 콘텐츠를 공유할 수 있고, 영향력을 구축할 수 있으며, 사람들이 원하는 삶을 살도록 돕는 또 하나의 방법을 선사하고 있다.

팟캐스트
활용하기

콘텐츠를 유료 음악 스트리밍 서비스인 스포티파이, 애플 팟캐스트, 사운드클라우드, 스티처에 업로드를 하든 또는 그밖의 팟캐스트 플랫폼에 업로드하든 간에 우리가 스스로를 차별화할 수 있는 방법은 찾아보기 어렵다. 물론 스포티파이와 사운드클라우드에 광고를 게재할 수는 있다. 하지만 이 채널들의 광고료는 아직도 매우 비싸다.

이 글을 쓰는 지금, 팟캐스트 플랫폼 내에서 퍼스널 브랜드를 구축할 수 있는 독창적인 방법은 별로 없다. 즉, 최상의 콘텐츠를 만드는 것 외에 달리 방도는 없는 것이다. 다만, 나의 다른 소셜미디어 채널을 통해 내 팟캐스트를 홍보하는 것은 물론, 나보다 더 큰 플랫폼을 지닌 다른 사람들과도 공생 관계를 만드는 데 힘을 써야 할 것이다.

도전,
팟캐스트!

내가 75세의 블렌치라는 여성이라고 가정해 보자. 내 절친은 주디이다. 우리 두 사람은 어릴 때부터 한동네에서 자란 죽마고우이며, 살면서 한번도 몇 마일 이상 떨어져 지내본 적이 없다.

우리는 합해서 6명의 아이를 키우고 있고, 합해서 세 번 결혼식을 올렸으며, 우리 둘 중 한 명은 남편과 사별했다. 지금까지 우리가 함께 휴가를 떠난 횟수는 열두 번이고, 입양한 애완동물은 열한 마리다. 지난 10년 동안 우리 둘은 매월 일정한 날에 루비 튜즈데이에서 같이 영화를 본 후 점심을 먹었다. 단 한번, 주디가 담석으로 병원에 입원했을 때를 제외하고는!

어느 날 밤, 〈원더우먼〉이 상영되기 전 사탕을 사려고 극장에서 줄을 서 있는데, 주디가 말했다. 캐서린 터너의 최고 작품은 제시카 래빗으로

분한 목소리 연기였다고 말이다. 여느 때와 다름없었다. 내가 주디와 극장에 가는 것을 좋아하는 이유는 영화를 본 소감이 일치하는 경우가 거의 없어서다. 보통 우리 둘의 논쟁은 영화를 본 후 햄버거와 감자튀김을 먹으며 벌어진다. 그런데 주디가 그때 예상치 못한 곳에서 훅을 날린 것이다. 나는 눈꼬리를 치켜 올리며 응수에 나섰다.

"〈로맨싱 스톤〉이 아니고?"

"〈프리찌스 오너〉에서 한 연기보다 낫다고?"

"〈페기 수 결혼하다〉에서 한 연기보다 낫다고?"

주디는 나의 도발에도 눈썹 하나 까딱하지 않는다. 우리가 언쟁을 벌이는 동안 뒤에서는 낄낄거리는 사람들의 목소리가 들려온다.

"제2의 진 시스켈과 로저 에버트 납셨네."

누군가 빈정거리는데 문득 아이디어가 하나가 떠오른다.

영화가 끝난 후 우리 둘은 조용한 구석자리로 간다. 〈원더우먼〉에 대한 본격적인 의견을 나누기 전 아이폰을 꺼내 음성메모 버튼을 누르고 우리들의 대화를 녹음한다.

다음 날, 고성능 자동차에 관한 팟캐스트를 운영 중인 조카에게 전화를 걸어 녹음한 내용은 인터넷에 어떻게 업로드를 하는지 물어본다. 조카는 MP3 파일을 팟캐스트 플랫폼에 업로드하면 된다고 알려주었다. 그리고 주말까지 기다려주면 몇 가지 간단한 절차를 보여주는 동시에 셋업이 필요한 기초장비 사용법에 대해서도 알려주겠다고 한다. 그리고 인터넷에서 우리가 필요한 대부분의 정보를 찾을 수 있다는 것이다.

"팟캐스트 업로드방법 및 배포방법에 대해 구글링만 하면 돼요."

하지만 우리 둘은 기다리기로 결정한다.

나는 주디에게 전화를 걸어 다음주에 영화를 보러 가자고 말한다.

이렇게 해서 오래 전에 본 영화와 현재 상영되는 영화들에 관해 두 친구가 서로의 생각을 나누는 영화 리뷰 팟캐스트 〈블렌치와 주디의 쇼〉가 탄생한다. 주디와 나의 개성과 케미가 잘 어우러져 청중에게 큰 사랑을 받고 있다.

영화가 시작되면 입장권에 적힌 좌석으로 자리를 안내해주던 안내원들에 관한 추억으로 이야기를 나눠 청중의 주목과 사랑을 받기도 했다. 또 영화를 보고 나가는 관객 중 4명을 인터뷰한 것도 팟캐스트에 올렸다.

3년 후, 우리의 채널은 애플에서 '상위 150개' 목록 중 하나가 된다. 팟캐스트가 우리의 핵심 플랫폼이기는 하지만, 우리 둘은 팟캐스트를 이용해 마이크로 콘텐츠를 만든다.

주디의 유머는 콘텐츠로 따기 좋을 때가 많다. 그래서 이것을 가지고 밈을 창출해 페이스북과 인스타그램에 올리고, 그 밈을 활용해 트위터에서 소통하면서 팟캐스트에 대한 인지도를 끌어올린다.

우리 둘은 〈엔터테인먼트 위클리〉와 〈버라이어티〉에서 인터뷰도 했다. 일이 너무 많아지면서 매주 집에서 나오기도 힘들어진다. 종종 등도 쑤셔온다. 흔들의자에 앉아 있을 때가 가장 편한데 말이다.

스튜디오에서는 우리 둘이 리뷰를 해야 할 영화를 꼬박꼬박 보내오고 있다. 술술 잘 풀리는 브랜딩 기회 덕분에 나는 경제적으로도 훨씬 여유로워졌다. 생활비는 물론이고, 남편과 함께 가족을 위해 평생 모은 돈보다 더 많은 돈을 모을 수 있다는 사실에 짜릿함을 느낀다.

Crushing it

존 리 뒤마스
⟨Entrepreneurs on Fire⟩
— IG : @JOHNLEEDUMAS —

"저는 좁은 방구석에서 천천히 죽어가고 있었어요."

이 말이 사람들의 귀에 어떻게 들리는지 궁금하다. 비참한 상황에서 벗어나려고 몸부림치는 것 같지 않은가?

"제 안에는 무한한 창의성이 있었지만 사용할 수 없었어요. 정장에 넥타이를 매고 늘 격식을 차리다 보니, 스스로 창의성을 갉아먹는 느낌이었죠. 사방이 흑과 백뿐이어서 제 삶에 어떤 색깔을 가미해야 했어요."

서른두 살이 될 때까지 존 리 뒤마스John Lee Dumas는 아주 전형적인 삶을 살았다. 참전용사였던 조부와 외조부, 법무장교였던 아버지를 둔 집안내력 탓에 그에게 군복무는 정해진 길이었다.

그는 1998년 메인주의 작은 동네를 떠나 ROTC 장학금으로 로드아일랜드의 프로비던스 칼리지에서 미국학을 전공했다. 또 대학을 졸업한 날로부터 1년이 되던 911 테러 이후에는 이라크에서 13개월 동안 신임장교로 복무했다. 그렇게 민간인이 되기까지 그는 총 4년간 군에서 복무했다.

군인의 신분에서 풀려나니 앞으로 뭘 해야 할지 막막할 따름이었다.

그는 로스쿨에 도전하기도 했다. 하지만 6개월 후 중퇴했다. 몇 년 동안 기업금융 분야에서 근무하기도 했다. 그러나 몸담은 회사의 상사들을 보았을 때 그들처럼 되고 싶지는 않았다.

뒤마스는 왠지 자신이 기업가가 될 운명 같았다. 하지만 기업가가 되기 위해 무엇을 시작해야 할지도 몰랐고, 기업가의 길이 어떤 건지도 몰랐다.

그는 자기계발 및 비즈니스 관련 서적을 읽기 시작했다. 2009년의 어느 날, 출간된 지 한 달째인 『크러쉬 잇!』을 만났다. 그는 이 책에서 영감을 받아서 단 한번도 가본 적 없는 샌디에이고로 이주해 부동산 중개 일을 시작했다.

뒤마스는 그 일을 3년 동안 했지만 완벽히 맞아떨어지는 느낌은 없었다. 그는 『크러쉬 잇!』을 다시 읽었고, 마침내 2012년에는 뭔가 새로운 것이 머리에 떠올랐다.

참고로 나는 우리가 일하는 분야에 상관없이 퍼스널 브랜드를 만들어야 한다고 강조한 바 있다. 당시 뒤마스는 개인용 페이스북 페이지를 가지고 있었다. 하지만 링크드인이나 트위터에서 전문적인 역량을 발휘하고 있는 건 아니었다. 그는 뭔가 바꿔야 한다는 걸 알고 있었다.

그의 주의를 끈 또 하나는 팟캐스트였었다. 처음에 팟캐스트가 뭔지 하나도 몰랐던 뒤마스는 좀 더 조사를 해보기로 마음먹었다. 보아하니 팟캐스트 서비스는 무료였고, 이 채널에서는 타기팅되고 초점이 맞춰진 콘텐츠가 제공되고 있었다. 당시 자기계발서와 오디오북 가격은 갈수록 오르고 있었고, 퍼스널 브랜드 구축을 위해 더 많은 강의를 들어야 했던 그는 팟캐스트를 보며 '바로 이거구나!'하는 느낌이 들었다.

그때부터 전 팟캐스트에 빠져들게 되었어요. 그리고 최우수 고객이 되었죠. 8개월 동안 전 엄청나게 많고 다양한 팟캐스트를 들어봤어요. 그러던 어느 날, 불현듯 매일 내가 차를 몰고 출근하고 매일 헬스장에 다니고 있다는 사실이 떠오르더군요.

'그래, 일주일 내내 진행하는 쇼를 찾아봐야겠다. 기업가를 인터뷰해 그들의 실패와 교훈, 깨달음의 순간을 담은 그런 쇼 말이지.'

그런 쇼를 찾기 위해 아이튠즈를 검색했어요. 그런데 놀랍게도 그런 쇼는 찾을 수 없었어요.

뒤마스는 팟캐스트 콘텐츠 제작이나 사람들을 인터뷰하는 일에 경험이 없었다.

문득 이런 생각이 들더군요. '매일같이 이 팟캐스트 쇼를 진행한다면 그만큼 빨리 발전할 거야.' 통상 남들은 일주일에 4회의 에피소드를 진행하지만, 제 경우는 한 달에 30회의 에피소드를 진행하는 셈이었으니까요. 어쨌든 전 틈새를 비집고 들어가 부딪혀봐야 했어요. 물론 처음에는 형편없었죠. 상당한 시간 동안 질보다는 신속을 우선으로 날림작업을 했으니까요. 하지만 오늘자 팟캐스트와 지난 에피소드 15화를 들은 사람들은 이 두 화에서 완전히 달라진 제 모습을 확인할 수 있을 거예요. 전 당시 너무 형편없었고 긴장했고 순진했어요. 그렇게 앞길을 헤쳐 나갔고, 하루도 빠짐없이 매일 해나갔어요.

그는 단지 마이크만 켜고 말하기 시작한 게 아니었다. 사전조사도 하고, 유튜브도 파고들고, 다른 팟캐스터들이 제공하는 무료 콘텐츠와 조언들도 가리지 않고 흡수했다.

그런데 그 과정에서 만나게 된 두 명의 멘토는 그에게 부정적인 조언을 건넸다. 그들은 팟캐스트가 아닌 다른 수단을 통해 돈을 벌었다며 팟캐스트 쇼를 매일 진행해서는 안 된다고 말했다. 매일 진행하면 그만큼 다른 활동은 못하게 된다는 게 그 이유였다. 하지만 뒤마스는 이 조언을 받아들이지 않았다. 뒤마스는 그들에게 이렇게 말했다.

"두 분은 절 이해하지 못해요. 실력도 형편없는 제가 남들이 하는 대로만 했다간 큰일나고 말 거예요. 아무도 제 쇼를 듣지 않을 테고, 제 쇼는 사라지는 운명이 될 거예요. 전 남들과 뭔가 달라야 하고, 독특해야 해요. 사람들의 눈을 번쩍 뜨이게 할 만한 뭔가를 해야 하는데…"

이후 두 멘토는 자신들의 인맥을 활용해 뒤마스가 인터뷰를 하는데 큰 도움을 주었다. 물론 그들이 뒤마스를 최고의 기업가들에게 소개한 것은 아니었다. 하지만 나름대로 자신의 청중을 구축하고 있고, 책을 출간하고, 얼마든지 자신들의 이야기를 공유할 만한 기업가에게 뒤마스를 소개했다.

지금까지의 행보를 보면 뒤마스는 꽤 자신감 넘치는 사람으로 보일 수도 있다. 처음에 뒤마스는 매일 팟캐스트를 운영하다 보면 양질의 콘텐츠를 만들 수 있을 거라는 신념을 가지고 있었다. 또 초창기에 자기가 초대한 게스트들이 그리 유명한 이들이 아니었는데도 대중으로부터 즉각적이고 긍정적인 반응을 얻어냈다. 하지만 그는 날이 갈수록 '가면증후군'*으로 마비되고 있는 스스로를 발견했다.

'일 대 일 대화를 끌어내려고 누구에게든 닥치는 대로 연락을 취하던 내 모습은 대체 어디로 간 거지?'

그리고 뒤마스는 자신에 대한 의심과 두려움을 극복하고 다음 걸음을 옮겼다.

저는 한 가지 장점만 가지고 기업가로서의 여정을 시작했어요. 그건 바로 저 자신에 대한 훈련이었죠. 저는 이 훈련을 예전 군인시절 받았던 훈련과 직접적으로 접목할 수 있었어요. 하지만 훈련만으로 목표를 이룰 수는 없죠. 그래서 제가 개발한 두 가지 중요한 역량은 생산성과 집중이었어요. 가령 '훈련만 받은' 사람들은 어떤 일을 하루 종일 해낼 수는 있죠. 하지만 그들이 하루 종일 잘못된 콘텐츠만 만들고 있다면 어떨까요? 바로 이것이 생산성이라는 역량이 필요한 이유죠. 가령 대량 살상 무기와 같은 잘못된 생산품을 차단할 수 있는 역량이 없는 한, 우리는 올바른 콘텐츠를 만들어낼 수 없어요.

뒤마스는 2012년 9월에 자신의 팟캐스트인 〈엔트러프러너스 온 파이

---

* 자신이 이뤄낸 업적을 스스로 받아들이지 못하는 심리적 현상 – 옮긴이

어Entrepreneurs on Fire)를 론칭했다. 이 팟캐스트는 게스트들이 자신의 인터뷰를 상당한 규모의 자체 청중과 공유하면서 아이튠즈의 새롭고 주목할 만한 목록에 오르기 시작했다. 게스트들과 청중이 합동으로 일궈낸 가중효과로 팟캐스트는 두 달 반 만에 10만 회 이상의 다운로드를 끌어냈다.

이를 계기로 뒤마스는 여러 컨퍼런스에 초대되었다. 이 컨퍼런스에서 그는 기업가로서의 자신에 대한 더 큰 확신을 얻게 되었을 뿐 아니라, 당시 신간을 출간한 세스 고딘, 팀 페리스와 같은 거물급 인사들, 바바라 코코란 그리고 게리 바이너척에게도 자신의 청중과 함께 다가갈 기회를 얻었다.

이제 뒤마스는 수익을 창출할 여러 방법의 모색을 마쳤다. 그는 청중에게 다가갔고, 그들이 원하는 것이 무엇인지 물어봤으며, 그들의 말을 귀담아들었다.

제가 깨달은 건, 우리가 가치 있고 일관된 콘텐츠를 무료로 제공한다면 그 콘텐츠를 토대로 청중을 구축할 수 있다는 점이에요. 사람들에게 일 대 일로 다가가 "어떤 부분이 어려우신가요?"라고 묻고 귀를 기울이면 그들은 기꺼이 자신들의 고민을 이야기해 줄 거예요. 그러면 그때 내가 아는 해결책을 제공해 주면 되죠. 그것이 제품 형태이든, 서비스 형태이든 또는 커뮤니티 형태이든 상관없이 말이죠.

뒤마스는 실제로 그렇게 했다. 또 그는 팻 플린과 마찬가지로 매달 다양한 곳에서 들어오는 20~30만 달러의 수입명세서도 공개한다. 또한 자기 회사의 성공사례들을 분석해 다른 사람들이 참고할 수 있도록 할 뿐 아니라, 회사의 실수와 금전적인 손실도 공개해 사람들이 같은 실수를 하지 않도록 돕고 있다.

그는 백만장자가 되었음에도 매년 『크러쉬 잇!』을 다시 읽고 있다!

계속 제 귀에 들려오는 말이 있어요. 바로 '알박기'*란 단어죠. 저는 많은 사람들이 놓치고 있는 게 바로 이 알박기라고 생각해요.

"존, 팟캐스트가 아무것도 아니던 시절에 시작해서 이제 팟캐스트의 황금시대가 왔으니 당신은 참 운 좋은 사람이군요. 그야말로 알박기에 성공한 거잖아요."

이렇게 제게 얘기하는 사람들이 많아요. 사실 그들의 말은 맞아요. 제 타이밍은 완벽했죠. 운도 좋았고요.

하지만 사람들이 놓치고 있는 게 하나 있어요. 항상 새로운 것이 나타난다는 사실이에요. 사람들은 새로운 것을 기다리기보다 과거에만 안주해요. 하지만 보세요, 틱톡이 등장했고, 인스타그램 스토리가 등장했고, 페이스북 라이브가 등장했죠. '알박기'를 할 기회는 언제든지 있다는 뜻이에요.

맞아요, 전 여러 틈새 분야에서 '팟캐스트의 제왕'으로 통하고 있어요. 왜냐하면 팟캐스트만으로 100만 달러 비즈니스를 구축했으니까요.

---

* 주요한 택지의 일부를 남보다 앞서서 사두는 일을 비유적으로 이르는 말 – 옮긴이

하지만 제가 세 팟캐스트를 론칭한 후 페리스코프*의 제왕이 된 사람들도 있고, 스냅챗의 제왕이 된 사람들도 있고, 인스타그램의 제왕이 된 사람들도 있어요. 이 채널들은 제가 팟캐스트를 시작했을 때 존재조차 하지 않았죠. 그래서 사람들이 "팟캐스트를 탈 기회를 놓쳤다"고 말하며 안타까워하면 전 이렇게 말하죠.

"맞아요, 하지만 당신은 다른 채널들을 탈 기회도 놓쳤어요."

『크러쉬 잇!』을 읽으며 제 마음에 계속 새겨두는 부분이 있다면 그것은 바로 '항상 수평선 너머를 바라보자'라는 말이에요.

---

* 트위터가 서비스하는 실시간 동영상 스트리밍 앱 – 옮긴이

Crushing It!

음성으로 명령하라!
보이스 퍼스트

이 장은 소개하는 것만으로도 즐겁다. 아마도 내가 가장 좋아하는 장이 될 것 같다.

지금까지 살펴본 플랫폼들은 직접 사용해 보지는 않았을지라도 적어도 들어는 봤을 것이다. 하지만 '알렉사 스킬'이 앞으로 어떻게 발전할까?'라고 의문을 품고 있는 사람은 거의 없을 것이다.

앞으로 전 세계의 콘텐츠 소비 방식을 바꿀 것이라고 장담하는 기술 혁신이 있으니 바로 보이스 퍼스트''이다. 현재 퍼스널 브랜딩을 구축하고 있는 사람들은 재빨리 그리고 초반에 이 기술을 익혀야 한다. 이 플랫폼은 2006년의 트위터, 2010년의 인스타그램, 2018년의 틱톡과 마찬

---

* 알렉사 스킬(Alexa Skills) : 아마존의 인공지능인 알렉사를 통해 작동하는 명령어이자 일종의 응용프로그램. 현재 알렉사를 통해 사용할 수 있는 스킬은 4만 개 정도로 대부분 무료이고, 다른 기기를 조작하는 데 사용됨 - 옮긴이

** 보이스 퍼스트(Voice-First) : 스마트폰 터치가 아닌 음성으로 기계를 제어하는 기술 - 옮긴이

가지로, 아직 발견되지 않은 말리부 해변의 전망 좋은 별장만큼이나 눈이 번쩍 뜨이는 새로운 플랫폼이다.

〃 〃 〃

나는 사람들이 어떤 일을 하기 전 잠깐 대기하는 시간에 무엇을 하는지 궁금하다. 특히 아침에 잠에서 깬 후 15분 동안 무엇을 하는지, 직장에서 돌아온 후 15분, 그리고 잠들기 전 15분 동안 무엇을 하는지 궁금하다. 이는 전환기 타이밍이다. 이 타이밍은 우리가 하루를 계획하고, 업데이트를 하고, 우리 삶의 다음 몇 시간을 계획할 때의 순간들이다.

사실 우리는 너나없이 바쁘기 때문에 어떤 일이든 서둘러 처리하고 싶어 한다. 메모지를 꺼내 어떤 일의 목록을 적는 동시에 라디오를 켜고 심지어 앱까지 확인해야 하는 때가 있었다. 하지만 이제 그럴 필요가 없다. 우리가 할 일은 그저 입을 여는 것만으로 충분하다.

팟캐스트는 우리가 혼자 운전할 때와 같이 장시간 말을 하지 않는 동안에 우리의 두뇌를 채워준다. 하지만 보이스 퍼스트 플랫폼은 삶의 모든 순간, 즉 양치질을 하거나 메일을 정리하는 등의 아주 짧은 시간에도 우리의 두뇌를 채워줄 것이다.

2016년에 구글은 모바일 앱과 안드로이드에서 이뤄지는 검색의 20%가 음성 검색이라고 밝혔다. 이 음성 검색 비율은 급속도로 증가하고 있으며 우리는 이 새로운 트렌드에 발맞춰 브랜드를 성장시킬 놀라운 기회와 마주하고 있다.

지금 이 분야의 핵심 양대산맥은 에코Echo라고 불리는 장치를 통해 구동되는 아마존 알렉사와 구글 홈 디바이스를 통해 구동되는 구글 어시스턴트이다. 마이크로소프트, 애플, 삼성, 그리고 다른 브랜드들도 현재 자체 플랫폼으로 이 분야에 발을 들여놓고 있다. 현재로서는 양대산맥에 초점을 맞추는 것이 좋을 듯싶다.

내 경우는 알렉사를 가지고 '게리비365 GaryVee365'라고 이름 붙인 플래시 브리핑 스킬Flash Briefing Skill 서비스를 론칭했다. 플래시 브리핑 서비스는 간결한 보고서 형태로 사용자에게 중요한 정보를 제공하는 서비스이다.

'게리비365'는 진정한 일상의 동기부여를 제공한다. '더스킴The Skimm' 은 그날의 가장 주목받는 뉴스에 대한 알기 쉬운 설명을 방송한다. '이하우eHow'는 일상의 유용한 정보를 제공한다. 이렇게 다양한 뉴스 서비스를 우리의 플래시 브리핑 목록에 추가한 후 "알렉사, 내 플래시 브리핑 리스트를 틀어줘" 또는 "알렉사, 오늘 뉴스를 알려 줘"라고 요청하기만 하면 우리가 좋아하는 곳에서 가져온 뉴스를 하나하나 들을 수 있다.

다른 스킬들은 더 많은 쌍방향 경험을 제공한다. 〈더 투나잇 쇼〉 스킬을 활성화한 후, 사회자인 지미 팰런이 가장 최근에 남긴 코멘트를 요청하면 이 요청 결과와 더불어 가장 최근에 진행한 더 투나잇 쇼의 게스트 목록, 그리고 지미 팰런이 게스트들에게 남긴 최근의 감사 인사말도 함께 들을 수 있다. 내 경우는 '게리비 레코멘즈 와인'이라고 불리는 스킬도 개발할 수 있다. 이 스킬은 사용자가 무엇을 먹겠다고 말하든 간에 그 음식과 어울리는 세 가지 와인을 추천하고, 드리즐리나 미니바 딜리버리나 내 가족이 운영하는 와인 상점인 와인 라이브러리와 같은 알코올 배송서비스를 통해 곧바로 와인을 주문할 수 있도록 해주는 서비스가 될 것이다.

보이스 퍼스트의 개발과 함께 우리가 알 수 있는 것은 속도에 대한 갈망이 최고조에 이르렀다는 사실이다. 세계는 급변하고 있고, 우리는 이 속도를 따라가고 싶어 한다. 기존처럼 손을 써서 알림을 읽고 앱을 실행시키는 것과, 손을 쓰지 않고도 보이스 퍼스트를 통해 동일한 정보를 얻는 동시에 멀티태스킹을 하는 것 중 우리는 당연히 후자를 선택할 것이다. 세탁기와 커피메이커가 그러했듯이 보이스 퍼스트 플랫폼은 사람들의 시간을 벌어줄 것이다. 그 유용함을 이해하게 되면 사람들은 모여들게 돼 있다. 그때를 대비해 준비하자.

우리의 플래시 브리핑은 1시간짜리 팟캐스트의 1분 버전, 8분짜리 동영상이나 스트림의 1분 오디오 버전이 될 것이다. 구글에서 만들든 아마존에서 만들든 아니면 두 곳에서 만들든, 우리가 만드는 플래시 브리핑은 사람들의 관심을 끌 수 있을 것이다. 현재까지 브랜드들은 셀 수 없이 많은 스킬을 개발했지만 대체로 제공하는 건 동일한 기본 경험이다.

지금 이 보이스 퍼스트 분야는 관심 있는 모든 사람에게 열려 있다. 제발 이 '알박기' 기회를 포착, 소비자들이 맞이하는 아침의 일상에 중요한 부분으로 자리매김해 보자. 이 순간을 맥없이 흘려보내지 말자. 이 분야에서도 선점을 노릴 강자들에게 우리의 기회를 빼앗기지 말자.

우리가 만든 1분짜리 보이스 퍼스트 오디오 스킬은 아침에 출근하는 어떤 사람이 공중파 라디오 대신 우리의 팟캐스트를 듣도록 하는 유인제가 될 것이다.

보이스 퍼스트
활용하기

- 스킬 내 콘텐츠를 간결하게 유지하자.
- 자체 콘텐츠를 만들자. 내가 처음 팟캐스트를 시작할 때 내 동영상에서 따온 오디오 부분을 그대로 팟캐스트로 옮긴 것처럼 하지 말자. 사용자들이 우리의 보이스 퍼스트 콘텐츠를 이용하는 목적에 맞는 콘텐츠를 만들어나가자. 즉, 빠르고 쉽게 소화되도록 만들자.
- 콘텐츠를 우리가 할 수 있는 최고의 품질로 만들자. 우리의 스킬을 쓰레기 하치장처럼 함부로 다루지 말자. 이 말은 아무리 강조해도 지나치지 않다. 우리의 다른 콘텐츠에서 나온 부산물을 활용하는 건 괜찮다. 하지만 각 부분을 면밀히 연구하는 동시에, 우리의 상상력과 창의성을 발휘하여 새롭고 신선한 콘텐츠를 만들자.

이메일의 수신 거부 절차가 얼마나 짜증나는 과정인지 아는가? 우선,

우리는 이메일의 하단으로 애써 이동해 '수신 거부' 버튼을 찾아내야 한다. 그러고는 정말로 거부하려고 하는 게 맞는지, 그리고 거부 이유를 공유할 마음이 있는지를 묻는 과정을 거쳐야 한다. 마지막으로 탈퇴 사실을 확인하고 나서도, 이메일 수신이 중단되기까지는 며칠이 걸릴 수 있다는 공지를 받아야 한다.

하지만 보이스 퍼스트에서 사람들이 우리의 콘텐츠에 대해 흥미를 잃을 경우에는 큰소리로 외치면 된다.

"알렉사, 아무개의 플래시 브리핑을 지워줘."

얼마나 간단하고 명쾌한가! 이 보이스 퍼스트 기술을 남보다 앞서 시작하도록 하자. 그리고 콘텐츠 제작방법을 배우는 동안 그 과정도 기록하자. 우리가 다른 콘텐츠를 위해 준비했던 영상이나 자료를 활용할 수도 있다. 어떤 분야의 보이스 퍼스트 콘텐츠를 내보내든 간결하고 알차게 유지하자. 무엇보다도 콘텐츠를 선보이는 순간, 사용자들의 관심을 사로잡아야 한다. 1,000분의 3초만 지나도 사용자는 가차없이 채널을 돌려버릴 것이다.

보이스 퍼스트는 앞으로 의사소통에서 거대한 핵심 플랫폼이 될 것이다. 이미 우리는 아마존 알렉사, 구글 어시스턴트, 애플 시리, 그 외 다른 플랫폼들과 자동차 안에서 이야기하고 있지 않은가!

예전에 운전 중 불현듯 케니 로저스의 〈Lady〉를 즐겨 듣던 때가 떠올라, 차를 주차해 놓고 그의 히트곡을 다운로드하던 일이 얼마나 근사했는지 회상해 보자(운전 중에 다운로드하는 건 생각할 수도 없는 일이기 때문이다). 하지만 우리는 이제 노래를 다운로드해서 듣기까지 짧은 시간이라도 기다리거나, 지도 앱에 목적지를 손으로 입력할 필요가 없어졌다. 알렉사에게 원하는 것을 말하기만 하면 알렉사가 알아서 다해 주기 때문이다.

이제 문자로 입력해 실행하는 것은 과거의 일이 된 것이다.

*/ */ */

내 직감에 의하면 이른바 '방법을 알려주는 콘텐츠'를 제작하는 모든 브랜드는 2020년까지 보이스 퍼스트 분야로 모여들 것이다. 즉, 쿠키와 페어 와인을 만드는 법, 체스를 잘 두는 법, 카펫을 청소하는 법 등을 알려주는 보이스 퍼스트 공간에서 사용자들에게 선택받기 위해 혹독한 경쟁을 치르게 될 것이다. 보이스 퍼스트는 말만 하면 끊임없이 정보를 제공해 줄 것이다. 즉, 차고에서 오일을 교체할 때, 자동차 매뉴얼을 꺼내거나 '자동차 오일의 교체방법'이라고 구글링을 할 필요가 없는 것이다. 우리가 그냥 "자동차 오일 교체하는 방법을 말해줘"라고 말하면 선반이나 벽에 장착된 인공지능 스피커가 내 차종을 물어볼 것이고, 그런 다음 우리에게 단계별 지침을 알려줄 것이다. 현재 우리는 이 보이스 퍼스트 기술을 한두 개의 방에서만 사용하고 있다. 하지만 앞으로 어디를 가든 보이스 퍼스트는 우리를 따라다닐 것이다.

도전,
보이스 퍼스트!

내가 조니라는 37세의 조경사라고 가정해 보자. 내가 운영하는 '조니스 랜드스케이프 아트Johnny's Landscape Art'는 연간 약 20만 달러를 벌어들이는 규모의 비즈니스다. 나는 브랜드 인지도를 올리기 위해 11개에 달하는 플래시 브리핑을 론칭한다. 즉, 조니스 데일리 야드 팁스 구역 1, 조니스 데일리 야드 팁스 구역 2, 이런 식으로 말이다. 나는 정원사들이 정원을 더 잘 가꿀 수 있도록 플래시 브리핑을 통해 지역의 기후 정보를 매일같이 업데이트한다. 이 정보는 지역의 최저 기온에 토대를 둔 미 농무부USDA의 식물 내한성 구역에 맞춰 제공되는 정보이다.

"오늘은 4월 21일, 완연한 봄날이네요. 구역 4에 속하신 분들은 수선화에 거름을 주겠다고 생각하고 계시겠죠. 구역 6에 속하신 분들은 감귤류 나무를 심는 게 어떨지 고려해 보셨으면 하고요. 구역 9에 속하신 분들은 개나리가 활짝 피고 있으니 너무 늦지 않게 가지를 잘라주세요. 안 그러면 내년에 들쭉날쭉 자라버릴 테니까요.”

아마존의 플래시 브리핑 같은 건 처음 해보지만, 나는 정말 능숙하게 잘 해내는 것 같다.

그렇게 조경을 바라보는 나의 애정과 활기찬 기운이 플래시 브리핑을 플레이 리스트에 저장해 놓고 아침마다 듣고 있는 조경사와 집주인에게 고스란히 전달된다.

〃〃〃

시애틀의 이벳은 알렉사 스킬 스토어의 큐레이팅을 담당하고 있다. 사실 그녀는 모든 플래시 브리핑이 뉴스, 기술, 날씨, 스포츠 일색이라 지루해하던 차였다.

'잠깐만, 그런데 이 조니스 데일리 야드 팁은 뭐지? 음, 이건 좀 다른데? 다른 거 좋지.'

그녀는 스킬 페이지에서 조니스 데일리 야드 팁의 콘텐츠 중 하나를 자세히 다룬다.

그리고 바로 이 기회 때문에 나는 알렉사를 위한 콘텐츠를 제작하려고 하는 것이다. 페이스북이 소셜 네트워크 게임들로 추진한 일과 애플이 앱으로 추진한 일을 아마존이 스킬과 플래시 브리핑으로 추진하려 하고 있다. 아마존은 새로운 제품에 대한 인지도를 높이기 위해 광고도 운영할 계획이다.

훌륭한 플래시 브리핑의 한 본보기로 전국에 내 음성이 울려 퍼진다면 어떤 느낌일지 상상이 가는가? 애플이 파이스트가 부르는 〈1234〉를 토대로 한 2007년 아이팟 나노 광고를 내보냈듯이, 아마존도 내 플래시 브리핑을 토대로 한 광고를 내보낼 수 있다.

그 외에도 놀라운 일은 계속 생겨날 것이다. 가령 내 플래시 브리핑이 주목을 받고 유명해져 어느 날 갑자기 미주리주의 신디에게서 꽤 유명한 브랜드에 가맹할 의향이 있는가 묻는 이메일을 받게 될 수도 있다. 그렇게 되면 연 20만 달러의 매출을 내고 있는 내 조경사업이 2년 이내에 매년 전국 700명으로부터 25,000달러의 추가 수입을 얻을 수도 있다.

앞으로
일어날 일

이 책을 쓰는 동안 아마존은 유기농식품 체인 점인 홀푸드를 134억 달러가 넘는 돈으로 인수했다고 발표했다.

나는 그 소식을 듣고 생각했다.

'어떻게 그런 일이 일어날 수 있지?'

그런 일은 결코 일어나지 말아야 했다. 홀푸드가 아마존을 샀어야 했다. 20년 전, 홀푸드가 아마존보다 훨씬 규모가 큰 비즈니스였던 시절이 있었다. 우리 회사가 다른 회사보다 훨씬 크고 우위에 있을 때, 그 우위를 빼앗겨서는 안 된다. 우위를 빼앗겼다는 건 경쟁자가 우리보다 앞서 혁신을 했다는 뜻이다.

투자수익률이 가장 높은 플랫폼에 집중하면 되지 모든 플랫폼에 투자할 필요는 없다고 생각하는 사람들에게 나는 한마디 던지고 싶다.

"당신은 참 어리석군요!"

2004년에 엄청난 인기를 누렸던 블로거들이 생각난다. 당시 블로그는 미개척 분야였고, 인기 블로거들은 당시 가장 선두로만 보이던 블로그에만 집중했다. 그러나 유튜브와 팟캐스트, 그리고 트위터의 등장을 무시했던 그들은 결국 뒤처졌다.

사실 이런 광경은 어디에서나 볼 수 있다. 〈ESPN〉은 〈스포츠 일러스트레이티드〉를 고리타분한 매체로 보이도록 만들었고, 〈블리처 리포트〉는 〈ESPN〉을 케케묵은 매체로 전락시켰으며, 〈바스툴 스포츠〉는 〈블리처 리포트〉를 낡디낡은 매체로 만들었다.

백화점도 예외가 아니었으니 비슷한 일은 메이시스 백화점에도 일어났다. 또 이 일은 울월스에도, 타워 레코드에도, 그리고 노키아에도 일어났다.

그들은 끝내주는 성과를 냈으나 정체상태에 머물다가 쇠퇴해 버렸다. 지금 현재 인기 폭발 브랜드라 해도 안심할 수 없다는 걸 보여주는 사례들이다.

언젠가 폴로의 창업주 랄프 로렌이 파산 보호를 신청했다는 소식을 듣게 되거나, 미국의 월간 남성 잡지인 〈GQ〉가 더 이상 존재하지 않는다는 소리를 듣게 된다면 우리는 미래가 어떤 모습으로 펼쳐질지 궁금해질 것이다.

설령 현재 업계 1위라고 하더라도 매년, 매일, 매 순간 연구와 개발에 적극적으로 나서지 않으면 정체할 수밖에 없고 머지않아 사라지고 말 것이다. 미래를 내다봐야 한다.

〃 〃 〃

현재 나는 마르코 폴로, 앵커Anchor, 애프터 스쿨, 증강현실AR, 가상현실VR 및 인공지능AI에 주목하고 있다.

앞으로 우리 앞에 무슨 일이 펼쳐질지 어떻게 알겠는가?

언젠가는 모든 사람의 머리 위로 작은 공이 새처럼 따라다니며 일거수일투족을 기록할 수도 있다. 맹세컨대, 이런 일은 꼭 일어날 것이다. 어쩌면 이 공은 우리 몸속에 들어갈 카메라가 될 수도 있다. 기술적인 세부사항은 잘 모르지만, 우리 삶의 모든 순간을 기록하고 문서화하는 게 가능해지리란 걸 나는 알고 있다.

어찌 보면 끔찍할 것 같지만, 내가 지금 할머니의 젊은 시절 모습을 볼 수 있다고 상상해 보자. 즉, 내 할머니가 아름다운 젊은 여성으로 살아 움직이는 모습을 보거나, 할아버지와 사랑에 빠지는 모습을 보거나, 자신의 딸인 내 엄마를 키우는 모습을 내가 지켜보고 있다고 상상해 보자. 영화를 보는 것 같은 그런 느낌 말고, 마치 내가 그녀의 세계에서 그녀와 함께 실제로 돌아다니는 것 같은 그런 느낌으로 말이다. 이것은 기술로 구현할 가상이 얼마나 생생하게 현실로 느껴질 수 있을지를 보여주는 것이다. 그리고 이는 가능성의 문제가 아니라, 시간상의 문제인 것이다.

내가 알렉사 플래시 스킬Alexa Flash Skills을 효율적으로 사용할 때 지닌 열정은, 이 책의 어머니 격인 『크러쉬 잇!』을 쓴 2009년 당시 트위터와 유튜브를 사용할 때 지닌 열정과 같다. 당시 사람들은 잘 알지 못했다. 대체 내가 무슨 이야기를 하고 있는지 말이다.

하지만 이제 사람들은 내가 트위터와 인스타그램, 유튜브에 대해 이야기할 때, 무슨 이야기를 하고 있는지 다 안다. 하지만 아직도 그 다음 단계를 밟고 있지는 않다.

사람들은 물고 뜯고 맛보지도 않고, 시도하지도 않고, 실험하지도 않는다. 하지만 그래서는 안 된다. 그들은 나와 함께 앞으로 나아가야 한다.

미래가 어떤 모습일지, 묻기만 해서는 안 된다.

독자들은 다가올 미래에 무엇이 보이는가? 나는 어떤 플랫폼이 사람들의 관심을 많이 끌고 사람들의 행동에 변화를 불러일으킬지 예측하기 위해 잠시도 눈을 뗄 수가 없다.

나는 저 수평선 너머로 뭉게뭉게 피어오르는 구름처럼 앞으로 일어나게 될 일을 고개를 쭉 빼고 내다본다. 그것이 내가 하는 행동의 전부다. 내게 미래를 내다보는 투시력 같은 건 없다. 다만 독자보다 조금 더 인내심이 있을 뿐이다.

앤디 프리셀라
〈MFCEO PROJECT〉
— IG : @ANDYFRISELLA —

앤디 프리셀라Andy Frisella는 마치 자몽을 짜부라뜨리듯 사람의 머리를 으깨버릴 수 있을 것 같은 늠름한 풍채의 남성이다.

그가 몸담은 업계에서 그의 풍채는 강점으로 통한다. 오래 전 칼로 공격받은 상처가 얼굴에 흐릿하게 남아 있는 앤디는 피트니스와 건강에 주력하는 두 회사의 창립자이자 CEO, 아니 사실 MFCEO이다.

앤디는 원래 야구 카드나 백열전구 같은 것을 집집마다 팔러 다니는 장사꾼이었다. 그는 돈을 버는 일이 좋았고, 자신의 비즈니스를 기대만큼 성장시킬 수 없어 좌절감을 느끼던 차였다. 그러면서도 다른 사람 밑에서 일하는 것보다는 훨씬 낫다고 생각했다.

어쨌든 앤디는 아무리 힘들어도 평범한 회사원이 될 생각은 없었다. 앤디는 다른 일을 할 게 아니라면 자신이 좋아하는 일과 비즈니스에 집중하기로 마음먹었다. 그것은 바로 다이어트를 결심한 사람들이 자신의 역사를 새로 써내려갈 수 있도록 돕는 일이었다.

앤디가 비즈니스 파트너인 크리스 클레인과 함께 서플먼트 슈퍼스토어즈S2 매장을 새롭게 론칭하면서 그의 야망은 몰라보게 자랐다. 고객들은 앤디의 상점을 방문했고 그의 조언과 다이어트 제품 사용으로 6개월 만에 완전히 달라진 모습으로 돌아왔다. 어떤 사람은 무려 45kg나 몸무게를 뺐으며, 많은 사람들이 살을 빼고 자신의 삶을 바꾸었다.

그래서 앤디는 고객들이 목표를 달성하고 만족한 표정으로 매장을 나설 수 있도록 최선의 노력을 다했다. 매장 방문자 수는 꾸준히 증가했다. 앤디의 성실성과 진정성 있는 태도는 체중을 감량하려는 고객에게 큰 힘이 되었다.

앤디가 『크러쉬 잇!』을 발견하고 읽게 된 때도 바로 이때쯤이었다. 어느 날 그는 우연히 『크러쉬 잇!』을 발견한 후 이 책의 열렬한 독자가 되었다. 보통 그는 책들이 아마존에 나오는 대로 서평이 좋든 나쁘든 직접 사서 읽는다. 좋은 철학과 아이디어를 한 권의 책으로 만나는 시간은 전혀 아깝지 않다고 여기기 때문이다.

『크러쉬 잇!』의 내용은 앤디가 직관을 발전시키고, 옳은 방향으로 사업을 해나가는지 스스로 확인할 수 있는 기준이 되었다.

전 돈을 버는 데만 너무 열중했고, 그게 오랫동안 제 발목을 잡는 요인이었어요. 처음 사업을 시작한 사람들 대부분이 그렇듯이! 돈에 붙들리면 고객이 눈에 잘 들어오지 않아요. 고객들을 위해 내가 뭘 할 수 있을지 어떻게 알겠어요.

사실 전 다이어트에 크게 관심이 없었고 일 중독자도 아니에요. 그저 건강을 위해 꾸준히 운동하고, 좋은 몸 상태를 유지하고 싶은 정도였어요. 그런데 사람들을 만나고 이야기를 나누면서 생각이 달라졌어요. 그들을 돕고 싶어요. 제 고객들이 올리는 다이어트 성공기를 꼭 읽고 싶고 그들의 변한 모습을 내 눈으로 확인하고 싶어.

앤디와 크리스는 마케팅 예산의 상당 부분을 티셔츠를 제작해 무료로 나눠주고, 영양에 관해 조언해 줄 직원을 추가 채용하는데 사용했다. 또 갑자기 비가 오는 경우를 대비해 매장 앞에 우산을 비치했다. 즉, 그들은 완전히 차별화된 서비스를 고객에게 제공했다.

앤디와 크리스는 광고 및 마케팅 예산을 꾸준하게 증액했다. 그리고 둘이 이끄는 비즈니스의 규모는 5년이 지나 두 배로 확장되었다.

"광고는 사실 입소문이 최고예요. 그런데 그것만큼 어렵고도 또 쉬운 게 없어요. 진정성이 관건이기 때문이죠."

또한 2009년에 앤디와 크리스는 서플먼트의 프리미엄 브랜드인 또 하나의 회사 '퍼스트 폼'를 설립했다. 이 회사는 앤디가 마침내 깨달은 원리들을 비즈니스 성공의 핵심요소로 보고 설립한 회사였다.

퍼스트 폼을 설립하기 위한 마케팅 전략은 간단하고 평범했다. 고객들에게 관심을 갖고, 그들이 원하는 것을 좀 더 많이 주고, 고객의 경험을 공유하고 나눌 수 있는 기회를 제공하는 것이었다. 이것이 앤디가 소셜미디어에 주목하게 된 계기였다.

사실 앤디는 페이스북을 잘 활용하지는 못했다. 하지만 지금은 아주 전략적인 접근을 취하고 있다. 즉, 강아지 사진을 끝도 없이 올리는 대신에 (여전히 많이 올리고 있지만, 또 강아지라면 올려도 될 만큼 귀엽지만) 고객 편에서 가치 있는 콘텐츠를 올리기 시작했고, 커뮤니티 사람들 간 교류공간도 만들었다. 아울러 그는 퍼스널 브랜드도 만들었는데 트위터보다는 인스타그램이 더 자신에게 유용하다고 느끼고 있다. 인스타그램은 기업가들의 겉으로 드러나는 활동 이면에 실제 삶을 세상에 보여줄 수 있는 도구이기 때문이다. 그리고 최근에는 인스타그램 스토리를 많이 쓰고 있다. 인스타그램의 경우 앤디는 보통 좋은 결과를 낸다고 알려진 방식과는 다른 방식으로 콘텐츠를 올렸다(이는 극적인 결과를 낳아 현재 그가 보유한 팔로워 수는 자그마치 60만 명에 이른다).

전 사진과 동영상을 올리고, 긴 자막을 달아요. 제가 처음 그렇게 했을 때 사람들이 그러더군요.
"세상에나, 요즘은 아무도 그런 긴 글은 읽고 싶어 하지 않아요!"
하지만 지금 그들은 제 글을 읽고 있죠. 내 생각에 소셜미디어를 할 때 우리는 자신에게 좀 더 진솔해져야 해요. 다른 사람을 따라할 게 아니라 자신만의 색깔을 정해야 하죠. 그리고 실행하는 것이 중요합니다!

결국 앤디의 회사들은 총매출이 100만 달러에서 1억 달러에 이를 정도로 성장했다. 앤디는 2018년의 매출이 2억 달러를 초과할 것으로 내다보고 있다.

사람들은 앤디의 수완에 놀랐다. 그가 다른 사람들이 모르는 중요한 무언가를 알고 있다고 생각했다. 인터뷰를 하고 싶다는 요청이 쇄도했다. 그러던 중 앤디는 자신에게 책을 써보라고 권유한 본 퀼러라는 작가를 만났다. 그렇게 책을 쓰기 위해 인터뷰로 자신들의 세션을 촬영하기 시작하면서 앤디는 일부 동영상 클립이 인스타그램과 페이스북 콘텐츠가 되기에 좋을 것이라고 판단했다. 예상은 그대로 들어맞았다.

"사람들이 열광하기 시작했어요. 한 동영상 클립에서만 200~300만 뷰가 나오기도 했죠. 겨우 15초짜리 클립에서 말이에요!"

각 포스트를 올린 후 앤디는 사람들에게서 전체 팟캐스트를 들으려면 어디로 가야 할지 묻는 메시지를 받았다. 앤디는 자신이 팟캐스트 콘텐츠를 만드는 편이 낫겠다고 생각했다.

2015년 6월, 앤디와 퀼러는 비즈니스와 성공에 관한 동기부여를 선사하기 위한 팟캐스트인 〈MFCEO 프로젝트〉에서 공동사회를 맡았다. 그 첫 에피소드는 1위로 데뷔했으며, 아이튠즈의 '비즈니스 관리 및 마케팅 부문' 상위 50위권 안에 머무르며 월 150만 건의 다운로드를 기록했다.

앤디의 열정적인 강연 모습을 보고 강연 요청이 쇄도했다. 앤디는 '다섯 명이든 5,000명이든 상관없이' 할 수 있는 모든 강연을 소화했다. 때로는 무료로 하기도 하고, 한 번 강연에 5만 달러를 받기도 한다.

2017년 봄, 그는 〈프리셀라 팩터 Frisella Factor〉라는 유튜브 채널을 론칭했으며, 거기서 팟캐스트 청취자들의 이메일 질문에 답하고 있다.

제 여정은 생각보다 오래 걸렸어요. 소셜미디어 이전의 시대에 비즈니스를 창출했고, 실제로 입소문을 통해 모든 것을 만들어냈죠. 제 두 번째 비즈니스는 소셜미디어와 함께 시작되었어요. 저는 소셜미디어 이전과 이후 두 시대에 걸쳐 비즈니스를 경험한 셈이죠.

제 성공 비결은 소셜미디어 이전 시대에 배운 교훈을 소셜미디어 이후 시대에 적용했기 때문이에요.

지금은 사람들에게 나를 알리고 다가가 즉시 피드백을 얻을 수 있어요. 예전이라면 몇 달에서 몇 년이 걸릴 일을 지금은 아주 짧은 시간에 전 세계 사람들과 소통할 수 있어요. 그러니 지금 이 세상을 사는 청년들은 운이 좋은 거죠. 하지만 그런 부분이 또 많은 문제를 파생하고 있어요. 그들은 '좋아요'나 '공유하기', 메시징 등 SNS에 너무 많이 의존하는 반면에 직접 얼굴을 맞대고 소통하는 데는 서투르죠.

그런데 사람을 직접 만나는 것 이상의 소중한 경험도 없어요. 즉, 누군가의 눈이 반짝거리는 것을 보고, 미소 짓는 것을 보고, 숨결을 느끼며 손을 잡는 경험이 사람에게는 정말 중요하거든요. 이런 것들은 인터넷과 SNS를 통해선 경험할 수 없잖아요.

사람과 사람이 직접 만나지 않고 관계를 맺으니 각자의 필요와 이익에 따라 움직이게 되는 것도 사실이에요. 내용보다는 겉으로 보이는 외양과 실적에 현혹되기 쉬우니 비즈니스든 인간관계든 중심을 잘 잡아야 한다고 말씀드리고 싶어요.

에필로그

　사람들은 내가 『크러쉬 잇!』을 출간한 후 지금까지 무엇을 느끼고 무엇을 깨달았는지 종종 묻는다. 나의 대답은 심플하고 단호하다.

　"내가 옳았어요!"

　『크러쉬 잇!』에서 내가 했던 말이나 예견했던 것들은 현실에서 대부분 이루어졌고 사실을 입증받았다는 뜻이다.

　소셜미디어는 곧 비즈니스다. 혁신과 변화는 사람들을 불편하게 하지만 우리는 늘 혁신해야 한다. 혁신 없이는 발전이 없기 때문이다. 혁신하지 않으면 늘 새롭게 자신을 변화시키는 사람들 앞에 무릎을 꿇을 수밖에 없다.

　인내와 끈기가 없는 재능은 일고의 가치가 없다. 성공하려면 시간과 노력과 열정을 다 바쳐 오래오래 공을 들여야 한다. 그런 과정 없이 얻는 잠깐의 성공은 신기루와 같은 것이다.

　나는 사람들이 자신 안에 잠재된 재능과 용기를 찾아내어 이 세상에 사는 동안 모두 동원하며 살기를 바란다. 자신을 믿고 꾸준히 목표를 추구해 나가기 바란다.

'난 지금 내가 하고 있는 일이 너무 싫어! 하지만 피자는 너무 좋아. 그러니 유튜브를 시작해서 제2의 마리오 바탈리가 될 거야.'

이 책을 읽고 유튜버나 인플루언서를 꿈꾸는 사람들이 세상 여기저기서 나올지도 모른다. 기계를 싫어하는 중년의 엔지니어나, 배우자 없이 혼자 아이를 기르는 백화점 판매원이나, 어쨌든 학교를 마치려고 노력하는 취준생들이 그들일 수도 있다.

『크러쉬 잇!』이 나왔을 때 열광적인 반응이 많았지만, 너무 낙관적이거나 어리석은 생각이라며 조롱에 가까운 반응을 보이는 사람도 있었다. 그러나 이 책을 읽고 나면 그들의 생각도 달라질 것이다. 『크러쉬 잇!』이 퍼뜨린 씨앗이 세상에 뿌려져 어떤 결실을 맺었는지 보라!

『크러쉬 잇!』을 쓰기 전, 나는 뉴저지에서 아버지의 와인 상점을 키우기 위해 애쓰는 한 청년에 지나지 않았다. 그런데 그때도 나는 내가 하고 있는 일을 세상에 알리고 싶었다. 그 노력들이 쌓여 여기까지 왔다. 이 글을 쓰는 지금 나는 애플의 첫 번째 오리지널 쇼 심사위원을 맡고 있다.

나는 이 책이 우리의 삶을 더 멋지게 바꾸는 데 영감을 주기 바란다. 종종 나처럼 되고 싶다고 하는 사람들을 만나는데, 나는 그가 하고 싶은 그 일을 당장 시작해 보라고 독려한다. 열심히 공부하고 철저히 준비한 후에 그 일을 시작하겠다는 건 하지 않겠다는 말과 같다.

이 책은 독자가 읽어야 할 마지막 비즈니스 책이 될 것이다. 어떤 사람은 더 빨리 성공하고, 어떤 사람은 그렇지 않을 수도 있다. 하지만 우리가 자신의 인생을 사랑하고, 하고 싶은 일을 하며 산다면 이미 성공을 이룬 것이나 다름없다.

인생의 보상은 용기를 내어 실행하는 자에게 돌아가기 마련이다. 도움이 된다면 지금 당신이 겪는 모든 부정적인 일 사이에 나를 놓아두고 방패로 삼아보라. 내가 겪었던 실패와 사람들로부터 받았던 비판과 수모와 두려움과 그 모든 것을 겪고도 굳건하게 나는 나의 길을 가고 있다.

우리가 더 쉽고 풍요로운 삶을 살기 위해 하던 일을 내팽개치고 엉뚱한 길로 들어섰다고 생각하는 사람들의 굳은 머리를 깨주자. 기쁜 삶을 살고 싶은 것은 가장 순수한 바람이다.

우리가 삶이라는 경기의 어디만큼 와 있는지 혹시 아는가? 우리는 아직 경기 시작 전에 울리는 애국가도 듣지 못했다. 애국가는커녕 그 경기장의 주차장에도 이르지 못했다.

나는 9년쯤 후 우리가 어떤 플랫폼에 관해 이야기를 나눌지 궁금하다. 빨리 확인해 보고 싶다. 우리가 도달한 각자의 플랫폼에 서서 우리를 어디로 데려가줄지 모르는 열차를 기다리며….

감사의글

숫자 5는 항상 내가 가장 좋아하는 숫자였다. 그래서 내 다섯 번째 비즈니스 책을 출간하는 지금, 세상에서 가장 소중한 내 팀인 놀라운 아내 리지, 아이들 미샤와 산더, 대단한 부모님 사샤와 타마라, 그리고 형제자매들과 사촌들에게 감사를 표하는 것은 특히나 중요한 일이다. 내가 이런 삶을 살 수 있는 건 오로지 내 가족과 친지가 보내준 애정과 지원 덕분이다. 이들에게 내 마음 깊은 곳에서 우러나오는 감사를 한다.

나는 또한 매일 물심양면으로 오늘의 바이너미디어VaynerMedia를 있게 한 모든 분들과 이 책에 자신의 전문성과 노력을 아낌없이 쏟아부은 게리비GaryVee의 모든 팀원에게 큰 찬사를 보낸다. 아울러 나는 하퍼비지니스Haper Business의 모든 팀, 특히 편집자 홀리스 하임바우크에게 깊은 감사의 마음을 전한다.

무엇보다도, 내가 낸 책 중 어떤 책도 내 오른팔인 스테파니 랜드가 없었다면 시도할 엄두도 못 냈을 것이다. 그녀는 나의 다섯 권 모두를 집필하는 과정에서 나의 가장 큰 조력자였으며, 친구였다.

소셜미디어 세계 1인자가 전하는 열정을 돈으로 바꾸는 방법
크러싱 잇! SNS로 부자가 된 사람들

초판 1쇄 발행   2019년 4월 20일
6쇄 발행   2023년 11월 10일

지은이   게리 바이너척
옮긴이   김진희
감 수   에릭남
펴낸이   우태영
펴낸곳   블루북스미디어
등 록   2017년 12월 27일 제409-251002017000100호

주 소   경기도 김포시 김포한강11로 288-37
전 화   0507-0177-7438   **팩스**   050-4022-0784

마케팅   백지수
유 통   (주)천그루숲

©Gary Vaynerchuk, 2018
ISBN 979-11-88348-39-8 (13320) 종이책
ISBN 979-11-88348-40-1 (15320) 전자책